직장인의 글쓰기

직장인의 글쓰기

일잘러를 위한

관계와 소통의 기술

강원국 지음

메디치

개정판을 펴내며

일잘러들의 슬기로운 직장생활을 위하여

이 책을 쓴 2014년은 개인적으로 들뜬 해였습니다. 연초에 《대통령의 글쓰기》를 쓰고 상상치 못한 반응에 기고만장했습니다. 세상이 만만해 보였다고 할까요? 그 여세를 몰아 《회장님의 글쓰기》를 썼습니다. 직장에서 25년 동안 글 쓴 경험이 있었으므로 자신 있었습니다. 나만큼 오랜 기간 글만 써서 월급 받은 사람 있느냐고, 직장생활 글쓰기를 나보다 잘할 수 있느냐고 자만했습니다. 경솔했지요. 반성합니다.

하지만 후회는 없습니다. 내게 주어진 시간에 최선을 다했기 때문입니다. 그때는 그게 나의 전부였고, 능력의 최대치였습니다. 그때로 돌아가 다시 쓰라 해도 그 이상은 쓰지 못했을 것입니다. 책을 쓰는 반년 가까이 잠을 잘 때도 밥을 먹을 때도 이 생각뿐이었습니다. 《회장님의 글쓰기》 안에서 온전히 살았지요. 내가 갖고 있는 모든 것을 불태웠다고 자부합니다.

그 후로 11년이 지났습니다. 직장인 대상 강의를 해마다 백 번 넘게 했습니다. 그동안 만난 직장인이 족히 5천 명은 넘을 것입니다. 내가 직장생활할 때 느끼지 못하고 알지 못했던, 그들의 고민과 애로를 접했습니다. 그럴 때마다 《회장님의 글쓰기》에 담긴 내용이 떠올랐고, 미진한 부분이 하나둘씩 눈에 들어와 솔직히 다시 들추기 싫었습니다. 남몰래 부끄러웠지요.

일단, 제목부터 틀렸습니다. 책은 직장인의 글쓰기에 관한 내용이었습니다. 그런데 출간 당시 《대통령의 글쓰기》의 인기에 편승하기 위해 라임을 맞춰 '회장님의 글쓰기'라고 정했습니다. 얼토당토하지 않았지요. 회장 세 분을 모신 경험을 담고 있긴 합니다만, 주요 내용은 직장인의 글쓰기에 관한 것입니다. 이제 제대로 된 제목으로 다시금 나올 수 있게 되어 반가운 마음이 앞섭니다.

이 책에서는 글쓰기뿐 아니라, 직장에서 글을 쓰는 마음자세와 상사 마음에 드는 글을 쓰는 구체적인 방법, 쓴 글을 가지고 윗사람과 소통하는 법에 관해 얘기했습니다. 글은 글만으로 홀로 서는 게 아니라고 믿기 때문입니다. 글을 쓰는 사람의 마음과 자세와 태도, 그리고 글 쓴 사람의 말이 함께 잘 어우러져야 비로소 완성된다고 생각합니다.

글쓰기 책이라고 생각해서 집어 들었는데, 읽어보니 글쓰기를 둘러싼 직장인의 처세 전반에 관한 얘기여서 도움이 됐다고 소감을 써주신 독자들이 적지 않습니다. 저자의 의도대로 읽어주신 것 같아 큰 보람을 느낍니다. 특히 직장에 갓 들어간 사회초년생뿐 아니라 팀장, 부장, 임원 승진을 앞두고 있는 분들이 유익했다고 평가해주셔서 감사할 따름입니다.

제목을 《직장인의 글쓰기》로 바꾸면서 큰 폭으로 수정 보완했습니다. 10여 년간 공부하고 강의하면서 바뀌고 발전한 생각으로 고치고 보탰습니다. 개인적으로 아픈 손가락이었던 '회장님의 글쓰기'의 상처를 치유하는 작업이자, 10여 년간 몰라보게 성장한 자신을 확인하는 과정이기도 했습니다.

개정판 서문을 쓰는 건 행복한 일입니다. 개정판을 낸다는 건 초판이 어느 정도 독자의 사랑을 받았다는 의미이고, 앞으로도 더 읽힐 가능성이 있다는 뜻이기도 해서 그렇습니다. 1편을 뛰어넘는 속편이 없다는 속설이 있지만, 《직장인의 글쓰기》는 《회장님의 글쓰기》를 훌쩍 뛰어넘어 역주행에 성공했으면 하는 바람을 담아 독자 앞에 내놓습니다.

2025년 6월

과천 카페에서

차례

2부 통하는 보고서를 위한 상사 심리 탐험

갑옷 너머 상사의 머릿속을 헤집어보다

4부 마음을 놓친 달필은 졸필보다 못하다

상사는 인정하고 동료는 부러워하는 글쓰기 필살기

프롤로그

글쓰기는 심리에서 시작해 소통으로 완성된다

글쓰기에 관한 책을 쓰려고 했다. 쓰다 보니 글쓰기는 글을 쓰는 것만으로 해결되지 않는다는 사실을 알았다. 기업에서 글쓰기는 특히 그렇다.

글만 잘 쓰면 아무짝에도 쓸모없다

글은 홀로 서지 않는다. 글 이전에 생각이 있다. 또한 글에는 말이 붙는다. 말과 글이 합해져 소통이 된다. 소통을 통해 관계가 만들어지는데, 관계가 나쁘면 아무리 잘 쓴 글도 읽히지 않는다. 관계는 심리다. 윗사람이든 아랫사람이든 상대를 잘 읽어야 한다. 내 글을 읽는 사람을 잘 알아야 좋은 글을 쓸 수 있다. 결국 말과 글, 소통, 관계, 심리는 한통속이다.

이 책은 세 가지를 말한다.
첫째, 직장에서 통하는 글쓰기를 말한다. 나는 직장생활 25년 동안 글 쓰는 일을 했다. 사원 시절부터 시작해서 임원이 돼서도 글을 썼다. 글 쓰는 것으로만 월급을 받고 살았다. 안 써본 글이 없다. 사보, 사내방송, 보도자료, 연설문, 대화자료, 서신, 기획서, 제안서, 탄원서, 광고 카피, 브로슈어, 매뉴얼, 심지어 기술문서technical writing까지 다 써봤다. 이 과정에서 체득한 여러 가지를 이 책에 담고자 했다. 아울러 '혁신과 구조조정의 차이', '인재의 조건' 등과 같이 기업 현장에서 부딪치는 실제 문제들을 담으려 노력했다. 세상 모든 사무실의 이치는 대개 비슷하다.
둘째, 상사의 심리에 관해 말한다. 이 책에서 언급한 '회장' 또는 '사장'은 대한민국의 모든 상사를 대변한다. 그러니까 회장과 사장은 물론, 임원이나 부장, 과장 등 누군가의 상급자를 말한다. 굳이 '회장'과 '사장'을 내세운 이유는 회장과 사장을 알면 이사도 과장도 알 수 있기 때문이다. 아래에서 위는 잘 보이지 않지만, 위에서는 아래가 훤히 보인다.

나는 운 좋게도 전경련 회장 두 분을 비롯해 여러 회장을 보좌하는 일을 했다. 덕분에 그분들을 가까이서 '읽을' 수 있었다. (나 또한 읽혔겠지만) 그들의 말과 글과 관련된 일을 했다. 그래서 그들을 조금은 안다. 그들이 무슨 생각을 하고, 무엇을 원하며, 그것을 어떻게 말과 글로 표현하는지를 쓰고자 했다. 또 이를 어떻게 받아들이고 움직여야 하는지 썼다. 아울러 상사들이 '윗사람'이란 이유만으로 억울하게 씹히고 손가락질당하는 것을 변호하고자 했다. 윗사람을 씹기만 하는 것으로는 성장할 수 없다. 알고 보면 그들 또한 불쌍하다. 연약하고 부족하다.

셋째, 소통과 처세에 관해 말한다. 회사생활은 소통이 전부다. 문서나 회의가 아니더라도 직장생활이란 말하기와 글쓰기로 시작해 그것으로 끝난다. 회식 자리 말 한마디에 상처받아 회사와 결별하기도 하고, 글 한 줄이 회사의 운명을 바꿔놓기도 한다. 말하기와 글쓰기가 어떤가에 따라 회사는 천당이 될 수도 있고 지옥으로 바뀔 수도 있다. 결국 이 두 가지를 잘하는 것이 최고의 처세이자 회사에서 승승장구하는 길이다. 또한 회사가 지속적으로 성장하고 발전하는 길이기도 하다.

직장 내 평화와 번영에 기여한다는 사명감으로 아부에서 잡담, 토론, 협상, 프레젠테이션, 보고 요령에 이르기까지 내가 배운 모든 것을 이 책에 두루 담았다.

모두 네 개 부로 구성

1부는 내가 직접 글을 쓰면서 느낀 글쓰기에 관해 썼다. 당장 글쓰기라는 과제에 어려움을 겪고 있는 이들에게 동기부여를 한다. 글쓰기에 바로 적용할 수 있는 방법도 담았다.

2부는 '회장'과 '사장'으로 대변되는 상사의 심리에 관해 썼다. 내용이 좀 까칠하고 냉정하다. 위악적이기까지 하다. 굳이 그렇게 살아야 하는 이유를 행간에서 찾는 재미도 있을 것이다.

3부는 말하기를 포함한 소통에 관한 이야기다. 강연을 나가보면 소통에 관한 어려움을 호소하는 분들이 많다. 글쓰기 강연에서 웬 말하기이고 소통일까? 그만큼 두 영역의 경계가 모호하고 상호보완적이기 때문이다. 아무리 잘 쓴 보고서라 해도 분위기 띄우는 한마디가 필요하다. 우리 인간은 결코 목석이 아니어서 그렇다. 내가 말하는 소통은 그런 것이다.

4부에서는 상대의 생각을 바꾸고 마음을 움직이는 말하기와 글쓰기, 그리고 처세에 관해 시시콜콜하게 소개했다. 주로 실전 테크닉에 관한 것으로, 회사에서 부딪치는 모든 종류의 글과 말을 TPOTime, Place, Objective(시간, 장소, 목적)에 맞게 구사하는 법을 밝혔다.

내가 모셨던 회장과 상사, 그리고 동료 분들께 감사드린다. 이분들 모두가 《직장인의 글쓰기》 주인공이다. 이 책의 무대가 된, 내가 다닌 회사들에도 마음으로부터 고마움을 느낀다. 아울러 메디치미디어 식구들, 그리고 직장을 옮기며 떠돌 때도 묵묵히 자리를 지켜준 아내와 아들 하람에게도 고마운 인사를 전한다.

1부

강 상무는 어떻게 글쓰기로 임원이 되었나?

글쓰기로 승승장구하며 얻어낸 쓰기의 기본

글은 누구나 잘 쓸 수 있다

글쓰기에 관한 잘못된 속설

글로 행세하던 시절이 있었다. 아니, 글씨로도 한몫 보던 때가 있었다. 군대에서 차트 병兵이란 걸 했다. 기껏해야 상장과 휴가증을 붓으로 쓰는 게 전부였다. 그것도 벼슬이라고 구타 없는 행정반에서 호의호식(?)했다.

하물며 글을 쓰는 일이야 말해 뭣하리오. 회장이나 사장의 글을 쓰는 사람은 대부분 특별대우를 받는다. 글을 대신 써주는 일은 지적인 서비스로 치부된다. 심부름 차원이 아닌 것이다. 더욱이 개인적이기까지 하다. 다른 일에서는 전혀 미안한 기색을 보이지 않는 회장도 자신의 글을 써주는 데 대해서는 고마워한다.

잠깐 모셨던 회장 한 분은 자신의 글에 심혈을 기울였다. 임원을 대상으로 글쓰기 교육을 수차례 했다. 자신의 스피치라이터를 찾아 백방으로 수소문하기도 했다. 글쓰기에 과도하게 공을 들이는 회장을 사장들이 만류한 적도 있다. 그때 회장이 그랬다. 글은 내 명예이자 자존심이라고. 그 이후 회장의 글쓰기는 성역이 됐다. 아무도 가타부타 못했을 뿐 아니라, 모두가 회장 연설문을 한 번씩은 썼다. 회장 맘에 쏙 드는 글을 쓰는 게 눈에 띄는 빠른 길이었다.

글쓰기의 다섯 가지 오해

글은 글쟁이의 전유물이 아니다. 사실은 누구나 글을 잘 쓸 수 있다. 자기가 좋아하는 게 있고, 사랑하는 사람이 있으면 누구나 쓸 수 있는 게 글이다. 하지만 대부분이 막연한 두려움에 글쓰기를 주저한다. 그 사이 글깨나 쓴다는 사람들이 밥상을 독차지하고 있다. "글재주는 타고나는 것이다. 글쓰기는 참으로 고통스런 일이다. 그러니 아무나 넘보지 마라"고 하면서 글에 관한 금기의 성채를 쌓아놓고 있다.

이제 이 성채를 허무는 작업이 필요하다. 글쓰기에 관한 다섯 가지 오해부터 풀어보자.

첫째, 글은 재능이 아니라 훈련으로 잘 쓸 수 있다. 모든 작가의 글을 보라. 초기 작품은 형편없다. 연습과 훈련으로 잘 쓰게 된 것이다. 헤밍웨이는 《노인과 바다》를 200번 이상 다시 썼고, 톨스토이도 《전쟁과 평화》를 35년간 고쳐 썼다. 아무리 천재 피아니스트라 해도 각고의 노력 없이는 건반 위에서 손가락이

날아다닐 수 없다. 테니스만 하더라도 새벽마다 강습받고 열심히 쳐야 실력이 는다. 그런데 글쓰기는 왜 연습하지 않는가. 왜 익히고 배우려 하지 않는가. 그것은 마치 운전을 배우지 않고 차를 몰겠다고 덤비는 심보고, 왜 나는 태어날 때부터 운전 솜씨를 타고나지 못했느냐고 탄식하는 것과 같다. 글재주가 없다고? 노력이 없었겠지. 원고지 1천 매 쓰기에 도전해보라. 그러고도 글이 안 써지면 타고난 재능을 탓해라. 글쓰기에 있어 유일한 재능은 피나는 노력이다.

둘째, 글쓰기는 예술이 아니라 기술이다. 작가가 되려는 건 아니지 않은가. 문학이 아니라 실용적인 글을 쓰려는 것이지 않은가. 그러니 명문名文에 대한 욕심은 버려도 좋다. 글로써 '감동'을 줘야 한다는 강박을 가질 필요는 없다. 그저 목적에 맞게 쓰면 된다. 글의 '효용'만 있으면 된다. '작품'이 아니라 '제품'을 만들면 되는 것이다. 제품은 매뉴얼대로 만들 수 있다. 글도 매뉴얼로 쓸 수 있다.

셋째, 글쓰기는 형식이 아니라 내용이 중요하다. '어떻게 쓸 것인가' 고민하지 마라. 그게 형식이다. 폼 나게 쓰겠다는 생각을 버리고 '무엇을 쓸 것인가'를 찾아라. 글에서 중요한 것은 전하고자 하는 메시지다. 그리고 그 메시지는 당신 안에 있다. 그것부터 찾아라.

넷째, 글쓰기는 창조가 아니라 모방이다. 완전히 새로운 것은 없다. 있는 것을 새롭게 조합하면 된다. 언젠가 보거나 듣고 느끼고 생각했던 것을 쓰면 된다. 영감이나 직관으로 쓰는 게 아니다. 자료로 쓰는 것이다. 기존에 있는 자료를 비틀거나, 빼고, 나누고, 섞으면 새로운 것이 나온다. 영감과 직관조차도 자료를 보거나 글을 쓸 때 나온다. 자료를 열심히 보는 버릇을 들이면 영감과 직관도 자란다. '창조'라는 말에 주눅 들지 말고 열심히 자료를 찾아라. 유에서 유를 창조하는 게 글쓰기다. 쓰려고 하는 답은 분명 어딘가에 있다. 그런 확신을 갖고 찾자. 실제로 답은 가까이에 있다.

다섯째, 글쓰기는 정신노동이 아니라 육체노동이다. 글은 머리가 아니라 엉덩이로 쓰는 것이다. 손으로 사유하는 행위다. 시간을 들여야 한다. 책상 앞에 앉아 있는 시간이 길수록 좋은 글이 나온다. 양이 채워져야 질을 만들어낼 수 있는 대표적인 일이 글쓰기다. 시간을 견뎌내는 백지는 없다. 양질전화量質轉化의 법칙을 믿어라. 하루 다섯 줄이라도 꾸준히 써라.

미국인으로 처음 노벨문학상을 받은 싱클레어 루이스Sinclair Lewis란 작가가 있다. 그가 하버드대학에 글쓰기 특강을 갔다. 학생들에게 물었다. "글을 잘 쓰고 싶습니까?" 학생들이 '네'라고 대답하자 그가 말했다. "그럼 왜 여기 앉아 있습니까? 집에 가서 글을 써야죠." 그것으로 특강은 끝이 났다.

직장 글쓰기 25년에서 찾은 비책

나의 6단계 문서 작성법

직장에서 글 쓰는 일만 25년 했다. 일반 회사에서 17년, 청와대에서 8년. 글을 써서 먹고살았다. 그렇다고 전업 작가도 아니다. 남의 글을 써서 월급 받고 살았다. 기업 회장 세 분과 대통령 두 분의 글을 썼다.

지금부터 얘기하는 내용은 온전히 내 경험일 뿐이다. 전문 작가나 글재주를 타고난 분은 전혀 도움이 되지 않을 수 있다. 글은 많이 읽고 많이 쓰면 되는 거지 무슨 꼼수가 필요하냐고 말할 수도 있다. 그런 분은 읽을 필요가 없다. 글쓰기로 고전하고 있는 분, 돌파구를 찾기 위해 동분서주하고 있는 분들에게 알려드린다. 나는 직장에서 여섯 단계로 글을 썼다. 이 단계를 거치면 내가 쓴 글 화살이 상사의 과녁에 적중했다.

1단계는 글감이다. 재료가 중요하다. 재료가 부실하면 아무리 솜씨 좋은 건축가나 요리 장인도 멋진 집, 맛있는 음식을 만들지 못한다. 글도 그렇다. 재료가 신선하고 풍부해야 한다. 내 컴퓨터 바탕화면에는 32개의 노란 폴더가 깔려 있었다. 주제별 폴더였다. 내가 써야 할 글의 모든 분야를 망라했다. 그야말로 중복도 누락도 없는 상태라고나 할까. 나는 이 폴더를 채워나가는 재미로 살았다. 사람은 본시 수집하고 축적하는 걸 좋아하는 듯싶다. 내가 보고, 읽고, 듣는 것 중에 32개 폴더 내용과 관련없는 것은 없었다. 세상 모든 게 이 폴더 어느 것엔가 해당됐다.

2단계는 편집이다. 상사가 어떤 주제의 글을 쓰라고 하면 나는 32개 폴더 중 해당하는 곳을 찾았다. 마치 어떤 음식을 만들어야 할 때 냉장고 문을 열어보는 것처럼. 그 안에는 이미 재료가 그득하게 쌓여 있다. 음식을 만들어야 할 때 장을 보러 나가면 이미 늦다. 평소 장을 봐서 냉장고를 채워놓아야 한다. 음식을 만들 땐 냉장고 안 재료 중에 필요한 것을 고르기만 해야 한다. 나는 폴더에 쌓여 있는 글감 중에서 당장 글을 쓰는 데 필요한 것들을 챙긴다.

이때 무엇을 고를까 고민이 되는데, 이는 써야 할 글의 개요를 짜는 과정이 된다. 나는 책상 앞에 72개의 단어를 붙여놨다. 이 단어들은 상사들이 궁금해하는 내용들이다. 예를 들면, 현황, 문제점, 해법, 기대효과, 예상쟁점, 실행계획 등이다. 이들 단어는 내가 써야 할 보고서의 중간제목에 해당하는 것들이다.

이것만 있으면 기획안, 제안서, 품의문, 협조전, 회의나 출장 결과 보고서, 공지문 할 것 없이 무엇이든 쓸 수 있다. 이들 구성요소의 조합이 보고문서이기 때문이다.

포털사이트에 가보면 직장에서 쓰는 글의 구성요소를 채집할 수 있다. 반나절만 시간 내면 종이 한 장에 정리 가능하다. 책상에 붙여놓고 문서를 써야 할 때 한번 읽어보자. 한 쪽 분량의 짧은 문서면 4~5개의 단어만 고르면 된다. 한 쪽 안에는 네댓 개의 중간제목밖에 넣지 못하기 때문이다. 하지만 긴 문서는 그에 맞는 단어 수만큼 골라야 한다. 이렇게 몇 개의 구성요소를 조합하는 것이 문서 작성이다. 그 능력이 기획력이다.

3단계는 말하기다. 쓸 내용에 대해 먼저 말해본다. 우리는 글쓰기에 앞서 말부터 배운다. 글쓰기보다는 말하기가 쉽다. 말에 의지해서 글을 쓰는 것도 좋다. 노무현 대통령의 글을 쓰면서 내가 많은 시간을 들였던 것은 대통령의 말을 듣는 것이었다. 그분은 말을 해야 생각이 정리되고 새로운 생각이 난다고 하셨다. 대통령이 연설문 내용을 구술해주겠다고 부를 때 생각이 정리돼서 부르는 것이 아니다. 생각을 정리하기 위해 부르는 것이다. 말을 하다 보면 어느 시점에 가서 "이제 됐다. 이렇게 하자" 하면서 정리해주신다. 대통령은 말하고 나는 쓰는 것이다. 대통령이 자신의 생각을 말로 바꾼 후, 그것을 다시 글로 바꾸는 과정이다.

말은 생각하게 하는 힘이 있다. 술을 먹고 말을 하다 보면 '이렇게 멋진 생각이 어떻게 내 머릿속에 있는 거지?' 하고 신기해한다. 말을 하다 보니 생각난 것이다. 나는 마감해야 할 원고가 있을 때도 친구가 만나자고 하면 무조건 나간다. 친구와 얘기하다 보면 쓸거리가 생각나는 경우가 많다. 글 쓸 일이 있으면 누군가 찾아가 쓸 내용에 관해 말해봐라. 머릿속에 있는 생각을 곧장 글로 내놓는 것은 어려운 일이다. 일단 말로 번역한 후 글로 만들어라.

4단계는 쓰기다. 글을 쓰는 데는 어휘력과 문장력이 필요하다. 나는 내 어휘력과 문장력을 믿지 못한다. 그래서 온라인 국어사전을 열어놓고 쓴다. 내 머릿속에 떠오른 단어를 글에 쓰지 않는다. 대신 국어사전에 쳐본다. 그러면 유의어가 뜬다. 그중에 내가 생각했던 단어보다 더 좋은, 문맥에 더 맞는 단어가 있을 수 있다. 그 단어를 다시 국어사전 검색창에 쳐서 예문을 살펴본다. 어떤 단어를 치든 많은 예문이 뜬다. 그 예문들 가운데 주어와 서술어, 수식어 등을 고른다. 그러면 문장이 만들어진다. 그야말로 단어를 한 땀 한 땀 쳐보면서 글을 쓴다. 이렇게 쓰면 못 쓸 글이 없다.

어느 누구도 국어사전만큼의 어휘력과 문장력을 갖고 있지 못하다. 인공지능을 활용할 수도 있지만, 이는 자동화된 시스템에 불과하다. 하지만 국어사전에 쳐보면서 글을 쓰는 건 수작업이다. 시간이 좀 걸리지만 수작업이 훨씬 경쟁력 있다. 상사 입장에서 문서를 검토할 때도 이 방식은 유효하다. 아래 직원이 써온 문서를 보고, 그 안에 들어 있는 이 단어, 저 단어를 국어사전에 쳐보라. 그리고 유의어와 예문을 챙겨서 보고 이를 참고해 단어와 문장을 고쳐주면 된다.

5단계는 독자 영접이다. 독자로 빙의하는 것이기도 하다. 내가 김우중 회장의 글을 쓸 때, 독자는 세 사람이었다. 나의 부서장, 담당 임원, 비서실장. 이들을 통과해야 내 글이 회장 자리에 갈 수 있었다. 처음에는 이 모든 사람을 만족시키려고 했다. 하지만 누구도 만족하지 않는 글이 됐다. 여러 군데에 주파수를 맞추는 것은 애초 불가능했다. 그것을 안 이후부터는 독자를 한 사람으로 정했다. 그 독자는 글의 내용에 따라 달라졌지만, 회장을 포함해 넷 중 하나였다.

그렇게 독자를 정하면 그가 내 글에서 원하는 것을 찾았다. 그러면 쓸 게 생각났다. 생각난 것을 쓸 때는 그가 내 글에 보일 반응을 들으려 노력했다. 한 문장을 쓰고 나서 이에 대해 무슨 말을 할까 귀 기울였다. 그러면 그의 소리가 들렸다. 사람마다 취향과 성향이 있다. 두괄식을 선호하는 사람도 있고 미괄식을 좋아하는 사람도 있다. 아무튼 나는 독자의 소리를 들어 그것을 글에 반영하려고 노력했다. 그러면 그럴수록 내 글의 통과 확률이 높아졌다.

다시 정리하자면, 방법은 간단하다. 첫째, 내 글을 읽을 독자를 한 사람 정한다. 둘째, 그 사람을 내 머릿속에 앉히고 그에게 말한다고 생각하고 쓴다. 셋째, 한 문장, 한 문단씩 쓰면서 그가 어떻게 반응할지를 생각해본다. '너무 어려워서 무슨 말인지 모르겠어요. 쉽게 말해주세요.' 혹은 '재미없어요. 뭐 다른 얘기 없어요?' 등등. 넷째, 그런 반응을 글에 반영한다. 다섯째, 다 쓰고 나면 내가 독자가 돼서 읽어본다.

말하기가 글쓰기보다 쉬운 것은 말을 듣는 사람이 앞에 있기 때문이다. 듣는 사람의 반응을 보며 말하니까 쉬운 것이다. 만약 벽에 대고 말하라고 하면 말하기도 어렵다. 그런데 글쓰기는 독자가 눈에 보이지 않는다. 그래서 어렵다. 구체적으로 독자를 상상하면서, 그의 목소리를 들으며 써야 한다. 연애편지가 대표적이다. 상대의 표정과 반응을 그리며 쓴다. 쓰기도 쉽고 글도 좋다. 소설가들은 독자를 자기 앞에 앉혀놓고 쓴다. 그 독자가 지루해서 자리를 뜨지 않도록 반응을 살피면서 쓴다.

직장에서 글을 쓸 때에는 상사의 목소리가 들려야 한다. 그러려면 상사를 알아야 한다. 그의 취향과 성향, 그가 기대하는 것 등을 알아야 한다. 그것이 직장에서 글 잘 쓰는 지름길이다. 그런데 상사와 생각을 겨루려고 한다. 상사를 알려고 노력하지 않는다. 그러면 잘 쓸 수 없다. 나는 회장이나 대통령의 소리를 들으면서 썼다. 그것이 나의 모자란 부분을 보완하는 방법이었다. 글쓰기는 독자와 함께하는 작업이다. 글은 썼다고 끝나는 것이 아니라 읽힘으로써 완성된다.

6단계는 퇴고다. 잘 쓰는 사람은 쓰기보다 고치기에 무게중심을 둔다. 글을 잘 쓰지 못하는 사람일수록 많이 고치지 않는다. 내가 모신 두 대통령은 연설문을 읽는 순간까지 고쳤다. 행사 전날 밤까지 고친다. 행사장으로 가는 차 안에서 고친다. 행사장에 가서도 앞 연설을 들으며 고친다.

상사에게 글을 보여주기 전에 나는 두 가지 작업을 먼저 했다. 하나는 체크리스트로 글을 점검해보는 것이고, 다른 하나는 오답노트를 가지고 상사가 싫어하는 부분을 없애거나 바꾸는 일이다.

나는 글을 쓰고 나면 체크해보는 43가지 점검 항목이 있었다. 오탈자가 있는지, 비문이 있는지, 사실의 오류가 있는지, 빼도 되는 건 없는지, 제목은 적절한지, 문제를 정확히 정의했는지, 문제 해법이 실효성이 있는지, 실행계획은 현실적이고 실천 가능한지, 향후 과제나 미래 방향을 포함했는지, 자료 수집과 조사는 충분했는지, 상호 모순되는 부분은 없는지, 상사가 듣고 싶어 하는 내용 중에 빠진 것은 없는지, 전하고자 하는 핵심 메시지가 잘 드러나는지, 내용은 정확하고, 설득의 근거는 풍부한지, 해법, 대안, 해석 같은 내 의견이 담겨 있는지, 한 번만 읽고도 이해가 되는지와 같은 항목들이다. 이는 상사가 주로 체크해보는 것들이다.

나는 이 43개의 촘촘한 체에 내 글을 걸러보았다. 그리고 오답노트를 가지고 내 글에 묻혀 있는 지뢰를 제거했다. 그러니까 상사의 눈으로 체크해보고 상사가 싫어하는 것들을 제거하는 과정을 거친 것이다. 내가 먼저 체크하지 않으면 상사에게 체크당할 수밖에 없다. 나는 평소 상사가 "이거 아니잖아", "왜 이렇게 썼어. 이것 틀렸어"라고 지적했던 내용들을 모아서 오답노트 형태로 갖고 있었다. 상사와 함께하는 시간이 길어질수록 내 체크리스트와 오답노트는 충실해졌다.

이런 체크리스트와 오답노트를 가지고 장소와 환경을 바꿔가며 걸러봐라. 오래 보는 것보다 다양한 상황에서 잠깐씩 여러 번 보는 게 중요하다. 버스 안에서도 보고, 화장실에서도 보고, 카페에 가서도 봐라. 아침에도 보고 저녁에도 봐라. 순서대로 보고 뒤에서부터도 보고, 문장 중심으로, 문단 중심으로, 전체 맥락 중심으로도 봐라. 묵혀놓는 시간도 필요하다. 아침에 보이지 않던 수정 사항이 저녁에는 보인다. 남에게 보여줄 필요도 있다. 모니터상으로 안 보이던 게 출력해서 보면 보이고, 소리 내 읽으면 더 잘 보인다.

그렇게 하다 보면 나중에는 처음부터 맞춰서 쓰게 된다. 체에 거를 필요가 없어진다. 그러면 좀 더 정교한 체를 만들어봐라. 거르는 체의 수준을 점차 높여가면 자기만의 문체가 만들어진다. 그뿐 아니라 상사와 동조화해 지적을 거의 받지 않게 된다.

내가 글을 쓰는 이유

글쓰기는 직장생활의 전부

글을 쓰는 이유는 다양하다. 자신을 표현하기 위해서인 경우도 있고, 써야 하니까 쓰기도 한다. 솔직히 나는 글을 쓰는 게 기쁨이라고 말하는 걸 이해하지 못한다 아직 그 경지에 이르지 못했다. 그래서 의도적으로라도 글 쓰는 목적을 가지려고 노력한다. 과녁이 있어야 겨냥할 수 있고, 목표가 있어야 지속할 수 있기 때문이다. 힘듦을 감내하기 위해서다. '나는 왜 글을 쓰는가.' 이 물음에 대한 답을 가져야 하는 이유다. 글쓰기가 우리에게 주는 가치는 참으로 크다.

글을 쓰면 생각이 만들어지고 정리된다. 펜 끝과 마우스 커서를 따라 생각이 발전한다. 언제 내 머릿속에 이런 생각이 있었을까 싶을 정도로 새로운 생각이 샘솟는다. 생각이 실타래처럼 엉켜 있을 때는 차분하게 글로 써보자. 생각이 일목요연해진다. 독서는 사람을 풍부하게 하고, 사색은 깊이 있게 하며, 대화는 유연하게 하고, 글쓰기는 정교하게 한다는 말도 있지 않은가.

글쓰기는 영향력을 확대한다. 리더십은 말과 글을 떼어놓고 생각할 수 없다. 기업에서 구성원을 설득하고 변화시키는 요체는 말과 글이다. 훌륭한 리더는 글로써 말을 준비한다. 자기 생각을 글로 표현하지 못하는 리더는 자격이 없다. 경영이란 '무엇을 말할 것인가'를 고민하는 것이다. 또한 리더십은 '어떻게 말할 것인가'에 관한 것이다.

글쓰기는 관계도 확장한다. 편지를 쓰고 SNS를 하는 것 모두 관계를 넓히는 일이다.

글쓰기는 다짐의 효과가 있다. 사람들은 기정사실화된 것을 지키려는 경향이 있다. 1950년대 미국 예일대학은 졸업생을 대상으로 인생의 목표를 조사했다. 조사 결과 3%만이 자기 목표를 글로 적어두었다. 그로부터 20년 후 추적해보니, 글로 써둔 3% 졸업생들이 쌓은 부가 나머지 97%의 그것보다 훨씬 많았다. 글이 씨가 되는 자기실현적 예언이 이루어진 것이다. 조직의 비전이나 목표, 행동 규범을 글로 써서 붙여놓는 이유도 이것이다.

글쓰기는 나를 들여다보게 한다. 자신의 진짜 모습을 보여준다. 내가 누구인지 알게 한다. 나를 객관화해서 보는 기회를 주고 성찰하게 한다. 나를 받아들이고 존중하게 만든다. 낙서와 일기가 대표적이다.

글을 써야 역사의 주인이 된다. 역사는 기록하는 자의 것이라고 했다. 역사만이 아니다. 사람은 누구나 호모스크립투스Homo Scriptus, 즉 기록하는 인간이다. 글로 남기고자 하는 건 인간의 본능이다.

글쓰기는 돈도 된다. 뉴욕 한복판에 거지 둘이 앉아 있다. 왼쪽 거지 앞에는 "눈이 안 보입니다. 도와주세요"라고, 오른쪽 거지 앞에는 "봄이 왔지만, 아름다운 꽃을 볼 수 없습니다"라고 쓰여 있었다. 오른쪽 거지 앞에만 돈이 모였다. 글의 힘이다.

무엇보다 글쓰기는 의사소통의 핵심 수단이다. 특히 회사에서는 글쓰기가 곧 일하기다. 과거에 글 잘 쓰는 직원은 홍보실에서 사보를 만들거나 기획실에서 사장 연설문을 썼다. 대부분 직원은 글과 무관하게 살아도 불편하지 않았다. 그런데 지금은 어떤가? 싫건 좋건 모두가 이메일, 메신저를 써야 한다. 보고서, 기안문, 품의서, 제안서, 프레젠테이션 자료 작성 등 업무 대부분이 글로써 이루어진다. 당연히 글을 잘 쓰면 업무 효율이 올라간다. 회사 전체적으로 생산성이 높아진다. 글머리가 일머리인 시대다.

끝으로, 글을 잘 써야 하는 충분한 이유 하나가 있다. 글을 잘 쓰면 멋있다. 이것만으로도 글을 잘 쓰고 싶은 충동이 일지 않는가.

나는 내 길을 간다

글쓰기 겁박에 대응하는 법

세상에는 글쓰기 고수들이 많다. 고수마다 글쓰기 비법을 제시한다. 듣다 보면 "과연 내가 따라할 수 있을까?" 하는 의문이 든다. 자신감이 뚝뚝 떨어진다. 또한 이 사람 말 다르고, 저 사람 말 다르다. 헷갈린다. 중심을 잡자. 그것은 그들의 주장일 뿐이다. 참고는 하되 철칙으로 받아들일 필요는 없다. 나는 내 방식으로 자력갱생하면 된다.

첫 줄에 목숨 걸라는 겁박

첫 줄 승부에서 실패하면 재기 불능인 것처럼 겁을 준다. 과연 그럴까? 나는 첫 줄부터 쓰지 않는다. 생각나는 것부터 쓴다. 생각나는 한 줄에 살을 붙여나간다. 그것이 쉽고 자연스럽다. 나는 책을 읽을 때도 1부 1절부터 읽지 않는다. 목차를 보고, 읽고 싶은 부분부터 읽는다. 그러다 보면 어느덧 한 권을 다 읽게 된다.

첫 줄부터 잘 쓰려는 것은 백점 맞고 싶은 욕심이다. 스스로 죄는 강박이다. 그래서 첫 줄을 놓고 끙끙 앓는다. 빵점부터 시작하라. 고등학교 때 수학을 못했다. 그럼에도 1번부터 다 맞추려고 덤벼들었다. 풀어서 나온 숫자가 네 개의 선지에 없다. 다음 2번 문항으로 넘어간다. 또 선지에 없다. 이렇게 5번까지 내려가면 멘붕 상태가 된다. 머리가 하얗다. 공식이 하나도 생각나지 않는다. 가슴만 벌렁벌렁 뛴다. 백점 욕심이 낳은 폐해다.

그때는 그냥 찍는다. 답안지를 다 메워놓으면 마음이 편해진다. 여차하면 사지선다형이니 25%의 확률은 있다. 뛰던 가슴이 가라앉는다. 이때부터 한 문제씩 차분하게 푼다. 1번부터가 아니다. 알 것 같은 문제, 만만한 것부터 푼다. 푼 답이 선지에 나오고, 찍은 답을 고칠 때는 짜릿한 전율을 느낀다.

글쓰기도 마찬가지다. 찍어서 답안지를 메우듯이 일단 생각나는 것부터 쓰자. 첫 줄에서 헤매지 말고, 생각나는 것을 한 줄이건 두 줄이건 쓰고 시작하자. 뭐라도 메워놓으면 마음이 편하다. 그 상태에서 하나씩 하나씩 고쳐나가자. 빵점에서 출발해 점수를 더해나가자.

일필휘지하라는 겁박

일필휘지하지 않으면 글이 누더기가 된다고 압박한다. 여기서 한술 더 떠 "잘 쓰려고 애쓴 것같이 보이는 글은 다시 써야 한다"고 겁박한다. 옷을 기운 자국이 없어야 한다는 것이다. 그런 말에 신경 쓰지 말자. 천의무봉天衣無縫한 글이 뉘 집 아이 이름인가. '나는 왜 일필휘지가 안 될까?' 하고 조바심 낼 필요가 없다. 일필휘지할 수 있는 사람은 몇 안 된다. 특별하게 복 받은 사람이다. 《혼불》 작가 최명희 선생은 말했다. "나는 나의 일필휘지를 믿지 않는다. 원고지 한 칸마다 나 자신을 조금씩 덜어 넣듯이 글을 써 내려갔다."

생각날 때마다 조금씩 덧붙여 쓰면 된다. 생각은 푹 삭일수록 감칠맛이 난다. 글이 머릿속에서 숨 쉴 수 있도록 시간 간격을 두고 끊어 쓰자. 물론 처음 든 생각은 단박에 써야 한다. 그것까지 묵혀둘 필요는 없다. 하지만 거기까지다. 그 이후에는 억지로 쥐어짤 필요가 없다. 자연스럽게 놔두면 된다. 일부러라도 덮어두고 다른 일을 하는 게 좋다. 그러면 머리는 혼자 생각한다. 그러다 지하철에서, 혹은 화장실에서, 새벽녘 잠결에 문득 생각이 난다. '이 내용을 추가하자' 또는 '이걸 이렇게 고치자'. 이때 잽싸게 컴퓨터 앞으로 달려가거나 메모지를 찾으면 된다. 이렇게 작업하다 보면 '내가 도대체 무슨 생각으로 이렇게 써놓은 거야?' 하며 짜릿하게 고치는 쾌감을 느끼게 된다.

끊어 써야 하는 또 하나의 이유는 지치지 않기 위해서다. 글 쓰는 것은 진을 빼는 일이다. 에너지가 고갈되지 않도록 관리해야 한다. 완전히 방전된 자동차는 시동이 걸리지 않는다. 그러지 않도록 중간에 충전 시간을 가져야 한다. 잠깐이라도 쉬는 시간을 갖고 글 앞에 앉으면 새로운 의욕이 샘솟는다. 운동시합에서 작전타임은 작전도 짜지만 선수들을 격려하고 쉬게 하는 의미도 있다.

개요를 완벽하게 짜고 써야 한다는 겁박

개요가 완벽해야 한다고 생각할 필요 없다. 쓰다 보면 어차피 다 무너지는 게 개요다. "당신은 집 지을 때 설계도 없이 짓느냐. 그래 가지고 튼튼한 집을 지을 수 있느냐. 글을 쓰려면 뼈대부터 잡아놓고 써야 한다. 그렇지 않으면 짜임새 있는 글을 쓸 수 없다." 이런 말에 기죽을 필요 없다. 학교 다닐 때 시험 일정이 발표되면 책상을 정리하고 계획표부터 짜는 사람치고 공부 잘하는 친구 못 봤다. 그런 친구들 보면 계획표 짜다가 시간 다 보낸다. 계획표대로 공부하는 경우는 없다. 시험 범위가 발표됐으면 곧바로 공부해야 한다.

글도 곧바로 쓰기 시작해야 한다. 개요를 짜는 것보다 일단 시작하는 게 더 중요하다. 개요가 필요하면 쓰다가 짜도 늦지 않다. 글쓰기 프로세스의 맨 앞에 개요 짜기를 굳이 넣어둘 필요는 없다는 것이다. 꼭 개요를 짜야 할 때도 키워드 중심으로 간략히 메모하면 된다. 여기에 쓸데없이 시간 들일 필요 없다.

글쓰기에도 매뉴얼이 있다

누구나 활용 가능한 글쓰기 5단계

글을 매뉴얼대로 쓸 수는 없을까? 가능하다. 누구라도 활용 가능한 글쓰기 5단계 과정을 거치면 웬만큼은 글을 쓸 수 있다. 그게 내 생각이다.

단 조건이 있다. 무엇을 쓸 것인지는 해결해줄 수 없다. 어떻게 쓸 것인지만 알려줄 수 있다. 무엇을 쓸 것인지는 각자의 몫이다. 자동차와 운전면허가 있어도 그 차를 타고 어디로 갈 것인지는 누구도 알려줄 수 없다. 차를 타고 가는 사람이 스스로 정해야 한다. 막연하고 답답하면 인터넷서점에 가서 책의 제목과 목차를 둘러보라. 잠자고 있던 생각 세포들이 일제히 봉기할 것이다. 재수 좋으면 목차에서 곧바로 쓸거리를 찾을 수도 있다.

1단계: 마구잡이로 쓰기

쓸거리가 정해졌으면 무조건 쓰기 시작한다. 생각나는 대로 쓴다. 한 줄이건 한 쪽이건 분량은 상관없다. 아는 대로 쓰자. 생각이 안 나면 "아무것도 생각나지 않는다"고 쓰자. 예쁘게, 멋있게 쓰려고 하지 말자. 그냥 나오는 대로 쓰자. 거침없이 단숨에 쓰고 보자. 이렇게 해서 그 무엇이건 쏟아냈다면 한고비는 넘은 것이다. 하지만 이것은 요리할 준비를 마친 것에 불과하다. 음식을 만드는 것은 이제부터 시작이다.

이러한 착수는 빠를수록 좋다. 그래야 마감까지 충분한 숙성 시간을 확보할 수 있다. 착수는 생각의 닻을 내려놓는 효과가 있다. 닻만 내려놓으면 이후 다른 일을 하더라도 뇌는 계속 궁리한다.

2단계: 검색하기

써놓은 것을 그대로 두고 '포털사이트'에 가자. 검색창에 키워드를 넣고 관련 칼럼을 검색한다. 검색어가 너무 포괄적이면 광범위한 내용이 나오므로 곤란하다. 검색 범위가 좁아야 한다. 그래야 구미에 맞는 내용만 나온다. 예를 들어 '글쓰기'라고 치면 안 된다. '독후감 쓰기'나 '일기 쓰기'라고 검색해야 한다. 그보다 더 구체적으로 '자기계발서 독후감 쓰기'라고 검색하면 더 바람직하다. 그러면 관련 칼럼이 죽 뜰 것이다.

3단계: 긁어오기

하나씩 읽으면서 필요한 내용을 긁어온다. 무엇을 긁어올 것인가? 이것이 핵심이다. 써야 할 글의 종류에 따라 다르지만, 사람들이 일반적으로 글에서 필요로 하는 것이 있다. 이런 내용이 들어가야 좋은 글이라고 느끼는 바로 그 내용이다.

이야기 독자는 글에서 두 가지를 얻어야 만족한다. 재미와 효용이다. 우선 재미를 충족시키려면 이야기가 있어야 한다. 그래야 재미있다. 자기 경험에서 나온 이야기가 가장 좋다. 그런데 그게 어디 쉬운가. 그래서 남의 경험, 즉 사례가 필요하다. 칼럼에 사례는 많다. 이 밖에도 에피소드, 고사성어의 탄생 배경, 우화, 신화가 모두 이야깃거리다. 이 또한 칼럼에 널려 있다.

인용거리 사람들은 글에서 남에게 전할 만한 거리를 찾는다. 다른 사람과의 대화에서 사용함 직한 명언이나 속담, 격언, 통계 같은 것이다. 예를 들어 시인 로버트 프로스트 Robert Frost는 "작가가 울지 않으면 독자도 울지 않는다"고 했다. 이런 걸 챙기면 독자들은 수지맞았다고 생각한다. 평소 안 들어본 것일수록 고마워한다. 글을 읽고 나면 이런 것 한 토막만 기억에 남는다. 이런 경험은 누구나 해봤을 것이다. 인용거리 역시 칼럼 이곳저곳에 널려 있다.

정리된 생각 글의 중심이 되는 자신의 의견이다. 대개 첫째, 둘째, 셋째로 정리되곤 한다. 일종의 '썰'이다. 시각은 다양할수록 좋다. 여러 칼럼을 읽으면서 다양한 견해와 입장을 접하다 보면 몇 가지로 정리가 된다. 그것을 쓰면 된다. 독자들은 여기에서 지적인 포만감을 느낀다. 도식화, 유형화도 같은 맥락에서 좋아한다. 머리 쓰기 성가신데 대신 정리해주는 것이 감사하고, 기억하기도 편한 까닭이다.

논박거리 사람들은 싸움 구경을 좋아한다. "이런 의견도 있다"며 남의 얘기를 끌어다놓고 뒤집는 방식이다. 남의 주장을 제물로 삼아서 각을 세우고 자기주장의 설득력을 높인다. 일부러 이슈를 제기해서 공박을 펼치는 것이다. 칼럼에서 뒤집기 좋은 먹잇감을 찾는 건 어렵지 않다.

이렇게 네 종류의 '거리'를 가져다가 1단계에서 써놓았던 그곳에 갖다 붙인다. 이제 쓸거리가 다 모인 것이다.

4단계: 전개하기

1단계와 3단계에서 붙여놓은 내용을 순서와 분량, 논리적 연결이라는 세 가지 관점으로 정리한다. 무슨 내용이 가장 먼저 와야 할지, 어떤 순서로 글을 전개할지 생각한다. 어떤 내용의 분량을 키우고 어떤 것은 짧게 언급할 것인지, 글의 전체 분량을 염두에 두면서 안배한다. 마지막으로 이러한 글 덩어리들을 어떻게 하면 짜임새 있게 엮을 것인지 생각한다. 논리적 연결을 걱정할 필요는 없다. 남이 알아먹을 수 있게 이어가면 그만이다.

4단계의 핵심은 그다음이 계속 읽고 싶게 만드는 것이다. 다음 내용에 대한 궁금증을 유지시켜야 한다. 첫 줄에 엮인 독자가 자기도 모르게 이끌려 줄줄이 읽어 내려올 수 있게 말이다. 독자는 끝까지 읽을 의무가 없다. 궁금하지 않으면 곧바로 떠난다.

5단계: 고쳐 쓰기

4단계를 마쳤으면 글을 잊고 다른 일을 한다. 마감 시간이 급하면 잠깐 산책이라도 한다. 이 시간은 반드시 필요하다. 머릿속에서 글을 숙성시키는 과정이다. 컴퓨터나 원고지 앞에 앉아 있지 않아도, 글을 고민하지 않아도 머리는 계속 글을 고친다. 나의 잠재의식이 대신 일한다. 절박할수록 더 열심히 일한다.

밥을 먹거나 친구와 대화하다가 생각이 난다. '맞아, 거기를 이렇게 고치면 돼.' '시작은 이렇게 하면 되겠어.'

틈틈이 생각날 때마다 고쳐라. 시간과 장소를 바꿔가면서 보면 보이지 않던 것들이 보인다. 내 글이 아니라고 생각하고 손을 대면 댈수록 잘 고쳐진다. 마치 장기 훈수 두는 사람처럼.

이런 다섯 단계를 거쳐 글을 쓰면 못 쓸 글이 없다. 누구나 쓸 수 있다.

회장에게 배우는 글쓰기

글쓰기 몰입의 조건

학창 시절, 누구나 한 번씩은 이런 경험이 있을 것이다. "책상 위에 있는 책 모두 치우세요"라는 시험감독 선생님의 지시가 있을 때까지 몰입하는 10분. 아무 소리도 안 들리고 다른 건 전혀 생각하지 않고 오직 필기 노트에만 집중하는 그 시간. 시험 준비랍시고 일주일 이상 공부한 것보다 이 10분 동안에 더 많은 것을 알게 되는 몰입의 순간 말이다.

글쓰기야말로 몰입의 승부다

아무리 많은 시간을 컴퓨터 앞에 앉아 있어도, 제아무리 재능이 뛰어나도 몰입하지 않으면 쓸 수 없다. 몰입하지 않고 글을 쓰면 둘 중에 하나의 반응을 보인다. 글을 잘 쓴다고 생각하는 부류는 글쓰기가 성가시다. 글을 못 쓴다고 생각하는 부류는 글쓰기가 두렵다. 모두가 몰입하지 않아서 생기는 현상이다. 몰입하면 귀찮거나 두렵지 않다. 이런 생각 자체가 없다.

몰입했다는 것은 글에 지배당하지 않았다는 것이다. 글을 장악했다는 뜻이다. 사물놀이패가 한창 장단을 맞출 때 표정을 보라. 소리를 완전히 장악하고 가지고 노는 형상이다. 몰입했을 때 나오는 장면이다. 세계적인 심리학자 미하이 칙센트미하이Mihaly Csikszentmihalyi는 《몰입의 즐거움》이란 책에서 "사람들이 스스로 행복감을 맛보는 순간은 어떤 일에 집중하여 내가 나임을 잊어버리는 시간이다"라고 했다.

글쓰기에서 몰입을 가로막는 몇 가지 생각이 있다. '나는 원래 글쓰기에 소질이 없어.' 조금 끄적거리다가 쉬 포기한다. '내가 지금 이런 거나 쓰고 있어야겠어?' 자신을 과대평가하고 푸념한다. '글을 쓰면 돈이 나와, 밥이 나와?' 글쓰기의 가치를 인정하지 못하겠다는 것이다. 이러면 글의 포로가 된다. 글감옥에 갇힌다.

그렇다면 글쓰기에 몰입할 수 있는 조건은 무엇일까?

글쓰기 몰입의 조건

글쓰기 자체를 좋아하는 경우가 첫 번째 조건이다. 쉬운 일은 아니지만 가장 바람직한 경우일 것이다. 글쓰기가 기쁨과 행복감을 가져다줄 테니까 말이다. 글을 쓰면서 무아지경에 이르는 길은 이 경우가 유일하지 않을까 싶다. 주체할 수 없을 정도로 글을 쓰고 싶은 욕망에 사로잡히는 하이퍼그라피아, 즉 글쓰기 중독증에만 빠지지 않는다면 말이다.

그다음으로는 글을 써야 하는 이유가 분명한 때다. 글을 통해 능력을 인정받고 싶다든지, 남들과 즐겁게 소통하기 위해서 글을 쓴다든지. 목적이 분명할수록, 의미가 확실할수록 몰입의 강도는 높아진다.

아울러 여유가 있어야 한다. 시간이 확보되어야 글에 몰두할 수 있다. 이런저런 할 일을 쌓아두고는 글에 몰입하기 어렵다. 가지를 쳐내듯이 일을 쳐내고 글에 집중해야 한다. 글을 쓰다가 집중력이 흐트러질 만하면 적절히 쉬는 시간도 필요하다.

절박함도 있어야 한다. 급박하면, 반드시 써야 하면 몰입하게 되어 있다. 벼랑 끝에 서면 누구나 몰입해서 쓴다. 꿈에서도 쓴다. 지금 글이 써지지 않는다면 긴박하지 않은 것이다.

끝으로, 쓸 수 있다는 확신이다. 그것이 출발점이다. "나라고 안 될 이유가 없잖아"와 같은 자신감이 필요하다. 자신감이 없으면 몰입은 고사하고 시작할 엄두조차 내지 못한다. 쓸 수 있다고 생각하면 쓸 수 있고, 쓸 수 없다고 생각하면 못 쓰는 게 글이다.

내가 경험한 회장들의 공통점은 딱 두 가지다. 하나는 목표가 분명하다는 것이고, 다른 하나는 그 목표에 몰입한다는 점이다. 한 가지 일에 빠지면 건성으로 대충하지 않는다. 놀라운 집중력을 발휘해 골똘히 파고든다. 심취해서 그 시간을 즐긴다.

회장이야말로 글을 잘 쓸 수 있는 조건을 갖춘 사람이다. 몰입의 조건으로 가장 강력한 것은 동기부여이고, 동기부여가 가장 잘되는 경우는 '그것이 내 일일 때'인데, 글쓰기로 인해 가장 큰 혜택을 보는 사람, 글쓰기가 가장 필요한 사람은 회장 자신이니까 말이다.

욕심내지 말고 욕망하자

독자를 배려하는 글쓰기

나그네가 어두운 밤길을 더듬고 있었다. 그때 먼 곳에서 등불이 반짝였다. 등불을 향해 반갑게 나아갔다.

"아니, 이럴 수가!"

등을 든 사람은 앞을 못 보는 시각 장애인이었다.

"당신은 장님이 아닙니까? 그런데 어찌 등불을…."

"예, 이 등불은 나를 위한 것이 아니라 앞이 보이는 사람들을 위한 것입니다. 하지만 등불 덕에 사람들이 나와 부딪히지 않으니 결국은 나를 위한 것이기도 하지요."

글쓰기는 독자를 따뜻한 눈으로 보는 것에서부터 출발해야 한다. 독자는 빨간 펜 선생님이 아니다. 내 글을 재단하는 검열관이 아니다. 독자는 나와 한편이고 내 글쓰기의 참여자다. 같이 호흡하고 함께 공감하는 친구다. 일기를 쓸 때 귀찮기는 해도 두려움을 느끼지는 않는다. 독자가 자신밖에 없기 때문이다. 독자를 과도하게 의식하면 두려움이 생긴다. 잘 보이고 싶은 욕심이 과하면 두려움이 된다. 두려움은 글쓰기에 아무런 도움이 안 된다.

내가 먼저 솔직해야 한다. 무장을 해제해야 한다. 있는 그대로 보여주겠다는 자세가 중요하다. 그래야 허위와 관념에서 벗어날 수 있다. 글이 생생하고 자연스럽다. 글에 꾸밈이 없다. 글에서 인간미를 느낄 수 있다. 독자들이 찾아들게 하기 위해서는 그래야 한다. 자기소개서는 예외다. 솔직해선 안 된다. 그래서는 원하는 회사나 대학에 들어갈 수 없다. 있는 그대로 보여줘서 보기 좋은 사람은 흔치 않다. 읽는 사람이 원하는 방향으로 연출해서 보여줘야 하는 게 자기소개서다.

독자를 잊는 순간이 있어야 한다. 나의 글쓰기는 3단계다. 첫 번째, 준비 단계에서 철저히 독자를 염두에 둔다. 그들을 파악하고 연구한다. 두 번째, 쓰는 단계에서는 잠시 잊는다. 온전히 나에게 몰두해 쓴다. 이때는 독자를 잊고 자기 내면에 잠겨 있는 것을 끌어올리는 시간이 필요하다. 세 번째, 고쳐 쓰는 단계에서는 나 스스로 독자가 된다. 내가 독자가 돼서 내 글을 본다. 독자는 이렇게 나의 글쓰기와 함께하는 존재다.

독자를 배려하자. 배려는 자기를 중심에 두지 않는 것이다. 거창한 것을 써서 멋있게 보이고 싶은 것은 자기를 중심에 둔 것이다. 그래서 욕심이라고 한다. 그러지 말고 욕망하자. 욕심의 노예가 아니라 욕망의 주인이 되자. 글쓰기에서 욕망은 독자에게 전달할 좋은 내용을 찾고 싶은 마음이다. 또 그것을 좀 더 알기 쉽게 전하고자 하는 노력이다. 나아가 독자의 가슴에 꽂히게 하려고 고민하는 열정이다. 이 모두가 자기가 아닌 독자를 중심에 둔 것이다. 책임감Responsibility은 반응Response과 능력Ability의 합성어다. 그러니까 타인에 대해 반응할 줄 아는 능력, 즉 독자에 대한 배려가 글 쓰는 사람의 책임감이다.

글 앞에서 어찌할 바를 몰라 쩔쩔매는 모습을 보이는 것은 독자에 대한 배려가 아니다. 그런 글은 독자를 불안하게 한다. 자신 있게 써서 부담감을 주지 않는 게 독자에 대한 배려다. 자기가 많이 안다는 것을 글에 드러내면서 우쭐해 하는 것도 배려가 아니다. 알기 쉽게 써서 그것을 단번에 이해한 독자가 우쭐할 수 있도록 해야 한다. 장황하게 써서 독자들의 시간을 빼앗는 것 역시 배려가 아니다. 군더더기 없이 간결하게 써서 독자들이 상상할 수 있는 공간을 마련해주는 것이 배려다. 온갖 수식어와 수사법을 동원해서 독자에게 감동을 주려는 시도는 배려가 아니다. 느끼함으로 고문하는 일이다. 담담하고 소박하되 전하려는 메시지가 분명하고 글쓴이가 감춰놓은 의도를 알아채는 기쁨을 주는 것이 독자를 배려하는 것이다.

잘 쓴 글은 내가 잘 쓴다고 되는 게 아니다. 좋은 글은 독자의 마음에서 나온다. 좋은 글을 쓰고 싶거든 독자를 향해 '장님의 등불'을 먼저 들어야 한다.

기본에 충실하자

글쓰기의 '기본'

상사들은 '기본'이란 말을 좋아한다. 입에 달고 산다. 하지만 상황에 따라 뜻은 각기 다르다.

"기본에 충실하자."

"기본은 해줘야 할 것 아니오."

"그 친구는 기본이 약해."

글쓰기에서도 마찬가지다.

기본으로 돌아가자

이때는 '본래 목적'이란 뜻으로 '기본'을 쓴 경우다. 기본으로 돌아가자는 말은 본질의 추구나 핵심으로의 단순화를 의미한다. 처음이나 초심과도 비슷하다. 일이 복잡하게 꼬이고 혼란스러울 때, 뭔가를 단순화해서 답을 찾고자 할 때 우리는 기본으로 돌아가자고 한다.

'글쓰기의 기본은 소통'이라고 할 때에 쓰인 '기본'이 그 경우다. 소통하려는 것이 의미이건 감동이건 간에 무언가를 전하려는 게 글쓰기의 본래 목적이다. 심지어 일기도 자신과의 대화다. 자기 내면과의 소통이다.

기본을 지키자

"빨간불에는 길을 건너지 않는다"가 기본을 지키는 것이다. 나아가 교차로에 차가 막혀 있으면 파란불이 들어와도 꼬리를 물지 않는 게 기본을 지키는 것이다.

글쓰기에도 지켜야 할 기본이 있다. 맞춤법과 띄어쓰기가 가장 기본이다. 군더더기 없이 쓰기, 중언부언하지 말기, 쉽게 쓰기, 구체적으로 쓰기, 명료하게 쓰기, 정확하게 쓰기 같은 것들이 여기에 해당한다. 더 나아가 "표절해서는 안 된다"와 같이 준법 차원의 기본도 있다.

기본이 안 돼 있다

나이 드신 분이나 직장 상사가 "그 녀석은 기본이 안 돼 있다"고 할 때는 주로 예의가 없거나 태도가 좋지 않은 경우다. 글쓰기로 하면 '자세'가 이에 해당한다. 진실에 다가서려고 노력하는 것, 사람에 관해 끊임없이 탐구하는 것, 글을 읽는 이에게 무엇인가를 주려고 최선을 다하는 것, 그래서 끝까지 고치기를 되풀이하는 것이 글 쓰는 사람의 기본 자세다.

기본만이라도 해달라

"무리한 요구하지 않을 테니 적어도 이 정도는 해줘"라는 뜻으로 쓰인다. 최소한의 의무 같은 것이다. 직장생활에서는 '월급값'하는 게 그것이다. 직장인은 기본적으로 월급값을 해야 한다. 글쓰기에서는 핵심적으로 전하고자 하는 내용이다. 이런 핵심 메시지가 기본에 해당한다. 여기에 집중하는 게 글쓰기의 기본이다. 겉멋만 부리는 것, 새로운 것, 특별한 것만 찾는 것, 튀기 위해 안간힘을 쓰는 것은 기본을 망각한 것이다.

기본이 약하다

기초, 기본기를 의미하는 경우다. 가령 영업하는 사람이 소통능력이 부족하거나, 제품에 대한 지식이 빈약하면 기본이 약한 것이다. 흔히 글쓰기의 기본기를 잘 꾸미는 능력이라고 생각하는 경우가 있다. 또는 어휘력이 풍부한 것이라고 보는 시각도 있다. 내 생각은 다르다. 글쓰기의 기초, 기본기는 '생각'이다. 생각하는 습관과 훈련이 잘 닦여 있는 게 기본이 잘 갖춰진 것이다. 많이 아는 것과는 다르다. 사안을 볼 줄 아는 시각을 가지고 있는 것이다. 나아가 통찰력이 있는 것이다.

본분, 맡은 사명을 뜻하는 기본이다

학생들에게 "학생의 기본이 뭐냐?"고 물을 때가 여기에 해당한다. 의사의 기본은 무엇이며, 경찰의 기본은 무엇인가? 당연히 공부, 환자 치료, 치안 유지 같은 것이다. 글 쓰는 사람의 본분, 즉 글 쓰는 사람에게 맡겨진 사명은 무엇일까? 글은 사람이 쓴다. 그런 점에서 글을 쓰는 사람이 자신의 일과 삶에서 본분을 다하는 게 중요하다. 삶에서 우러나온 글을 쓰는 것, 글과 삶이 일치하는 것이다. 그러면 기본에 충실한 것이다.

글쓰기가 가장 쉬웠어요

좌절에 익숙해지기

직장생활 10여 년이 지날 무렵 회사를 그만두기로 마음먹은 적이 있다. 여기까지도 용케 잘 버텨왔다는 생각이 들었다. 글재주가 있나, 머리에 든 게 있나. 맨땅에 헤딩하느라 고생 많았지. 이 정도 했으면 됐다.

돌이켜 보니 하루하루가 힘겨웠다. '지난번에도 썼으니 이번에도 쓸 수 있겠지' 하는 마음으로 버텼다. 글에 대해 평이 좋지 않으면 '이 시간도 지나가겠지' 생각했다. 심하게 혼난 날은 '내일은 내일의 태양이 떠오른다'는 말로 위안을 삼곤 했다. 그만큼 글 쓰는 것이 고통스러웠다.

문제는 가족이었다. 특히 아내에게 할 말이 없었다. 힘들어서 그만둔다는 소리는 가장으로서 할 말이 아니었다. "그만두고 내 일을 하고 싶다"고 얘기했다. 그리고 호기를 부렸다. "나도 마흔 전에 내 일을 찾아서 하고 싶다. 언제까지 남의 밑에서 머슴으로 살 순 없지 않느냐. 회장은 수십만 명을 먹여 살리는데, 내 가족 두 명 책임 못 지겠느냐."

사직원을 제출했다. 환송 회식이 연일 이어졌다. 일주일 이상을 술에 빠져 살았다. 다시는 안 보게 될 상사들에게 그동안 못했던 충고(?)도 실컷 해줬다. 마지막 날, 짐을 싸서 25층에서 엘리베이터를 타고 내려오는 느낌이 어찌나 짜릿하던지. 회사 건물 앞 서울역 지하도 쓰레기통에 명함이며 사원증 등등을 버렸다. 드디어 나는 자유인이 되었다.

보름 가까이 실컷 놀다가 할 일을 찾아 나섰다. 막연하게 계획했던 것은 홍보대행사였다. 전 직장에서 일했던 경험을 살리면 될 듯싶었다. 광화문에 사무실을 알아봤다. 임대료가 왜 이렇게 비싼 거야. 돈을 좀 만들어야 했다. 대학 다닐 때 과외는 해봤으니 집에서 작은 입시학원을 해볼까? 라면 하나는 잘 끓이니 그걸 해볼까? 당시 일본 생라면이 유행이었다. 서울극장 앞 유명한 생라면 집을 찾아갔다. 사장님 왈, "난 새벽부터 자정까지 일하는데, 버는 것은 옆에 있는 호프집이 두 배는 나아. 기왕 할 거면 호프집을 알아봐." 술도 좋아하니 그걸 해봐?

이리저리 달포가 지났다. 아내가 짜증을 내기 시작했다. "당신 이러려고 그만뒀어?" 아버님 눈치도 보였다. 매일 남산도서관에 나가 작전(?)을 짜봤지만 뾰족한 수가 안 생겼다. 두 식구 먹여 살리는 게 이렇게 힘들 줄이야. 자괴감이 들기 시작할 무렵, 회사에서 연락이 왔다. "오늘 정식으로 퇴사 처리를 해야 할 것 같아." 상사의 배려로 두 달 동안 월급이 나오고 있었다.

"잠깐만요, 출근하겠습니다." 그날 25층까지 올라가는 엘리베이터가 무덤을 향해 가는 관 속 같았다.

다음 날부터는 언제 무슨 일이 있었나 싶었다. 글쓰기가 아무리 힘들다 해도 아내 눈칫밥보다는 나았다. 정체를 알 수 없는 글과의 싸움도 밥벌이를 찾는 것보다는 막연하지 않았다. 모두가 퇴근하고 난 뒤 혼자 남아 일하는 사무실은 또 얼마나 안온한지.

글을 잘 쓰기 위한 조건 가운데 가장 핵심적인 것은 좌절하지 않는 내공이다. 무엇보다 읽는 사람의 평가에 부끄러워하거나 일희일비해선 안 된다. 읽을 사람을 의식하되 극복해야 한다. 그들에게 구걸하지도 주눅 들지도 말아야 한다. 당당하게 중심을 잡고 독자와 마주해야 한다. 좋지 않은 평도 경청은 하되 의기소침하지 말아야 한다. 지적하는 소리에 움츠러들면 안 된다. 그럴수록 더 보여주고 의견을 구해야 한다. "나는 이렇게 생각한다는데 왜들 난리냐?"고 되묻는 배짱이 있어야 한다. 니체의 말대로 "풍파는 전진하는 자의 벗이다" 하고 외치자. 무관심하지 않은 게 얼마나 고마운 일인가라고 생각하자.

그럼에도 글쓰기가 어려울 때는 변화를 권해보고 싶다. 회사를 그만둔다든가, 아니면 다른 방법으로 절필(?) 선언을 해보든가. "글쓰기가 가장 쉬웠어요"라고 고백하게 될지 모른다.

고기를 어떻게 잡을 것인가

글감 구하는 방법

고기를 잡는 방법은 크게 두 가지다. 낚시와 그물이다. 글쓰기 방식도 그렇다. 낚시하거나 그물로 잡거나이다.

무엇인가 글 쓸 일이 있다고 하자. 낚시하는 사람은 쓸 일이 생긴 그 시점부터 낚싯대를 드리운다. 쓸거리가 생각날 때까지 하염없이 기다린다. 마감 시한이 다가올수록 초조해진다. 대어가 낚일 수도 있지만 끝내 고기가 잡히지 않을 수도 있다는 생각에 불안하다. 또한 잡혀봤자 한두 마리다. 고기를 선택할 수도 없다.

그물을 사용하는 사람은 어떤가. 평소에 그물을 쳐놓는다. 독서와 사색을 통해서다. 그 그물 안에는 온갖 종류의 고기가 가득하다. 글 쓸 일이 생기면 글에 맞는 고기를 꺼내 쓴다.

좋은 글을 쓰는 유일한 방법은 생각을 많이 하는 것이다. 평소 생각하는 것을 습관화한다. 산책할 때, 밥 먹을 때도 생각한다. 구체적인 주제를 정해서 생각한다. 누군가 그 주제에 대해 물었을 때 어떻게 답할 것인가를 놓고 생각한다. 스스로 묻고 답하는 훈련을 거듭하는 것이다. 이렇게 하다 보면 불쑥 답해야 하는 상황에서도 당황하지 않는다. 어떤 사안에 대해서도 자기 의견을 표현할 수 있게 된다. 한 번도 생각해보지 않은 것도 마치 오랫동안 생각해온 것처럼 떠오른다. 그래서 모든 사안에 관해 자신의 견해와 입장을 가지게 되면 글을 쓰고 말을 할 때 어려움이 없다. 늘 그 안에서 꺼내 쓰면 된다. 항상 말하고 글 쓸 준비가 되어 있는 것이다. 유대인의 교육철학이라는 '루트 앤 윙Root & Wing'처럼 높이 나는 글쓰기 날개를 달기 위해서는 생각의 뿌리부터 깊이 내려야 한다.

고등학교 시절 시험기간에 알베르 카뮈Albert Camus의 《이방인》이나 앙드레 지드Andre Gide의 《좁은 문》을 읽는 친구들이 있었다. 당장 고기 잡을 욕심을 뒤로하고 생각의 그물을 짜고 있었다는 생각이 든다. 그물을 짜는 게 먼저다. 그물의 크기가 크면 클수록 좋다. 그 안에 싱싱하고 다양한 고기들을 담아야 한다. 그러면 글은 절로 써진다. 글에서 여유가 묻어나고 숙성된 격조가 있다.

그러나 무턱대고 생각한다고 해서 생각이 정리되는 건 아니다. 생각에도 틀이 필요하다. 그래야 막연하지 않다. 명분과 실리를 놓고 생각해야 한다. 모든 사안에는 명분이 있고 실리가 있다. 그것을 곰곰이 따져봐야 한다. 글을 쓸 때도 명분은 무엇이고, 실리는 무엇이라고 병렬로 서술해주면 된다. 현실과 이상, 현재와 미래도 같은 맥락이다.

보편성과 특수성을 생각해야 한다. 예를 들어 이심전심으로 통하는 소통 방식은 동양적 특수성이다. 이러한 특수성은 말과 글을 통한 소통이라는 보편성 위에 존재한다. 이러한 보편성과 특수성을 가지고 글을 쓸 수 있다. 그 밖에도 통념을 뒤집어 생각하거나, 이런저런 생각을 합해 새로운 생각을 만드는 융합적 사고 방법 등이 있을 수 있다.

무엇보다 잘 살아야 한다. 글은 그 사람의 삶이기 때문이다. 정의롭고 도덕적인 삶이 아니어도 된다. 열심히 살면 된다. 그러면 좋은 생각이 쌓이고 쓸거리도 많아진다.

AI 시대 인간이 설 자리는?

생각 만들기

글은 언제 써지는가. 생각이 떠오른 순간이다. 작가들은 이를 '뮤즈가 찾아왔다'고 표현한다. 이런 생각은 거창한 게 아니다. 번뜩 떠오르는 것이다. 그게 없으면 직장생활이 고달프다. 시시때때로 이런 생각을 요구받기 때문이다. 상사의 질문을 받았을 때도, 회의를 할 때도, 보고서를 쓸 때도 이런 생각이 필요하다.

나는 통상 두 가지 통로를 통해 생각을 얻곤 한다. 그 하나는 남을 보며 얻는다. 내가 일하는 부서에는 나보다 아이디어를 잘 내는 사람이 있곤 했다. 회의석상에서 늘 좋은 생각을 말했고, 그게 채택이 됐다. 그런데 듣고 나면 항상 이런 생각을 했다. '저런 아이디어는 나도 낼 수 있는데, 나는 왜 먼저 말하지 못했지?' 이런 일이 되풀이됐고, 언제부턴가 아이디어를 내야 할 일이 있으면, 그 사람을 쳐다봤다. '저 사람이라면 또 어떤 아이디어를 낼까?' 그러면 생각났다. '아, 이런 말을 하겠구나.' 그때가 바로 생각이 찾아온 순간이었다.

또 하나, 나는 늘 대통령 앞에만 가면 대답을 못 했다. 머릿속이 하얘져 아무 생각도 나지 않았다. 그런데 내 방으로 돌아올 땐 생각이 났다. '이렇게 말하면 됐는데, 이 생각이 왜 안 났지?' 하며 후회했다. 어느 부서에선가 일을 할 때 상사가 지시한 일을 완수하지 못한 적이 있다. 좋은 아이디어가 떠오르지 않아서였다. 그런데 그 부서를 떠나 다른 데서 일하다가 우연히 그 부서를 찾았는데, 내가 이루지 못했던 일을 다 성사시켜 놓은 걸 확인했다. 그런데 그 방법이 대단한 게 아니었다. '나도 저 정도는 생각할 수 있었는데 왜 못 했지?' 반성했다.

이유는 간단했다. 나는 내가 당사자가 됐을 때 생각이 얼어붙는다. 과도한 부담감 때문이다. 그래서 그다음부터는 훈수 두고 컨설팅하는 입장에서 생각해본다. 또는 미래로 가서 지난 과거를 돌이켜 본다. '이렇게 하면 될 텐데 왜 저 사람은 저걸 생각하지 못할까?' '그때 그렇게 했으면 됐는데 왜 그땐 이 생각을 못 했을까?' 다른 사람이 돼서, 미래로 가서 생각해본다. 그러면 좋은 생각이 났다.

글은 '생각'이라는 거대한 빙산의 일각

글은 '생각'이라는 거대한 빙산의 일각이다. '생각'이라는 빙산이 없으면 글도 없다. 무엇을 쓰겠다는 '생각'이 중요하다. 이런 생각은 어느 날 갑자기 찾아오지 않는다. 순간적으로 번뜩이며 생겨나는 것이 아니다. 노력해야 나온다. 읽기와 보기, 듣기의 종합 결과물이며, 쓰고자 하는 의지의 산물이다. 그런 점에서 영감이나 직관과는 다르다. 생각은 다음과 같이 노력해야 만들어진다.

첫째, 말하기다. 말을 해야 생각이 나고, 생각도 정리된다. 그래서 나는 수시로 아내에게 말해본다. 생각해보고 말하지 않는다. 차 타고 이동하거나 산책할 때 그냥 내 생각을 말해본다. 일단 말을 시작하면 생각이 따라온다. 그러다 좋은 생각이 떠오르면 운전하는 나 대신 아내가 메모해준다. 산책할 때는 아내가 내게 이렇게 말한다. "방금 한 얘기 지금 메모해둬. 집에 가서 묻지 말고." 내가 좋다고 생각한 내용은 아내도 똑같이 느낀다. 아내와 사이가 안 좋을 때는 혼잣말이라도 한다. 말은 생각을 길어 올리는 힘이 있다. 학교나 가정과 직장에서 대화와 토론이 활발해져야 하는 이유다.

둘째, 듣기다. 듣는 모든 것은 내 생각을 자극한다. 청와대 연설비서관 시절, 노무현 대통령의 말을 듣는 것에 의지해 글을 썼다. 나는 대통령의 말을 유추하며 들었다. 대통령 말에 살을 붙이고, 빈칸을 채우고, 배경을 읽으며 들었다. 잘 들으면 대통령의 생각이 거기에 있었다. 일상에서 듣는 것도 마찬가지다. 누군가 '운동을 잘한다'고 하면 '운동신경이 좋다', '운동을 좋아한다', '운동 기술이나 기량이 우수하다'는 생각을 불러온다. 생각이 활성화되는 것이다. 듣기는 내 생각을 소환하기도 한다. 듣다 보면 내 생각이나 기억이 떠오르고 들은 내용과 견주어 보게 된다.

TV를 보는 것보다 라디오를 듣는 게 사고력을 키우는 데 도움이 된다. 나는 운전하거나 걸을 때 유튜브 강의나 오디오북 듣는 걸 즐긴다. 어딘가 다녀오면서 듣고 온 강의가 끝나지 않았는데, 집에 도착했을 때는 난감하다. 집에 들어가면 아내가 '당장 이어폰 못 빼느냐'고 호통 칠 게 뻔한데, 강의는 마저 듣고 싶다. 그럴 땐 문 앞에 서서 조마조마한 마음으로 강의를 끝까지 듣고 들어간다.

셋째, 보기다. 보는 대상과 방식은 다양하다. 시장이나 관광지에 가서 하는 구경, 우연히 보게 되는 사건이나 사실의 목격, 의도를 가지고 집중해서 보는 관찰, 목적의식을 갖고 가서 보는 답사나 탐사 등등, 본 것은 생각을 불러일으킨다. 꼼꼼히 보면 판단과 분별력을, 멀리 내다보면 혜안을, 깊이 들여다보면 영감을, 종합적으로 폭넓게 보면 안목을, 낯설게 보면 통찰을, 보이지 않는 것을 보면 상상력을 얻게 된다.

보다 나은 생각을 유발하기 위해서는 세 가지에 유념하며 봐야 한다. 그 하나는 의문이다. 그냥 보지 않고 왜 그런지 따져가며 봐야 한다. 응당 그런 것이라며 보면 봐도 보이는 게 없다. 호기심과 탐구욕을 가지고 비판적으로 봐야 한다. 두 번째는 다각도로 보는 것이다. 한 면만 보지 말고, 보이는 것만 보지 말고, 반드시 다른 측면이 있다는 생각으로 다른 부분, 다른 방법은 없는지 궁리해야 한다. 세 번째는 내 생각과 배치되는 정반대의 생각은 무엇인지 알아봐야 한다. 세상은 서로 대립하거나 모순되는 의견, 사정, 가치 등이 짝을 이루고 있다. 찬성과 반대, 긍정과 부정, 낙관과 비관, 현실과 이상이 그렇다. 이렇게 상반된 생각을 조정하고 절충해서 타협하는 과정이 좋은 생각을 만들어낸다.

넷째, 읽기다. 읽기야말로 생각의 보물창고다. 나는 책이나 칼럼을 읽으면서 몇 가지 작업을 통해 내 생각을 키운다. 그 하나가 모방이다. 읽은 내용을 약간 변형하거나, 내 생각과 합하거나, 여기서 읽은 것과 저기서 읽은 것을 섞거나, 읽은 내용을 좀 더 발전시키는 방식으로 내 생각을 만든다. 이 밖에도 남의 글에서 얻는 게 많다. 첫째, 나는 잘 쓰지 않는 어휘를 얻는다. 둘째, 멋진 문장을 찾는다. 셋째, 내 글에 인용할 거리를 찾는다. 넷째, 글의 구성을 참고한다. 다섯째, 글을 읽으며 영감을 받는다. 이 모두 읽지 않으면 가능하지 않은 일이다.

다섯째, 열거와 분류다. 글을 읽다 보면 생각을 확장하는 힘이 생긴다. 남들이 세 가지를 얘기할 때 다섯 가지를 떠올릴 수 있다. 그리고 이렇게 떠올린 것을 서로 비교하며 공통점과 차이점, 장단점 등을 분석할 수 있게 된다. 이런 사고력을 강화하려면 무엇보다 꼬리를 무는 질문에 능해야 한다. 관련 내용을 연상하거나, 예상 시나리오를 그려보고, 인과관계를 밝혀보는 것 모두 질문을 통해 이뤄진다. 그런 점에서 '질문한다'와 '생각한다'는 동의어라고 할 수 있다.

나는 글을 읽으면서 늘 몇 가지로 분류하는 버릇이 있다. 글을 쓰든 말을 하든, 몇 가지로 갈래를 타야 하기 때문이다. 몇 개로 덩어리를 지어 글을 쓰거나 말을 하면 중언부언하지 않게 되고 조리 있다는 소리를 듣는다. 논리적으로 사고하려면 우선 분류부터 잘해야 한다. 나는 A4 용지를 가방에 넣고 다니다가 카페 같은 곳에 가면 생각나는 것을 이것저것 나열한 후 비슷한 내용끼리 뭉쳐본다. 분류를 해둬야 말하고 쓸 때 기억이 난다.

분류와 비슷하면서도 다른, 세분화도 자주 한다. 전체를 부분으로, 요소별로 나누는 것이다. 예를 들어 사교육 문제에 관해 생각할 때 개인 차원, 학교 차원, 사회 차원으로 나눠 생각하는 것이 분류라면, 학원 수업, 인터넷 강의, 개인 교습 등으로 나누는 것은 세분화라고 할 수 있다.

여섯째, 쓰기다. 쓰기는 읽고, 듣고, 보고 말해본 것을 글로 옮기는 일이다. 그런데 이때도 생각 작업이 가미된다. 가장 먼저 해야 하는 일이 요약이다. 보고, 듣고, 읽은 것 가운데 쓸거리를 찾아내려면 중요한 것에 밑줄을 긋거나 불필요한 것을 버리는 요약 작업이 필요하다. 이러한 요약 능력은 그 자체가 사고력이다. 또한 글을 쓰기 위해 평소 메모하는 습관을 가진 사람은 메모할 때마다 자기 생각을 시각화하고 기억하는 생각 단련을 하는 셈이다. 그뿐 아니라 마감 시한에 몰려 글을 쓸 때는 집중력을 발휘하는 생각 연습을 하게 되고, 글을 고칠 때는 다르게 생각해보는 훈련을 하게 된다. 생각은 글쓰기를 통해 완성된다. 생각은 글로 옮겼을 때 완수된다. 글쓰기를 통해 자기 언어로 새롭게 태어난다. 그전까지는 가상에 불과하다.

일곱째, 시간 투입과 집중이다. 시간이라는 재료 없이 만들어지는 창조물은 없다. 천재적 예술가의 작품 모두가 수많은 시간의 퇴적물이다. 한 생명이 태어나기 위해서는 잉태와 산고의 시간이 필요하듯이, 창조적이기 위해서는 시간 고문을 해야 한다. 그러니 게으른 사람에게 생각은 찾아오지 않는다.

집중, 다시 말해 파고들지 않으면 생각은 만들어지지 않는다. '이것에 대한 내 생각은 뭐지?' '왜 그렇게 생각하지?' 스스로 질문하고 답해야 한다. 〈개그콘서트〉 출연진들이 매주 소재를 찾아내기 위해 골몰하듯이, 마감 시한을 정해놓고 그 하나의 생각을 만들어내기 위해 전력을 다해야 한다.

여덟째, 자극한다. 알 속에 갇힌 생각을 끄집어내기 위해서는 밖에서도 쪼는 줄탁동시啐啄同時가 필요하다. 책을 읽건 영화를 보건 음악을 듣건 뇌를 건드려야 한다. 감성을 불러내야 한다. 느낌을 만들어야 한다. 상상력에 미끼를 던져야 한다. 그런 과정을 거쳐야 잠자고 있던 생각의 근육이 깨어난다. 나는 생각이 필요한 때, 생각해야 하는 주제어가 제목으로 들어간 칼럼을 두세 편 읽거나, 온라인 서점에 가서 그 주제어가 들어간 책의 목차를 세 권 정도 찾아본다. 그리고 그 단어가 들어간 짤막한 동영상 강의 두세 편을 듣는다. 이렇게 세 가지 의식(?)을 치르면 내 생각이 정리된다.

아홉째, 혼자 하려고 할 필요 없다. 창의적인 성취 대부분은 사람과 사람 간의 상호작용의 결과인 경우가 많다. 누군가를 만나 대화를 나눠보라. 대화를 통해 서로의 생각이 뒤엉키고, 의견을 주고받으면서 생각이 발전한다. 나의 독창적인 생각이란 것도 곰곰이 따져보면 누군가에게 듣거나 대화한 내용이 합해져서 만들어진 경우가 대부분이다. 또한, 도구를 활용한다. 브레인스토밍으로 생각의 실마리를 잡거나, 마인드맵을 통해 생각을 이미지화해서 연상하고 유추해보면, 도움이 많이 된다.

AI 시대 꼭 필요한 '생각하는 직장인'

일찍이 함석헌 선생은 "생각하는 백성이라야 산다"고 했다. 직장인도 마찬가지다. AI(인공지능)가 활개 치는 작금에는 더 그렇다. 지식과 정보가 넘쳐나는 AI 시대에 인간이 설 자리는 '생각'이다. 직장에서 글을 써야 할 때 나는 늘 걱정했다. 또 쓰고 나서 후회했다. 이런 걱정과 후회가 바로 나의 생각이고, 글쓰기 밑천이 됐다. 인공지능은 이런 생각을 하지 못한다. 그러므로 지금 이 시대에 "생각하는 직장인이라야 산다"는 말은 여전히 유효하다.

어디 직장인뿐이겠는가. 우리 모두는 보고, 듣고, 말하고, 읽고, 쓰면서 산다. 이게 모든 사람의 일상이고 삶이다. 그리고 그 바탕에 생각이 있다. 생각하는 힘을 길러야 한다. 그래야 살 수 있다. 나 역시 2014년부터 강의하고 글 쓰면서 산다. 글은 무엇으로 쓰고, 말은 어떻게 하는가. 생각으로 한다. 생각이 없으면 둘 다 가능하지 않다. 글쓰기와 말하기는 생각을 만들어내는 과정이기도 하다. 아무튼 나는 생각으로 먹고산다.

생각에 관한 오해가 하나 있다. 머리 좋은 사람이 창의적인 생각을 떠올릴 것이라는 오해다. 틀렸다. 머리 좋은 영재가 창의적인 것이 아니라, 창의적인 사람이 영재다.

집짓기, 바둑, 등산, 축구와 글쓰기

글쓰기는 비유하기다

글쓰기는 넓은 의미에서 비유하기다. 비유는 그만큼 글쓰기의 핵심 수단이다. 회사에서 말 잘하는 사람을 살펴보라. 대부분 비유를 잘하는 사람들이다. 특히 직급이 위로 올라갈수록 비유를 많이 한다. 듣는 사람을 이해시키고 설득해야 하는 위치에 있기 때문이다. 비유는 쉬운 설명에 유용하다. 상사는 주로 회유하거나 협박할 때 비유를 동원한다. 공감을 얻는 데 비유만큼 좋은 게 없다는 걸 알기 때문이다.

비유를 글솜씨나 재치를 뽐내는 데 쓰는 것은 잘못이다. 약 광고를 빌리자면 비유 좋다고 남용 말고 비유 모르고 오용 말자다. 비유는 머릿속에서 그려져야 한다. 추상적 개념이 구체적 그림으로 보여야 한다. 고개를 갸우뚱하게 하면 그건 비유가 아니라 비약이다. 비유는 또한 재미와 생각하는 여유를 줘야 한다. 들으면서 1~2초 후에 미소를 머금게 되는 비유면 오케이다. 그런 비유는 머리를 쥐어짠다고 나오지 않는다. 감으로 떠오르는 경우가 많다.

세상 이치는 모두 맞닿아 있다. 어느 것을 어디에 비유해도 말이 된다. 글쓰기 역시 무엇에 빗대도 비유가 가능하다. 특히 집짓기는 글쓰기의 비유로 자주 활용된다.

글쓰기는 집짓기다. 집을 지으려면 대지 면적부터 확인해야 한다. 통상 원고지 몇 매냐고 묻는다. 글쓰기의 분량이다. 또 설계도가 필요하다. 글의 개요 짜기다. 집터 다지기는 독서와 같은 글쓰기 준비요, 기둥 세우기와 지붕 올리기는 글쓰기와 퇴고다. 집은 구조가 좋아야 하듯이 글도 전개에 짜임새가 있어야 한다. 인테리어가 집의 첫인상을 좌우한다. 글도 시작이 좋아야 그다음으로 눈이 간다. 집은 지은 사람과 사는 사람이 다르다. 사는 사람에게 편한 집을 지어야 한다. 좋은 글이란 쓴 사람보다는 읽는 사람의 마음에 들어야 한다.

글쓰기는 바둑과도 닮았다. 바둑은 포석을 잘해야 한다. 글의 구성, 즉 뼈대 세우기가 여기에 해당한다. 후수가 아닌 선수를 둬야 바둑판을 이끌어갈 수 있다. 글쓰기도 글에 눌리지 않고 장악하면서 써야 힘 있고 정갈한 글이 된다. 바둑은 두 집 반이라도 집을 내야 산다. 글도 문장의 최소 요건은 갖춰야 대접을 받는다. 훈수 둘 때 잘 보이듯 퇴고는 남의 글이라 생각하고 봐야 잘 고쳐진다. 바둑의 승부는 몇 집 났는지 계가를 해봐야 안다.

글도 쓰는 것으로 끝이 아니다. 남에게 보여주고 평가받는 것까지가 글쓰기다. 두루 보여줘라.

글쓰기는 산을 오르는 것과 같다. 오를 산을 올려다보면 한숨부터 나온다. 백지를 앞에 둔 글쓰기도 그렇다. 아무리 마음이 급해도 한 발 한 발 산을 오르는 것처럼 생각이 차고 넘쳐도 한 줄 한 줄씩 글을 써야 한다. 산에 오르다가 그만두고 싶은 고비가 몇 번은 있다. 글 쓸 때도 깔딱 고개가 있다. 이때는 잠시 쉬어가는 게 상책이다. 산에 오르는 동행이 있으면 덜 힘들다. 글벗을 두면 덜 외롭다. 그리하여 포기하지 않으면 언젠가 산 정상에 오른다. 쓰는 시간이 다를 뿐 누구나 끝까지는 쓸 수 있다. 이때 남들이 가지 않는 길로 오르면 더 뿌듯하다. 글쓰기는 늘 그래야 하므로 항상 뿌듯하다.

동네 뒷산이라도 산은 역시 많이 올라본 사람이 잘 오른다. 글도 마찬가지다. 잡문이라도 자주 써본 사람이 잘 쓴다. 아무리 에베레스트를 등정한 고수라도 산에 가면 헐떡거리기는 매한가지다. 글쓰기도 나뿐만 아니라 누구나 힘이 든다. 아무리 낮은 산도 얕잡아봐서는 안 되듯이, 어떤 글도 만만한 글은 없다. 한 줄 한 줄을 메워나가는 악전고투의 과정이다. 오를 때는 힘들지만 정상에 서면 세상을 다 가진 것 같다. 글도 써본 사람은 이 맛을 안다. 하산을 잘해야 한다. 퇴고가 쓰는 것보다 더 중요하다. 산을 한 번도 올라가보지 않은 사람은 없다. 글쓰기도 그렇다. 왕년에 글 한 줄 안 써본 사람은 없다. 그래서 보는 눈은 높다.

글쓰기는 축구와도 유사하다. 축구가 '작전 - 드리블과 패스 - 슛'

의 과정이라면, 글쓰기도 '착상-구성-표현'의 과정이다. 축구에서 골인이 중요하듯이 글쓰기도 결국 쓰는 것이 중요하다. 수많은 골인이 있지만 똑같은 패턴으로 들어가는 골은 단 하나도 없다. 글도 결론은 같을지언정 결론에 이르는 과정은 모두 다르다. 축구에서 시작 5분의 기선 제압이 필요하듯이, 글도 처음 시작을 잘해야 한다. 축구는 선수들이 지쳐 있는 마지막 인저리 타임Injury time(주심 재량의 추가 시간)에서 승부가 많이 갈린다. 글쓰기 승부처도 마지막 집중력에 있다.

축구의 현란한 개인기는 글쓰기의 능글맞은 수사와 같다. 개인기 부리다가 공을 빼앗기면 야유를 받듯이 수사도 지나치면 독자가 외면한다. 잘하는 팀은 몇 번의 패스로 깔끔하게 공을 문전까지 보낸다. 잘 쓴 글도 군더더기 없이 깔끔하다. 못하는 팀이 동네 축구처럼 우왕좌왕한다. 못 쓴 글은 중언부언한다. 손흥민 같은 선수는 슛이나 패스도 쉽게 한다. 글쓰기도 진짜 프로는 힘을 빼고 설렁설렁 쓴다.

비유하기는 좋은 글쓰기 연습법이다. 글쓰기를 야구나 음식 만들기에 비유해보자. 그 무엇이든 가능하다.

그냥 현재를 즐겨라

글쓰기 정답 없음의 두 얼굴

간혹 글쓰기가 재미있다는 사람을 만난다. 느낌은 두 가지다. 부러움과 궁금증이다. 이유는 간단하다. 내가 그렇지 못하기 때문이다. 나에게 글쓰기는 해산의 고통이다. 단 한 번도 쉬운 때가 없었다. 쓰지 못할까봐 늘 불안했다. 쓰기 시작하면 매번 막막했다. 쓰면 쓸수록 어려웠다.

글쓰기는 정답이 없다. '예', '아니오'로 답할 수 있는 것도 아니요, 사지선다형 객관식 문제도 아니다. 다양한 생각이 있을 뿐이다.

글쓰기 방법도 십인십색이다. 어떤 사람은 독자를 의식하면서 글을 쓰라 하고, 어떤 사람은 오히려 그게 문제라고 한다. 두괄식 글을 권장하는 사람이 있는가 하면 미괄식이 좋다는 사람도 있다. 미문을 즐겨 쓰는 사람도 있고 담백한 글을 선호하는 사람도 있다. 이 밖에도 사람에 따라 방법론은 제각각이다. 무의식에 있는 것을 그냥 풀어 써라 vs 철저히 계산해서 써라, 영감이 필요하다 vs 연습과 훈련이 중요하다, 흉내 내지 말고 새롭게 창조하라 vs 모방이 글쓰기의 출발점이다, 구어체로 써라 vs 문어체가 좋다, 자유분방하게 써라 vs 문체와 형식을 지켜라 등 의견이 갈린다. 어떤 글이 좋은지 그야말로 오리무중이다. 유일하게 합의된 게 있다면 맞춤법에 맞게 써야 한다는 정도가 아닐까 싶다.

대학 논술시험에 나오는 문제를 대학교수나 작가들은 몇 점이나 받을 수 있을까. 아마 자신의 글을 제시문으로 낸 문제라 할지라도 수험생보다 좋은 점수를 받는다는 보장이 없을 것이다. 오죽했으면 당대의 문필가 이어령 선생도 "50년 동안 글을 썼지만 서울대 논술시험을 통과할 자신이 없다"고 했겠는가. 이 말은 논술 문제가 어렵다는 뜻이기도 하지만, 글에 대한 평가는 하나의 답이 있을 수 없다는 의미이기도 하다. 가수가 노래방 가서 자기 노래 부르면 80점을 넘기 힘든 것처럼 말이다.

그럼에도 정답을 찾아 나선다. 먼저 답을 찾았다고 생각하는 사람, 그들의 글쓰기 방식을 좇는다. 그리하여 그들이 말한 글쓰기 방법의 노예가 된다. 그들처럼 쓰지 못하는 것을 한탄한다. 그럴 필요 없다. 그들은 그들일 뿐이다. 누구나 자신만의 답은 있다. 세련된 글이 답일 수도 있고, 울림이 있는 글, 쉬운 글일 수도 있다. 그것은 각자의 취향이다. 누가 뭐라 할 것이 아니다.

바로 거기에 글쓰기의 묘미가 있다. 답이 없으니 우열이란 게 있을 수 없다. 자유롭게 자기 글을 쓰면 된다. 산에 오르는 길이 하나가 아니듯이 자기만의 길을 따라 쓰면 된다. 모두가 한 줄로 서서 줄줄이 따라 오를 필요는 없다. 아무튼 우기면 된다. 이게 정답이라고. 그것이 내 안에서 답을 찾는 인문학 정신에도 맞다.

길거리에 즐비하게 걸려 있는 간판을 보라. 나름 첨단 이미지로 치장한 것도 있고, 고색창연한 것도 있다. 기발한 아이디어가 돋보이는 것이 있는가 하면, 묵직한 믿음을 주는 간판도 있다. 모두가 개성이 있고 의미가 있다. 사람들에게 어느 간판이 마음에 드는지 물어보면 답변 역시 각기 다르다. 그러나 누구나 잘 만들었다고 생각하는 간판은 있다. 그 차이를 말로 표현하지 못할 뿐.

글쓰기도 마찬가지다. 자기 방식대로 글을 써나가다 보면 어느 순간 알게 된다. 더 많은 사람이 공통적으로 갖고 있는 취향이 무엇인지. 대부분의 사람들이 암묵적으로 합의한 글이 어떤 글인지 파악하게 된다. 그리고 거기에 자기 글을 맞춰가게 된다. 많은 시행착오와 습작을 거친 후에 가능한 일이다. 하지만 그때까지는 카르페 디엠Carpe Diem. 현재를 즐겨라!

내가 경험한 힐링 글쓰기

글쓰기를 통해 마음을 치유하는 법

많은 사람이 글쓰기는 골치 아픈 일이라고 말한다. 내 생각도 그렇다. 그러나 내게 예외적이고 놀라운 경험이 하나 있다.

1993년 여름, 느닷없이 금융실명제가 발표됐다. 증권사에 다니고 있던 나는 날벼락을 맞은 것 같았다. 갖고 있던 주식이 폭락한 것이다. 이때 나도 모르게 글을 끄적였다. 내용은 이런 것이었던 듯싶다. "당장은 큰일이라도 난 것처럼 힘들지만 나중에는 이 상황이 아무것도 아니게 될 거야." 괴로운 마음도 표현하고, 주식 상품에 들라고 강권한 회사에 대고 욕도 했다. 이 사실을 모르고 있는 아내에게 미안하다는 얘기도 썼다. 생각나는 대로, 손가락 가는 대로 자판을 마구 두드렸다. 불안한 마음이 가셨다. 화가 누그러졌다. 쓰는 것만으로도 마음이 편안해졌다. 그 뒤로 나는 어려운 일이 있으면 글 쓰는 버릇이 생겼다.

오래전 위암 선고를 받은 날도 그랬다. 분노와 원망을 폭풍같이 써 갈겼다. 다음 날에도 썼다. 그러다가 내가 감사해야 할 것들에 대해 쓰고 싶었다. 쓸 것이 의외로 많아 놀랐다. 셋째 날에는 저절로 회개하는 글이 나왔다. 참회의 글이 꼬리를 물었다. 왜 이렇게 잘못한 게 많은지. 눈물이 하염없이 흘렀다. 암 덩어리가 모두 씻겨나간 것처럼 개운했다.

돌아보면, 그 이전에도 힘들 때마다 글을 썼던 것 같다. 고등학교 3학년 때는 칠판에 시를 썼다. 친구들이 저녁 먹으러 간 시간에 서툰 자작시를 한 편씩 써놓았다. 무슨 생뚱맞은 짓이냐고 놀리는 친구도 있었다. 그래도 내게는 암울한 고3 현실에 관한 고발이자 투정이었다. 어쨌든 그렇게 답답한 시간을 흘려보냈다.

군에 있을 때는 아예 일기를 썼다. 30개월간 쓴 일기는 하루하루를 버티게 하는 힘이었다. '또 이렇게 하루를 보냈구나' 하는 위로이자 나에 대한 힘찬 격려였다. 글쓰기에는 분명 치유하는 힘이 있다.

글쓰기에 내재된 치유의 힘

글은 애써 외면해왔던 것을 마주하게 한다. 모든 문제를 푸는 열쇠는 문제를 직시하는 데 있다. 회피해서 해결할 수 있는 일은 없다. 글쓰기는 문제와 대면하게 한다. 마음의 상처를 드러내고 직접 들여다보게 만든다. 보는 것만으로도 이미 치유는 시작된다.

글은 자신과 대화하게 한다. 말하고 싶은 것은 말해야 풀린다. 그러나 말할 수 없는 것들이 많다. 미움, 시기, 질투, 배신, 욕망의 금기어들이다. 이들을 꽁꽁 동여매지 않고 글로 풀어헤쳤을 때 순화되고 정제된다. 그것으로부터 해방된다.

글은 상처를 다독이고 쓰다듬고 어루만지게 한다. 상처는 누군가의 따뜻한 말로 아물지 않는다. 그것을 보듬고 치유하는 것은 온전히 자신의 몫이다. "괜찮아." "잘했어." "누가 그랬어?" "잘될 거야." 나는 요즘도 과거에 썼던 내 글을 보며 또 위로받는다.

글은 걱정, 근심, 슬픔을 떠나보낸다. 치열한 글쓰기는 이런 감정들을 불태워 날려 보낸다. 마음의 평안을 준다. 어렵고 힘든 일을 당했을 때, 글을 써보라. 깊은 곳에서 똬리를 틀고 있던 정체 모를 두려움과 걱정이 수면 위로 올라온다. 정체가 드러난다. 두려움은 활자로 몸을 드러내는 순간 힘을 잃고 '그까짓 것'이 되고 만다. 그리고 충분히 생각하면 사라진다.

지금 당장 글을 써보라. 몸과 마음과 인생을 치유하는 경험이 거기에 있다. 필요한 것은 종이와 펜, 그리고 솔직한 영혼뿐이다.

자존감 강한 글과 자존심 좇는 글의 차이

자존감 있는 글쓰기

세상 모든 일은 나와 남과의 관계에서 비롯된다. 자존감, 자존심, 자신감, 자만심, 자긍심, 자괴감, 이 모두도 나와 남의 관계다. 글쓰기도 마찬가지다. 남에게 읽히기 위해 쓰는 게 글이기 때문이다.

자존감과 자존심의 차이는 무엇일까? 자존감은 자신을 사랑하고 귀하게 여기는 마음이다. 남이 나를 어떻게 보는지와는 별 상관이 없다. 남과 자기를 비교하지도 않는다. 그러나 자존심은 다르다. 남을 의식하고 남의 평가를 기초로 한다. 체면 쪽에 가깝다. 자존심은 걸기도 하고 팔기도 한다. 내세우기도 하고 겨루기도 하는 게 자존심이다. 평가가 좋지 않으면 자존심이 상한다. 좋은 평가에는 자만하게 된다.

글쓰기에는 자존감이 필요하다

자존감 있는 글은 눈치 보지 않는다. 자기 검열이 없다. 거짓과 꾸밈도 없다. 어느 수준 이상이 되어야 하는 것도, 누구 글보다 나을 필요도 없다. 대신 긍지가 있다. 자긍심이 있다.

자존감 있는 사람은 자기 목소리로 말한다. 내 생각과 느낌과 경험을 나만의 문체로 쓴다. 결과에 대해서도 상대평가가 아니라 절대평가를 한다. 자신의 존재에 대해 긍정적이다. 남과 비교하지 않고 내 이전보다 나아지려고 애를 쓴다. 남이 아닌 나를 이기기 위해 노력한다.

자존감 강한 사람의 글은 생생하다. 남의 이야기가 아니어서 그렇다. 자기가 글의 주인이어서 그렇다. 〈걸어서 세계 속으로〉라는 여행 프로그램의 내레이션은 '나'를 주어로 한다 '나는', '내가'로 시작한다. 사연히 내가 경험하는 것이 된다. 마치 시청자 한 사람 한 사람이 여행하는 듯한 느낌을 준다.

자존심은 버리는 게 좋다

자존심이 센 사람은 내가 보는 나보다 남이 보는 내가 더 중요하다. 나만의 무엇이 아니라 남보다 나은 무엇을 찾는다. '온리 원'보다는 '넘버 원'이 되고자 한다. 따라서 인정에 집착한다. 평가에 쉽게 휩쓸린다. 남이 좋게 평가하면 우쭐하고, 평가가 나쁘면 오그라든다. 자신감을 잃는다. 더 심하면 자괴감에 빠진다. 자존심은 버려야 한다. 그러려면 어떻게 해야 할까?

나 스스로를 믿는 게 우선이다. 자기 최면을 걸자. 미리 정해진 것은 아무것도 없다. 하늘이 돕지 않는다. 나 스스로 돕는다. 내 안에는 무궁무진한 소재가 있다. 나만의 글쓰기 방식이 있다. 아직 드러나지 않았을 뿐이다. 나도 미처 모를 뿐이다. 이런 생각은 내 글에 대한 의구심을 잠재운다. 자신을 의심하지 않게 한다.

정직해야 한다. 솔직하다는 것은 나 스스로 당당한 것이다. 나다움을 자랑스럽게 생각한다. 남들을 기웃거리지 않는다. 결국 홈그라운드에서 글을 쓰게 된다. 본거지 놔두고 어웨이게임을 하지 않는다. 유리할 뿐만 아니라 자신 있게 글을 쓸 수 있다. 관념적인 글이 아니라 개념 있는 글을 쓸 수 있다.

개성도 정직에서 나온다. 자기 안에는 좋은 콘텐츠가 많다. 스스로 나오는 길을 가로막고 있을 뿐이다. "남들이 얕잡아 보지는 않을까?", "이런 얘기를 하면 반응이 어떨까?" 하는 생각에 막혀 좋은 콘텐츠가 빛을 보지 못한다. 자신감을 갖고 드러내면 나만의 것이 나온다. 거기에 독특함과 독창성이 있다. 내 것이 가장 경쟁력 있다.

나를 있는 그대로 드러내야 한다. 《하버드대 까칠교수님의 글쓰기 수업》 저자 로저 로젠블랫Roger Rosenblatt은 "위대한 작가들의 영혼이 위대한 것은 그들의 펜이 종이에 닿기 전에 자신의 영혼을 해부할 용기와 의식이 있었기 때문이다"라고 했다. 우리는 이목에 취약하다. 실패나 잘못에 관대하지 않은 세태를 의식한다. 끌어안아 주기보다는 달려들어 더 큰 상처를 낸다는 것을 잘 안다. 상처받기 싫어서 마음의 문을 열지 않는다. 꼭 걸어 잠근다. 더 나아가 은폐하고 과장하고 축소하고 왜곡한다. 때로는 자기도 모르게 때로는 알고 있으면서 그리한다. 스스로를 속인다.

내 안의 나와 마주하자. 그리고 나를 있는 그대로 인정하자. 내가 보고 듣고 읽고 생각한 만큼 나오는 게 글일 터. 좋으면 좋은 대로 모자라면 모자란 대로 어찌할 수 없는 일 아닌가. 그게 난데.

도저히 안 써지면 스스로에게 못 쓰겠다고 말해야 한다. 자책할 필요 없다. 안 되는 것은 안 되는 것이다. 바람난 애인은 놓아주는 게 정답이다. 나와 인연이 없을 뿐이다. 끌어안고 있어봐야 상처만 깊어진다. 글도 마찬가지다. 아닌 것은 당당하게 포기하자. 글의 주제가 내게 안 맞을 뿐이다. 천하의 문장가도 모든 글을 다 잘 쓰지는 못한다. 모든 글을 잘 쓸 필요도 없다. 글은 글일 뿐이다.

글을 잘 쓰려면 글을 써야 한다

글쓰기 훈련 열 가지 메소드

글쓰기 관련 책들이 많다. 강좌도 많다. 글쓰기를 배우려는 사람이 그만큼 많은 것이다.

과연 글쓰기는 배울 수 있는 것인가? 배울 수는 있다. 그러나 한계가 있다. 노래를 배우는 것에 비유하면 음치를 교정하는 수준까지다. 더 이상은 어렵다. 감칠맛 나게 노래를 잘하는 것은 배워서 되는 게 아니다. 스스로 터득해야 한다. 노래를 자꾸 불러서 익히는 수밖에 없다. 글을 잘 쓰려면 자꾸 써야 한다. 글쓰기 연습은 글을 쓰는 것으로 해결할 수밖에 없다.

첨삭 지도

가장 좋은 방법은 글을 써서 첨삭 지도를 받는 것이다. 일반적인 글쓰기 요령은 개별적인 사안에서 벽에 부딪힌다. 원론을 말하기는 쉽다. 그러나 실전은 녹록하지 않다. 글은 상황마다 다르고, 일률적으로 접근하기 어렵기 때문이다. 구체적인 상황에서 실제 글과 싸우며 익혀야 한다. 주변에 글쓰기 멘토를 찾아보라. 책에 나오는 헤밍웨이나 톨스토이보다 훨씬 더 유익한 사람이 가까운 곳에 있을 수 있다. 그에게 써서 보여주고 고쳐달라고 해라. 그 방법이 가장 좋다.

함께 쓰기

멘토를 찾기 어려우면 함께 뭉치는 수밖에 없다. 글동무를 규합하면 된다. 회사 동료도 좋고 친구도 좋다. 3명이건 5명이건 상관없다. 글쓰기에 관심 있는 사람이면 된다. 정기적으로 모이는 게 중요하다. 모이기 전에 같은 주제로 글을 써서 모여야 한다. 모여서 한 사람씩 쓴 글을 놓고 품평한다. 기탄없이 얘기한다. 누군가 내 글에 대해 지적해주면 고마운 거다. 혹독하게 지적하는 만큼 많이 배울 수 있다.

또한 미처 생각하지 못한 것을 다른 사람의 글에서 배운다. 고마우니까 나도 열심히 지적해준다. 이 방식의 성패는 상호간의 '지적질'이 얼마나 신랄하냐에 달려 있다. 처음에는 서먹할 것이다. 잘못된 것을 말하기가 미안할 수 있다. 그 고비를 넘어야 한다. 리더의 역할이 중요하다. 아무튼 반복해서 하다 보면 분명히 효과가 있다. 참여하는 사람들 수준이 전반적으로 높아진다. 그 모임에서 글을 가장 잘 쓰는 사람 수준으로 상향 평준화된다. 결과에 모두가 놀랄 것이다.

흉내 내기

스승도 없고, 동무도 없으면 혼자 하는 것도 방법이다. 자기가 좋아하는 작가나 칼럼니스트를 정하라. 굳이 베껴 쓸 필요는 없다. 반복적으로 읽어라. 여러 작품을 섭렵하면 효과가 떨어진다. 한 작품을 집중적으로 반복해서 읽어야 한다. 소설이라면 같은 작품을 다섯 번 이상 읽어야 한다. 칼럼도 마찬가지다. 좋아하는 칼럼니스트의 글이 게재되면 적어도 열 번 이상 읽어야 한다. 이런 생각을 하면서 읽으면 더 효과적이다. '왜 이런 내용을 썼을까?' '왜 이렇게 썼을까?'

마크 트웨인Mark Twain도 모방하면서 글을 배웠다고 고백했다. 하늘 아래 새것은 없다. 누군가를 모방하면 된다. 그러다 보면 어느새 그 사람처럼 쓰게 된다. 김훈의 글을 읽으면 김훈같이 쓸 수 있다. 유시민을 좋아하면 유시민같이 쓰게 된다. 자기도 모르게 그렇게 된다. 믿어도 좋다.

반론 쓰기

논조가 자기 생각과 맞지 않는 신문 하나를 정한다. 세상 돌아가는 것도 살필 겸 쉬엄쉬엄 읽다가 비위가 틀리는 칼럼이나 사설이 보이면 반론을 쓴다. 심각하게 쓸 필요는 없다. 상식적인 선에서 반박하면 된다. 상대 주장을 언급한다. → 이에 대한 반대 주장을 펼친다. → 그 이유를 댄다. → 증거나 사례가 있으면 덧붙인다. → 그래서 내 주장이 옳다고 다시 한번 말하면서 끝낸다. 이 방식은 비판적이고 논리적인 글쓰기 실력을 높이는 데 도움이 된다. 지속적으로 훈련하면 토론이나 대화하는 데도 쓸모가 있다.

편지 쓰기

내가 아는 후배는 부탁을 편지로 한다. 영업도 편지를 써서 한다. 성공률이 매우 높다고 한다. 그 노하우를 갖고 《거절을 거절하라》라는 책도 냈다. 편지 쓰기로 향상시킨 글솜씨를 갖고 마침내 출판사도 차렸다.

편지는 대상이 분명한 만큼 내용이 생생하고 진솔하다. 연애할 때 쓰는 편지처럼. 나도 고3 아들에게 매일 편지를 쓴 적이 있다. 쓸거리가 없을 것 같지만 매일매일 있다. 분량에 신경 쓸 필요는 없다. 한 줄도 훌륭한 편지다. 편지가 좋은 것은 독자가 반드시 읽어준다는 점이다. 다른 글처럼 묻히는 법이 없다. 독자가 편지로 인해 변화하고 약간의 감동이라도 받는다면 그것은 번외의 소득이다.

요약하기

매일매일 칼럼 하나씩을 요약하는 연습을 한다. 줄일 수 있으면 늘일 수 있다. 글에서 핵심 메시지를 뽑아내는 훈련을 거듭하다 보면, 핵심 메시지에서 출발해 긴 글을 쓸 수 있게 된다. 독후감이나 서평 쓰기도 요약하기다. 나아가, 단순화 연습도 효과가 있다. 모든 사안에 대해 자신의 견해를 세 가지로 정리하는 훈련을 하는 것이다. 내가 밥을 먹는 이유 세 가지, 내가 술을 끊어야 하는 이유 세 가지 등으로 말이다. 그러다 보면 세 가지 정리가 머릿속에서 습관화되고, 글을 쓰는 데 매우 유용하게 쓰인다.

SNS 활용하기

페이스북이나 브런치에 꾸준히 글을 쓰는 것이다. 글은 주기적으로 써야 실력이 는다. SNS는 지속적으로 글을 쓰는 데 적합한 매체다. 그때그때 반응을 확인할 수 있는 강점도 있다. 남의 눈을 의식할 필요는 없다. 누군가 페이스북에 글을 잘 쓰다가 '좋아요'가 100개 넘어가면서 글이 엉망이 되었다는 소리를 들었다. 천상천하 유아독존이다. 자신의 개성을 믿고 멋대로 쓰면 된다. 블로그까지 운영하면 금상첨화다. 주제가 거창하지 않아도 된다. 영화건 드라마건 음식이건 간에 흥미 있는 주제를 수다 떨듯이 쓰면 된다. 일정 분량이 되면 책으로 낼 수도 있다.

시 쓰기

시를 못 쓰는 사람이 산문을 쓰고, 산문을 못 쓰는 사람이 비평을 한다고 했다. 비유는 인간의 가장 위대한 지성이다. 쓸 수만 있다면 시를 쓰는 것이 글쓰기 연습의 정수다.

묘사하기

그림 연습의 기초가 데생이듯이 글쓰기의 기본은 묘사하기다. 지하철에서 만난 사람, 사무실 풍경 등을 있는 그대로 묘사해 본다. 카메라를 들이대듯 되살려본다. '그녀가 화를 냈다'가 서술이면, 화를 낸 표정을 그려주는 게 묘사다. 설명하지 않고 보여주는 것이다. '체중이 100킬로그램이 넘는다'나 '뚱뚱하다' 같은 서술에서 더 나아가 '그가 들어오자 욕조물이 절반은 흘러넘쳤다'처럼 묘사를 해보자. 그러면 독자는 상상한다. 눈에 그린다.

3분 스피치 쓰기

다양한 주제에 관해 자기주장을 정리하는 훈련이다. 말과 글을 함께 연습할 수 있는 이점이 있다. 회사 다닐 때 3분 스피치가 두려워 차장 진급 연수에 들어가는 걸 미뤘다. 그러다 회사가 문을 닫아 영영 진급하지 못하고 끝났다. 나뿐만이 아니다. 영국의 〈선데이 타임스〉에서 조사한 바에 따르면, 사람들이 가장 공포심을 느끼는 게 연설이라고 한다. 심지어 연설하는 것을 '낙하산 없이 비행기에서 뛰어내리는 행위'라고까지 말한다. 그런 점에서 3분 스피치 쓰기는 언제 어떻게 닥칠지 모르는 상황에 써먹을 수 있는 실효성이 있다. 하다 보면 쉬워진다. 3분이 길면 2분 스피치도 괜찮다. 자기소개부터 시작하자.

백론百論이 불여일작不如一作이라 했다. 글은 써야 잘 쓴다.

2부 통하는 보고서를 위한 상사 심리 탐험

갑옷 너머
상사의 머릿속을
헤집어보다

직장에서 수사와 논리보다 위에 있는 것은?

심리학이 먼저다

회장이 그러신다. 자신은 소탈한 사람이라고. 사실일 것이다. 가진 것에 비하면 그런 편이니까. 그러나 그렇다고 '소탈하게' 대우하면 탈난다. 회장이 권위적인 걸 싫어한다고 의전에서 권위를 쏙 빼면 본인이 임원 명단에서 쏙 빠지게 된다.

회장은 자신도 모르게 특별대우가 몸에 배어 있는 사람이다. 그런 회장이 계열사 방문할 때, "제발 도열해 있지 마라"라고 지시한다. "그 시간에 일하라"고 화를 낸다. 그래도 도열해 있는 게 맞다. 회사생활은 의전이다.

수사란 무엇인가. 말과 글을 꾸미는 것이다. 논리와 더불어 말하기와 글쓰기 수준을 높이는 양대 산맥이다. 하지만 적어도 직장에서는 수사와 논리보다 처세가 더 중요하다. 화려한 수사, 치밀한 논리보다 교활한 처세가 한 수 위다.

회장의 심리 읽기

처세에는 말과 글이 필수 도구다. 말하기와 글쓰기는 생각을 읽고 생각을 쓰는 과정이다. 심리를 파악해야 한다. 그런 점에서 말하기, 글쓰기에는 논리학이나 수사학보다는 심리학이 필요하다. 몇 가지 사례로 살펴보자.

사례1 회장이니까 성과를 많이 낸 임원을 좋아한다? 당연히 그렇다. 하지만 무한정 좋아하지는 않는다. 한도가 있다. 성과에 대한 칭송이 회장의 광채를 가리지 않는 수준까지다. 회장 눈 밖으로 밀어내야 할 임원이 있는가? 방법은 간단하다. 회장 앞에서 그 임원을 과도하게, 그것도 되풀이해서 '칭송'하면 된다. 칭찬이 아니라 칭송이다. 회장이 처음 한 번은 고개를 끄덕이지만, 다음에는 고개를 갸우뚱하고, 그다음에는 고개를 돌려버린다. 해당 임원은 이유도 모른 채 한직으로 밀려난다.

사례2 묵묵히 열심히 일하면 언젠가 회장이 알아줄 거다? 천만의 말씀이다. 못 알아본다. 회장 눈에 당신의 빈자리가 보일 때는 당신이 퇴직한 후다. 이미 당신은 없다. 그러므로 있을 때 보여줘야 한다. 온갖 쇼를 해야 한다. 성과로 평가한다는 말은 경영학 교과서에나 나오는 소리다. 평가는 그냥 회장 마음이다. 평소 보여준 태도나 자세가 불량하면 아무리 성과가 좋아도 만회하기 어렵다.

사례3 충성하는 '쓰레기'와 충성심이 약한 '성인군자' 가운데 회장은 어느 쪽을 선택할까? 답은 충성하는 쓰레기다. 자기를 향해서만 쓰레기 짓 안 하면 된다. 쓰레기적 속성을 다른 사람을 향해, 회사를 위해 쓰면 땡큐다. 조직은 그런 사람의 편을 든다. 그래서 회사에선 못된 사람이 성공한다.

사례4 회장은 회사 돌아가는 정보에 관심이 많다. 그래서 어떤 임원은 미주알고주알 속닥거린다. 주로 가십성 정보들이다. 들으면서 회장은 "아, 그래? 그런 일이 있었어? 그 사람이 그런 면이 있었구먼" 하며 관심을 보인다. 임원은 측근이 된 것 같은 만족감을 느낀다. 하지만 착각이다. 장담하지만 그 임원은 회장 기억 속에 '가벼운 사람'으로 남는다. 회장은 오히려 그런 얘기가 화제에 올라도 한마디 못 보태는 임원을 높이 평가한다. 자기 일에 전심전력하고 있다고 판단하기 때문이다. 그 자리에서는 이렇게 핀잔을 주지만 말이다. "도대체 당신은 임원씩이나 돼서 아는 게 뭐야?" 그럴 때는 어수룩하게 머리만 긁적이면 된다.

사례5 회장은 그 임원을 만나면 즐겁다. 그 임원은 늘 당당하다. 여느 임원들처럼 비굴해 보이지 않는다. 당당해서 회장이 좋아하는 것일까? 실은 그 반대다. 회장을 띄워주기 때문이다. 언뜻 들으면 까는 말인데, 씹어볼수록 칭찬이다. 그의 당당함이 칭찬을 아부로 보이지 않게 할 뿐이다. 간혹 임원 중에 이런 당당함만 흉내 내다가 골로 가는 사람을 많이 봤다. 그건 겉포장일 뿐인데. 회장은 실제로 속는 건지, 속는 척하는 건지 모르겠지만 교묘한 위장을 즐긴다. 이건 중독성이 강하다.

사례6 회장은 경제적으로 궁상맞아 보이는 직원을 싫어할까? 아니다. 이유가 맞벌이든 뭐든지 간에 경제적으로 여유 있어 보이는 직원을 탐탁지 않게 생각한다. 회사를 그만두면 굶어 죽을 것처럼, 회장에게 최대한 빌붙어 사는 모습을 보여야 한다. '아내 덕분'이 아니라 '회장님 덕분'이 되어야 하는 것이다. 그래야 회장이 좋아하고, 회사에 오래 남을 수 있다. 이것은 자존심 문제와는 별개다. 회사에 목매는 척하는 것은 회장의 의존 전략에 대한 응답이다. 의존 전략은 자기에게 의지하게 함으로써 자신이 요구하는 것을 무조건 들어줄 수밖에 없게 만드는 전략이다. 회장은 그런 전략으로 영향력을 행사하고자 한다. 자신에게 전적으로 기대게 만들려고 한다. 바로 이러한 회장의 전략에 속은 척 따라주는 게 현명하다.

사례7 약한 소리 하지 마라. 회장은 약한 사람을 구해주지 않는다. 하소연하면 뭔가 도와줄 것 같은 분위기가 있다. 나에게 얘기해보라고 말한다. 고충이 무엇이냐고 물어본다. 순진하게 주절거리면 안 된다. 회장은 그것을 약점으로만 기억할 뿐이다. 회사는 유약한 사람을 좋아하지 않는다.

중요한 것은 버티는 것이다

"완고한 주인을 위해 일하는 사람은 비참하다. 그러나 섬길 주인이 없는 사람은 더 비참하다." 소설가 오스카 와일드Oscar Wilde의 말이다. 회사에서는 뛰는 사람 위에 나는 사람 있고, 나는 사람 위에 붙어 있는 사람이 있다. 회장에게 찰싹 붙어 있는 사람이 가장 난 사람이다. 그냥 붙어 있어서도 안 된다. 회장 안에 들어가 살아야 한다. 그것도 세입자처럼 살아선 안 된다. 집주인처럼 살아야 한다. 그래야 회장을 알 수 있다. 또한 회장이 내 안에 살아야 한다. 그것도 24시간 거해야 한다. 충성이란 그런 것이다.

생존을 위해 알아야 할 3심

본질 잊지 않기

본질은 의외로 단순하다. 셰익스피어도 그랬다지 않나. 간결이 지혜의 본질이라고. 그러나 본질을 파악하기는 쉽지 않다. 현혹하는 곁가지나 치장이 많기 때문이다. 겉으로 쉬 드러나지도 않는다. 그럴 땐 파묻히지 않고 떨어져서 봐야 본질이 보인다. 이런 본질은 힘이 있다. 복잡해 보이는 사람이나 사물의 정체를 보여준다. 무엇이 문제인지, 해결책은 무엇인지 알려준다. 이것이 본질을 직시해야 하는 이유다.

상사의 본성은 무엇인가

그렇다면 상사의 본질적 속성, 즉 본성은 무엇일까?

첫째, 욕심이다. 금전욕이건 성취욕이건 간에 욕심이 많다. 오죽하면 3심心이 있다고 하지 않는가. 의심! 변심! 욕심! 상사는 자신뿐 아니라 욕심이 많은 직원을 좋아한다. 승진에서 누락했을 때 상사에게 다시 한번 생각해달라고 건의해보라. 결코 손해 보는 장사가 아닐 것이다. 주의할 것은 겸양의 뜻에서라도 욕심이 없다고 해선 안 된다는 것이다. 언젠가 상사가 그랬다. "자네도 계열사 사장 한번 해야 하지 않겠나." 나는 대답했다. "저는 그런 욕심 없는데요." 그날 나는 내 무덤을 깊이 판 것이다.

상사의 두 번째 본성은 이익이다. 기업의 본질은 이익을 올리고 경영을 지속하는 것이다. 사회공헌? 인간중심 경영? 착각하지 마라. 모두 껍데기에 불과하다. 기업의 본질이 양질의 재화와 서비스를 고객에게 제공하는 것이라고? 상사 앞에서 그런 소리 하면 '귓방망이' 맞는다.

셋째, 외로움이다. 상사 주변에 사람도 많은데 무슨 소리냐고? 군중 속의 고독이다. 그 많은 사람은 형식으로 존재한다. 외로움이라는 본질을 달래주진 못한다. 부모님을 찾아뵙고 식사하는 경우를 생각해보자. 배를 불리기 위한 것인가? 아니다. 본질은 다른 데 있다. 효도다. 그것이 본질이다. 상사에게 주변 사람은 배만 부르게 해줄 뿐이다. 마음의 허기를 달래줄 동지가 필요하다. 때로는 농담도 하고 술도 같이 마셔줄 사람이 고프다. 그런 점에서 상사를 마냥 떠받들기만 하는 것은 본질에서 벗어난 것이다.

본질이란 무엇인가

본질은 현상이 아니라 근본 원인이다. 문제가 생겼을 때 현상만 좇아서는 결코 해결할 수 없다. 그 속에 숨은 본질을 찾아야 답이 나온다. 가장 많이 예로 드는 것이 엘리베이터 안의 거울이다. 엘리베이터 출시 초기에는 속도가 느려 이용자들의 불만이 많았다. 이때 엘리베이터 안에 거울을 설치했더니 불만이 사그라들었다. 엘리베이터의 늦은 속도는 현상일 뿐 본질은 좁은 공간에서의 지루함이었던 것이다. 글을 쓸 때 현상과 본질을 따져보라. 현상을 나열하고, 그런 현상의 본질을 결론으로 들이대면 한 편의 글이 된다.

본질은 또한 없어서는 안 될 것, 변하지 않는 것이다. 오래전 대우전자가 내세운 '탱크주의'의 핵심 기능이 그런 것이며, 현대자동차 광고에 나왔던 런run, 턴turn, 스톱stop, 프로텍트protect가 그것이다. 한마디로 본질은 핵심이고 기본이다.

본질은 본디 가지고 있는 본연의 모습 같은 것이기도 하다. "아버지는 아버지다워야 하고, 자식은 자식다워야 한다"라고 할 때 '~다운'에 해당하는 것이 본질이다. 욕심 있고 이익을 추구하며 외로운 것이 상사다운 모습이다.

나아가 본질은 어떤 존재에 관해 '그 무엇'이라고 정의될 수 있어야 한다. 회사생활하면서 가장 많이 받은 질문 중 하나가 이것이다. "업의 본질은 무엇인가?" 본질에 충실한 것이 오래가고, 본질을 꿰뚫을 수 있어야 살아남는다. 달을 보라고 하니 손가락을 보고, 신을 신고 가려운 발을 긁는 식이면 살아남지 못한다. 회사 조직은 그런 사람을 귀신같이 가려낸다. 대형할인매장 같은 유통업을 서비스업이라 보지 않고 부동산업이라고 한 것은 본질을 꿰뚫은 것이다. 대형할인매장이 들어섬으로써 얻는 부동산 시세 차익이 유통 본연의 사업에서보다 상대적으로 크기 때문이다.

본질에서 벗어나면 글쓰기도 허당

글쓰기의 본질 또한 다양하게 정의할 수 있다.

글쓰기는 '생각'을 '표현'하는 것이다. 그러므로 사고 능력과 표현력이 있어야 한다. 그래야 착상과 전개가 가능하다.
글은 '목적'에 맞게 쓰는 것이다. 이를 위해 독자가 원하고 기대하는 바와, 독자에게 영향을 미치고자 하는 바를 명확히 파악해야 한다.
글쓰기는 '메시지'와 그것을 뒷받침하는 '근거'를 제시하는 것이다. 전하고자 하는 메시지가 분명하게 드러나야 한다.
글쓰기는 '자료'를 찾아 '요약'하는 일이다. 자료가 어디 있는지를 아는 것과, 그것을 요약하는 기술이 필수적이다.
글은 '사실'과 '느낌', '의견'과 '인용'을 결합해놓은 것이다. 모든 글은 사실에 감상을 곁들이거나, 자기 생각과 남의 의견을 조합해놓은 것이다.
글쓰기는 어휘력이 관건이다. '어휘'를 문장으로, '문장'을 문단으로, '문단'을 한 편의 글로, 부분이 관계를 맺어 전체를 만들어가는 과정이기 때문이다.
글은 마구 쓴 후 고쳐 쓰는 것이다. 한 번은 생각나는 대로, 한 번은 독자의 시선으로, 한 번은 일필휘지로, 한 번은 짜깁기로, 한 번은 버리기 위해, 마지막 한 번은 끝내기 위해 쓴다. 담대심소膽大心小, 대담하면서도 치밀한 주의력을 가져야 하는 게 글쓰기다.

글을 쓸 때나 일을 할 때 본질부터 챙겨보자. 본질을 향해 나아가자. 본질만 제대로 짚어도 낭패 보는 일은 생기지 않는다.

기업 하는 목적이 이윤이라고?

명분 만들기

중국인은 실리를, 일본인은 의리를, 우리는 명분을 중시한다고 한다. 과연 그럴까? 솔직히 잘 모르겠다. 하지만 내 경험으로 비춰봤을 때 분명한 건, 기업 회장이나 사장은 명분을 중요하게 생각한다는 점이다. 언젠가 회장이 물었다.

"강 상무, 기업을 왜 한다고 생각합니까?"

"돈 벌기 위해서 아닌가요?"

"이 사람 큰일 낼 사람이네. 어떻게 돈 버는 게 기업 하는 이유가 될 수 있어?"

그렇다. 회장에게 이렇게 대답하면 안 된다. 회장의 목에 거꾸로 박힌 비늘을 건드린 것이다.

회사에서 글쓰기는 명분 만들기다. 회장은 다 가진 사람이다.

그리고 더 가지려는 사람이다. 존경받고 싶어 하기까지 한다. 그러므로 가진 것을 잘 포장해주는 것을 좋아한다. 더 가지려는 이유를 그럴듯하게 만들어주는 직원을 총애한다. 나아가 회장 스스로 자기를 멋있고 훌륭한 기업인으로 착각하게 해주는 직원을 대우한다. 이 모든 것을 가능하게 해주는 것이 명분이다.

명분의 쓰임새

명분은 나쁜 것이 아니다. 명분은 내가 말하고 행동하는 이유다. 왜 이런 생각을 하며 이렇게 행동하는지를 설명해주는 근거다. 스스로 납득하고 떳떳할 수 있게 해주는 논리 같은 것이다. 명분은 다음의 세 가지 용도로 쓰인다.

첫째, 스스로를 다잡는 역할을 한다. 회장은 견제받지 않는, 무소불위의 권력이다. 회장을 제어할 사람은 회장뿐이다. 바로 그 견제 장치가 회장 스스로 표방한 '명분'이다. 명분은 공적인 '눈치'를 보게 함으로써 사적인 욕심과의 사이에서 갈등하게 만든다.

둘째, 임직원을 설득하고 움직이게 만든다. 사람들은 정당하다고 생각할 때 적극적으로 움직인다. 자기가 믿는 것에 대해 행동하는 힘이 강하다. 전쟁도 명분이 없으면 집단 살인 행위가 되며, 여기에 목숨 바칠 병사는 없다. 1997년 말 외환위기 때 금 모으기 운동이 성공할 수 있었던 것도 '애국'이란 명분이 있었기 때문이다.

셋째, 우호적인 여론을 등에 업을 수 있다. 경영은 위기관리다. 어는 기업 할 것 없이 위기는 반드시 닥친다. 그랬을 때 축적해놓은 명분은 그 기업을 도와주고 살려야 할 이유가 된다.

2008년 4월 김용철 변호사의 폭로로 촉발된 '삼성 사태' 책임을 지고 물러났던 이건희 회장이 2010년 3월 경영에 복귀했다. 이 회장이 큰 저항 없이 경영에 복귀할 수 있었던 데에는 평소 쌓아둔 명분이 힘을 발휘했다. "불확실성이 높아질수록 강력한 리더십과 오너 책임경영 체제가 필요하다"는 명분 말이다. 이 회장은 그것을 일깨우는 내용으로 첫마디를 했다. "지금이 진짜 위기다. 글로벌 일류 기업들이 무너지고 있다. 삼성도 언제 어떻게 될지 모른다. 앞으로 10년 내에 삼성을 대표하는 사업과 제품은 대부분 사라질 것이다."

명분이 갖춰야 할 조건

명분은 무엇보다 공감을 불러일으킬 수 있어야 한다. '정말 그럴까?'라는 의구심을 갖게 해선 안 된다. 고개가 절로 끄덕여져야 한다. 그러려면 다음과 같은 조건이 충족되어야 한다.

거창하지 않은 게 좋다. 누구나 '명분' 하면 비장함을 떠올린다. 왠지 결연해야 할 것 같다. 그렇지 않다. 그런 명분은 허울 좋은 수사로 들리기 십상이다. 손에 잡히고 피부에 와 닿는 것이어야 한다.

근거가 제시되어야 한다. 사실이 주장보다 힘이 세다. 선한 뜻을 입증할 수 있는 '팩트'가 있어야 한다. 구체적일수록 설득력이 높아진다.

공익에 가까울수록 좋다. 사익에 가까우면 반감을 산다. 얼마나 많은 사람에게 이익이 되는지를 따져봐야 한다. 그리 많지 않은 사람에게만 해당한다면 명분이 약한 것이다.

실효성이 있어야 한다. 현실을 도외시해선 곤란하다. 실질과 맥이 닿아야 한다. 그래야 공허하지 않고, 실리와 균형을 이룰 수 있다.

진심으로 지향하는 것이어야 한다. 아무리 뻔뻔한 회장이라도 얼토당토않은 것을 갖다 붙이면 낯 뜨겁다. 밖에 내걸기에 앞서 자기 안에서 설득되어야 한다. 그런 점에서 겉으로만 내세우는 '명목'과는 다르다. 명분을 만들 일이 생기거든 회장이나 사장이 평소 강조하는 말, 실제로 행한 것에서 찾아보자.

사업은 결코 고상한 일이 아니다. 돈 놓고 돈 먹기다. 그래서 역설적으로 실리가 아닌 명분이 필요하다. 사업의 본질을 감추고 포장하고 자기 스스로를 속이는 명분이 있어야 한다. 바로 그러한 명분을 잘 만드는 게 말하기, 글쓰기 실력이다.

회장과 동거하는 법

상사는 제3의 성

"본디 여성인데 남성성이 강해져 중성화된 사람은?"

"아줌마!"

싱겁다. 임직원과의 대화 자리에서 회장이 던진 첫 질문이다.

"본디 남성인데 여성성이 강해져 중성화된 사람은?"

회장의 두 번째 질문은 고개를 갸우뚱하게 한다. 답은 자기 자신, 즉 '회장'이다.

회장은 왜 중성이어야 하는가? 회장은 법인을 책임지고 있고, 법인은 사람이 아니어서 그렇다. 사람이 아닌 법인을 사람의 감정으로 운영해선 안 된다. 따라서 회장은 남성도 여성도 아니다. 아니, 남성이면서 여성이어야 한다. 남성 호르몬인 테스토스테론과 여성 호르몬인 에스트로겐이 고루 충만해야 한다. 초식남인 동시에 육식녀야 하는 것이 회장의 자리다.

회장은 여성성을 가진다. 수시로 의심한다. 시험하려고 한다. 세심하고 꼼꼼하다. 애정에 목마르다. '나는 당신 편이다'는 걸 보여줘야 마침내 믿는다. 회장은 남성성도 강하다. 세게 보이고 싶어 한다. 성과가 중요하다. 결론을 정해놓고 말한다. 도대체 해결책이 뭐냐고 묻는다. 별것도 아닌 일로 불같이 화를 낸다.

'아수라 백작'처럼 전혀 다른 사람이 불쑥불쑥 튀어나오는 회장을 보면 이런 생각이 든다. "이 양반 미친 것 아냐? 이 사람 비위 맞추는 건 미친 짓이야!" 마치 화성 남자와 금성 여자가 같이 사는 '결혼은 미친 짓'인 것처럼 말이다. 하지만 어쩌겠는가. 회장은 그래서 회장이다. 거문고와 비파가 어우러져야 금슬이 깨지지 않는 법. 남성성과 여성성을 함께 갖추지 못한 회장은 일찍이 사라졌다. 현재 남아 있는 회장은 모두 아수라 백작들이다. 과연 회장과의 동거가 가능할까? 방법이 없는 건 아니다. 약간의 수고만 감수하면 된다. 다음이 그 방법이다.

인정하는 게 시작이다. 회장 안에는 고양이도 살고 개도 산다. 개는 기분 나쁠 때 으르렁댄다. 고양이는 털 안에서 가만히 발톱만 세운다. 같은 상황에서도 어떤 때는 웃고, 어떤 땐 짜증내는 게 회장이다. 그뿐 아니라 어느 때는 이것들이 뒤섞이기도 한다. 햇볕은 쨍쨍한데 비가 오는 '호랑이 장가가는 날'처럼. 회장은 그런 인종이다. 밉더라도 받아들여야 한다. 윈드서핑 즐기듯 회장의 변덕과 놀아야 한다. 그래야 같이 살 수 있다.

관심 갖고 살펴봐야 한다. 어떤 상황에서 XX 성염색체가 더 왕성하게 활동하는지, 어느 때에 XY 성염색체가 발동되는지 관찰해야 한다. 정성 들여 보면 보인다. 변덕에도 나름의 일관성은 있다. 유심히 보면 상황 파악이 된다. 맥이 짚어진다. 얼마든지 예측 가능하다.

회장의 관점에 따라 그때그때 맞춰 살아야 한다. 별수 없다. 화성에 가면 화성인으로, 금성에 갈 때는 금성인 문법으로 살아야 한다. 결과가 중요한 때는 결과를 챙기고, 공감이 필요한 때는 정서적으로 접근해야 한다. 아주 가끔은 회장으로 빙의되어 회장의 아바타가 되기도 해야 한다. 자괴감을 느낄 필요는 없다. 하루는 화성인, 또 다른 하루는 금성인으로 커밍아웃하며 사는 게 직장인이니까.

결국 한 인간에 충실하면 된다. 남성과 여성을 떠나 회장도 인간이다. 시시때때로 조증과 울증을 넘나드는 회장, 소심과 대범이 맥락 없이 교차하는 회장을 측은지심으로 대하자. 따뜻하게 안아주자. 그도 외로운 사람이다.

수필가 E. B. 화이트E. B. White는 "인류나 인간에 대해 쓰지 말고 한 사람에 대해 써라"라고 했다. 회장이 어떤 인종인지 일반론은 의미 없다. 당신의 회장, 그 한 사람이 중요하다.

회장 신나게 만들기

지지도도 신경 써라

직장생활 초년병 시절, 회장을 보좌할 때 세 가지를 염두에 둬야 한다고 들었다. 회장이 하고 싶은 것을 할 수 있도록 할 것, 회장 마음을 편하게 할 것, 회장을 돋보이게 할 것이다.

회장 주변에서 출세한 사람들의 면면을 보라. 이 세 가지를 잘하는 사람들이다. 또한 말과 글을 다루는 솜씨가 좋은 사람들이다. 세 가지 모두 말하기와 글쓰기로 이뤄지기 때문이다.

회장 보좌를 잘하고 있는지 알 수 있는 바로미터가 있다. 바로 회장에 대한 임직원들의 지지도다. 지지도는 보좌의 결과물이자 성적표 같은 것이다.

지지도는 하고 싶은 일을 할 수 있도록 만드는 힘이다. 믿고 따르는 사람이 얼마나 많은가는 매우 중요하다. 많으면 많을수록 일을 추진하는 데 탄력을 받을 수 있다.

회장의 사기를 위해서도 지지도는 중요하다. 회장은 인정을 먹고 산다. 내부 직원의 지지와 응원은 자신감이 흘러나오는 원천이다. 회장은 회사 복도만 걸어 다녀 봐도 자신에 대한 직원들의 생각을 알 수 있다. 회장과 마주치는 직원들의 눈빛과 표정에 다 나와 있다. 거기서 회장은 기를 받기도 하고, 기가 죽기도 한다. 부정적 평가가 월등히 높은 회장은 스포트라이트가 꺼진 무대에 홀로 선 배우와 다름없다.

그렇다고 지지도의 숫자 놀음에 놀아나서도 안 된다. 그 결과는 소신 실종과 인기 영합이다. 인기와 신뢰는 별개다. 이런 차원에서 염두에 두어야 할 '회장 지지도 관리 포인트 여덟 가지'를 뽑아봤다.

가장 중요한 건 회장 자신이다. 회장 스스로 자신이 매일매일 평판의 심판대 위에 올라선다는 걸 인식해야 한다. 언행일치가 최선이다. 소통해야 한다. 자세까지 낮추면 감동이다.
회장 정체성President Identity을 확립해야 한다. 이를 위해 이념Ideology과 의제Agenda와 프로젝트Project가 필요하다. 회장이 목표하고 지향하는 바가 '이념'이라면, 평소 주장하고 강조하는 것이 회장의 '의제'다. '프로젝트'는 회장의 중점 추진 사업이다. '회장님' 하면 바로 이러한 이념과 의제와 프로젝트가 떠올라야 한다.
주기적으로 선호도 조사를 한다. 절대 수치보다는 추세에 주목해야 한다. 상승과 하강추세, 변곡점을 찾자는 게 조사의 목적이다. 숫자의 왜곡을 줄이려면 '포커스 그룹 인터뷰FGI' 같은 정성 조사도 병행하는 게 바람직하다.

핵심 지지층을 관리한다. 산토끼 잡으러 다니는 것보다 집토끼 관리가 우선이다. 부서 단위 혹은 본부 단위로 대표선수를 뽑아 조직을 만들어라. 명칭은 무엇이든 상관없다. 차세대 경영자 회의도 좋고 소통위원회도 좋다. 다만 하는 일은 회장의 지지도 관리다.

이벤트를 기획한다. 직원들이 박수를 보내고 회장이 점수를 따는 일이라면 무엇이든 좋다. 이런 이벤트를 통해 호감이 형성되고, 호감이 일정 수준 이상으로 올라가면 충성도로 발전한다.

특히 여성 직원들의 평판에 각별히 신경 써야 한다. 사내 여론은 여성들로부터 만들어져 퍼진다. 여성들에게 좋은 점수를 받지 못하면 애당초 글렀다.

실패의 책임을 회장에게 돌리지 않는다. 누군가 총대를 메고 '지지도 경호'를 해야 한다. 균열은 초기에 잡지 않으면 갈수록 걷잡을 수 없어진다. 회장의 실패를 자기의 실패로 생각하는 사람 한 명만 있어도 이러한 균열은 막을 수 있다.

회사 밖 여론에도 신경 쓴다. 회장 평판은 회사 안에서 만들어져 밖으로 나가기도 하지만, 회사 밖 여론의 영향을 받기도 한다. 바로 그런 여론을 관리하는 것이 홍보 업무다. 회장이 훌륭하냐 아니냐는 중요하지 않다. 훌륭하게 보이는 것이 중요하다. 실체가 아니라 인식이 중요하다.

모든 회장은 직원들이 자신을 좋아한다고 생각한다. 나아가 존경한다고 믿는다. 실제로는 어떤가. 모든 직원은 지지자의 탈을 쓰고 나타난다. 선거에서 후보자들이 예상하는 지지표의 총합이 전체 유권자 수보다 몇 배 많다는 걸 상기해보라.

내가 존경받는 회장이라고 생각하는가. 다시 생각해보라. 그리고 오늘이라도 임직원을 대상으로 지지도 조사를 해보라. 30% 넘게 나오면 참으로 훌륭한 회장이다.

사원의 눈 대신 상사의 눈으로 보자

넓게 보는 안목이 필요하다

회장이 늘 주문하는 게 있다.

"일을 할 때는 현재 직급보다 자신이 두세 직급 위에 있다고 생각하고 해라. 보고서를 작성할 때도 바로 윗 상사만 보지 말고, 그보다 두세 단계 위의 상사를 염두에 두고 써라. 관건은 안목의 높이다. 헬리콥터 뷰Helicopter View를 길러라."

내 인생에서도 회장이 말한 헬리콥터 뷰를 얻게 된 계기가 두 번 있다.

이야기 하나 대학에 들어가고 첫 번째 여름방학을 맞았다. 고향에 내려왔다. 할 일 없이 뒹굴뒹굴하다 책꽂이에서 고등학교 때 배운 정치경제 교과서를 빼 들었다. 어찌나 얇고 활자가 커 보이던지. 이런 책을 1년 동안이나 배웠단 말이야! 왠지 속아 산 것 같은 느낌이었다. 대학에 입학한 지 불과 4개월. 그사이 배웠으면 뭘 얼마나 배웠다고 그런 느낌이 들었을까. 안목이 변한 것이다. 4개월이란 짧은 기간이었지만 전혀 다른 세상에서 새롭게 보는 눈이 생긴 것이다.

이야기 둘 계열사에서 10년 가까이 일하다 회장 비서실로 자리를 옮겼다. 그곳에서 연설문 관련 일을 하게 됐다. 엄밀히 얘기하면 보조 업무였다. 그럼에도 특권을 누렸다. 회장 주재 회의에 배석하는 영광(?)이었다. 주간 혹은 월간으로 열리는 그룹 사장단 회의에 들어갔다. 회장이나 사장이 아닌 사람은 나뿐이었다. 가까이서 회장 말씀을 들을 수 있었다. 그렇게 3년 가까운 시간을 보내고 다시 계열사로 복귀했다. 왜 그렇게 복귀한 회사가 작아 보이던지. 불과 몇 년 전까지 내 세상의 전부였던 그곳이 내 손바닥 위에서 훤히 보이는 게 아닌가.

손가락 말고 달을 보자

위의 두 가지 경험은 확실히 나를 변화시켰다. 세상은 그대로인데 내가 변한 것이다. 그렇다고 역량이나 실력이 늘어난 것은 아니다. 위에서 보는 것과 아래에서 본 것의 차이일 뿐이다. 사원의 눈이 아니라 회장의 눈으로 보게 된 것뿐이다.

대학 때 경험한 것도 같은 맥락이다. 고등학교 다닐 때는 교과서 한 자 한 자에 파묻혀 달달 외웠다. 매몰되어 산 것이다. 그러다 대학에 가서 정치학 개론서를 봤다. 국한문 혼용의 작은 활자를 보는 게 힘들었지만, 나도 모르는 사이 안목이 커졌다. 나무가 아니라 숲을 봤다. 책으로 치면 내용뿐만 아니라 목차와 저자의 의도까지 읽게 된 것이다.

글을 쥐고 흔드는 주도권을 갖자

글에 매몰되면 안 된다. 글을 잡아채야 한다. 글 앞에서 쩔쩔매면 글이 그것을 알고 나를 얕잡아본다. 그런 상태에서는 글이 써지지 않는다. 안절부절 시간만 흐를 뿐이다. 심호흡 한 번 크게 하고 글을 다뤄야 한다. 글 아래 묻히지 말고 그 위에서 호령해야 한다.

글 쓰는 자세만이 아니다. 글감을 찾을 때도 위에서 보는 것과 아래에서 보는 것은 천양지차다. 위에서 봐야 보인다. 각론이 아니라 총론이 보인다. 전체적으로 판을 읽고 큰 그림을 그릴 수 있다. 전체를 정의하고 규정할 수 있다.

회장이 말했다. "강 상무, 회사가 잘되는 방법이 뭔 줄 아나? 부서장은 자기 부서의 발전을 위해 일하고, 본부장은 자기 본부의 발전을 위해 힘쓰고, 사장은 회사, 회장은 그룹 발전을 위해 불철주야 뛰면 잘되지 않겠나?" 그렇다고 답했더니, 회장이 틀렸다고 한다.

"만약에 회장은 그룹, 사장은 회사, 본부장은 본부, 부장은 부서를 위해 일하면 부서원들은 무엇을 위해 일하지? 결국 자기 자신을 위해 일하지 않겠나? 결과적으로 모든 직원이 자기만을 위해 일하게 되는 거지. 왜 암이 나쁜 줄 아나? 자기 증식만을 위해 살기 때문이야. 우리 몸의 모든 세포는 정상적인 신체 기능을 유지할 수 있도록 돕는 일을 하네. 유독 암세포만 자기를 위해서 일하지. 그러니까 모든 직원이 자기만을 위해서 일하면 모두 '암적인 존재'가 되는 거야."

회장이 생각하는 모범 답안은 이랬다. "사원은 부서 발전을 위해 일하고, 부서장은 본부 발전, 본부장은 회사 발전, 사장은 그룹 발전, 회장은 이 사회의 발전을 위해서 일해야 하지. 그런 회사는 잘될 수밖에 없어."

회장은 역시 회장이다. 크게 볼 줄 안다. 크게 볼 줄 아는 게 회장이다. '나도 그럴 수 있다'는 사람은 당장 회사를 때려치워라. 나가서 회장 할 수 있다. 큰 안목이야말로 가장 중요한 윗사람의 덕목이다.

피도 눈물도 없이

상사와 사이코패스의 공통점

질문을 하나 던져보자. 다음은 누구를 가리킬까? "타인을 돌볼 줄 모르고 자기중심적이다. 다른 사람의 고통에 냉담하다. 공격성에 대한 통제력이 약하다. 자신을 신과 같은 존재로 여긴다." 답은 사이코패스Psychopath다.

사이코패스는 특별하지 않다. 일본 범죄 심리학자 니시무라 유키西村優希는 사이코패스를 가리켜 '정장 차림의 뱀'이라고 했다. 일상 속에서 얼마든지 만날 수 있는 평범한 사람이라는 뜻이다. 그만큼 사이코패스는 멀쩡하다. 언변이 좋고, 남을 조종하는 데 능하며, 똑똑하고 매력적이기까지 하다. 상사도 그렇다. 남보다 수치심을 덜 느끼고, 남들보다 조금 더 계산적이다. 스스로를 과신하고, 자신을 드러내고 싶어 한다. 상사에게는 분명 사이코패스 성향이 있다.

사이코패스는 희생자를 찾는다. 희생의 제물이 있어야 한다. 만약 살인을 즐기는 사이코패스라면, 거리에 돌아다니는 누군가가 그 대상이 될 것이다. 특히 여성과 어린이를 제물로 삼는 경우가 많다. 재수 없이 걸리면 당한다. 마찬가지로 상사에게도 '죽어줄' 사람이 필요하다. 상사의 똑똑함과 과시욕을 받아줄 사람이 있어야 한다. 직원 모두가 그 대상이다. 빼도 박도 못한다. 특히 상사에게 잘 보이고 싶은 사람일수록 표적이 된다. 상사에게는 그런 사람이 여성과 어린아이 같은 약자다. 표적이 되기를 자처하거나 갈망하는 사람은 이렇게 하면 된다. 상사가 자랑하면 추임새를 넣어줘라. 상사의 혜안을 부러운 눈빛으로 우러러보라. 아무리 치사한 일을 시켜도 '영광인 줄 알고' 감수하라. 성과를 위해서는 죽는 시늉까지 해라.

사이코패스는 감정을 잘 다루지 못한다. 의학사전에 나오는 사이코패스의 대표적인 증상이 '쉽게 흥분하고 공격적'이라는 것이다. 상사는 남이 어찌 생각하든 성질이 나면 화를 낸다. 쥐 잡듯이 잡도리한다. 어떤 때는 발작 증세에 가깝다. 뭔가를 집어던질 수도 있다. 그러나 이것은 정신병이 아니다. 인격과도 관계없다. 열정이다. 성취를 향한 강렬한 욕구다. 반드시 이루겠다는 결의 같은 것이다. 그리고 이런 상사의 다그침은 느슨해진 정신머리에 자극을 준다. 분발의 촉진제다. 그렇게 생각해야 한다.

사이코패스는 피도 눈물도 없다. 나 때문에 다른 사람이 겪는 고통과 두려움에는 관심이 없다. 죄의식도 없다. 자기 잘못을 모른다. 그러므로 양심의 가책도 없다. 한마디로 후안무치다. 상사도 "기업인은 피도 눈물도 없는 사이보그가 되어야 한다"고 말한다. 그리고 또 이렇게도 말한다. "우리나라 사람들은 정에 약하다. 너그럽게 봐주는 것을 미덕으로 생각한다. 때로는 이런 온정주의가 휴머니즘이란 말로 포장되기도 한다. 그러나 기업에서 온정주의는 옳지 않을 뿐 아니라 위험하다. 기업은 내 소유물이 아니기 때문이다. 내 것이 아니기 때문에 그런 온정을 베풀 권한이 없다."

상사는 실제로 비정하다. 회사 안에 '금쪽같은 자식', '하늘같은 남편'은 없다. 내가 이렇게 모진 소리를 하면 '저 친구 마음의 상처가 클 텐데', '자존심이 무척 상할 텐데' 이런 생각 안 한다. 아니, 알면서 그렇게 말한다. 자존심 상하라고 하는 소리다. 그런 말에 무덤덤하면 그게 더 화를 부추긴다. 그게 상사다. 회사를 잘되게 하는 일에 주저함이나 미안함 따위는 없다. 회사에서 크게 성공하는 방법이 있다. 상사보다 더 냉정한 사이코패스가 되는 것이다. 이것은 진리에 가깝다.

사이코패스는 치료가 안 된다. 사랑으로 품는 수밖에 없다. 사회가 끌어안아야 한다. 상사도 고칠 수 없다. 절이 싫으면 중이 떠나는 거다. 사실 상사에게만 악마적인 속성이 있는 게 아니다. 누구나 내면 깊숙한 곳에 사이코패스가 산다. 사냥감이 되지 않기 위해 냉혹한 사냥꾼 역할을 자임한다. 동료의 불행이 나의 행복이 되는 상황을 반기면서 산다. 너와 내가 한편임을 확인하기 위해 멀쩡한 사람을 공공의 적으로 만드는 게 우리가 사는 모습이다. 그렇다. 우리는 어차피 같은 병을 앓고 있는 사람들이다. 그런 사람들끼리 부둥켜안고 살아가야 한다. 그게 회사생활이다.

오늘도 우리는 사이코패스를 만나러 회사에 간다.

그게 그렇게 억울하십니까?

리더는 외롭다

회장이 거나하게 취했다.

"강 상무, 회장이라고 마냥 좋을 것 같지? 제일 억울한 게 회장이야."

"뭐가 억울하신데요?"

"내가 모르는 줄 알아? 나 없는 데서 내 욕하는 거. 하지만 회장에게는 해명할 기회가 없잖아. 늘 일방적으로 당하는 거지."

듣고 보니 그럴 법도 하다. 한 부서 안에 대리와 과장이 있다고 하자. 대리의 일처리가 미진하면 과장이 묻는다. 그러면 대리는 이러이러해서 그렇다고 설명한다. 해명의 기회가 있는 것이다. 이는 과장과 차장, 차장과 부장 사이에서도 적용된다. 과장은 차장에게, 차장은 부장에게 자신의 처지를 이해시킬 수 있는 기회가 주어진다.

그런데 그 반대 방향은 성립이 안 된다. 과장은 '차장의 생각이 이럴 거야' 하고 일방적으로 추측한다. 차장은 '부장이 이런 의도로 저런 일을 하고 있어'라고 지레짐작한다. 물어보지 않으니까 윗사람은 해명과 변명의 기회도 없다. 하물며 정점에 있는 회장은 오죽하겠는가.

술자리가 길어져 회장이 몸을 가누지 못할 정도가 됐다. 기사와 함께 부축하고 차에 태우려는 순간, 회장이 푸념인지 하소연인지 모를 한마디를 내뱉는다. "나도 직원들에게 혼나고 싶어."

억울한 게 하나 더 있는 모양이다. 회장만 죽어라 일한다는 것, 그게 억울하단다. 자기도 쉬고 싶단다. 그런데 회장만큼 고민하는 직원이 없다. 회장도 태어날 때부터 일벌레는 아니었다. 문제는 직원들이다. 하는 짓을 보고 있으면 마음이 안 놓인다. 못 미더우니 사사건건 관여하고, 참견하면 할수록 직원들은 회장 입만 쳐다본다. 겉으로 보면 일사불란하고 매끄럽게 돌아가는 것처럼 보인다. 회장은 '역시 내가 나서야 일이 된다'고 생각한다. 그리고 더 바삐 움직인다. 회장이 종횡무진 나서니 직원들은 더욱더 회장만 바라본다. 그래서 회장도 직원들에게 혼나고 싶은 것이다. 이렇게 말하는 직원이 있으면 원이 없겠단다. "회장님, 일을 그 정도밖에 못 하시겠습니까? 제가 한번 보여드려요?"

회장을 혼자 보낼 수 있는 상황이 아니었다. 회장 차 앞자리에 앉았다.

"화내는 놈들이 없어."

회장이 세 번째 억울함을 토로하기 시작했다. 회사생활에서는 화가 나야 정상이란다. 뭔가 잘해보고 싶은데 그러지 못해 스스로에게 내는 화, 몸담고 있는 조직이 잘못된 방향으로 갈 때 안타까워 내지르는 화, 이 모두가 발전을 위한 좋은 에너지라는 것이다.

"모든 게 잘 돌아가고 있기 때문에 화낼 일이 없다"고 말하는 사람들이 있다. 아마도 십중팔구 열정이 사그라졌거나 무사안일, 적당주의 함정에 빠진 사람이다. "나는 고상한 사람이라 화내지 않는다"고 말하는 사람들도 있다. 아마도 그 사람은 눈에 빤히 보이는 문제를 보고도 외면할 사람이다. 무엇인가 개선하고 발전하려는 조직에서 어떻게 화낼 일이 없을 수 있는가? 아무도 화내지 않는 조직, 그것은 역동성을 잃어버린 조직이다. 심하게 얘기하면 죽은 조직이다. 살아 있는 조직이라면 큰소리도 나고 때로는 격한 논쟁도 벌여야 한다. 화내는 것은 회장의 전유물이 아니다. 개선과 발전의 열정이 있는 사람이라면 누구나 화를 낼 수 있고, 화내야 한다. 그런데 어찌하여 회장만 화를 내고, 회장만 나쁜 사람이 되어야 하느냔 말이다.

이런 회장의 하소연에 대한 내 대답은 간단하다. 회장이 자초한 일이다. 억울해할 일이 아니다. 첫 번째, 해명할 기회가 없다는 억울함부터 보자. 직원들이 독심술을 배워 회장님 속을 들여다볼 순 없지 않은가. 왜 직원들이 묻기를 기다리나? 먼저 물어보지. 그리고 변명이건 해명이건 하면 될 일이다. 그게 소통이다.

회장만 죽어라고 일한다는 두 번째야말로 억울해도 싸다. 잘못된 리더십의 문제니까. 켄 블랜차드Ken Blanchard의 유명한 책 《칭찬은 고래도 춤추게 한다》에 이런 말이 나온다. "도망가는 죄수를 잡는 스포트라이트처럼 잘못한 것에 집중하여 그것을 강조하면 할수록 더욱 잘못할 가능성이 커지고 부정적인 힘만 키운다." 누구도 회장에게 경비원이나 간수가 되라고 한 적 없다. 자처한 일이다.

세 번째, 화를 내는 직원이 없다는 말은 일리가 있다. 하지만 직원들에게 강요할 일은 아니다. 그저 회장의 숙명으로 받아들여야 한다. 그러니까 그 자리에 앉아 있는 것이고, 사람들이 "회장님, 회장님!" 하는 것이다.

아모르 파티amor fati, 당신의 운명을 사랑하라!

주파수를 맞춰라

상사의 측근이 되는 법

회사에 이런 직원 한둘은 꼭 있다. 일은 죽어라 하는데 승진은 안 되는 직원, 성과 좋고 역량도 나쁘지 않은데 늘 눈치 없다고 핀잔 듣는 직원 말이다. 이유는 하나다. 주파수를 못 맞추기 때문이다. 남의 다리 열심히 긁고 있는 것이다. 주파수 맞추기는 회사생활의 거의 전부다. 하지만 쉽지 않다. 상사의 진짜 생각과 내뱉는 말이 다르기 때문이다. 상사는 진심으로 원하는 것과 표현하는 게 같지 않다. 그럼 어떻게 주파수를 맞출 것인가.

의중을 파악하라

상사의 말과 글 속에는 반드시 의중이 있다고 생각해야 한다. 의중은 실제로 있을 수도 있고 없을 수도 있다. 하지만 늘 있다고 생각하는 게 좋다. 그래야 보인다. 없다고 생각하는 사람에게는 절대 보이지 않는 게 의중이다.

의중과 관련하여 누구나 잘 아는 이야기가 있다. 일본인에게는 다테마에建前(겉으로 드러나는 겉치레)와 혼네本音(속내)라는 게 있다. 혼네가 바로 '의중'이다. 니즈Needs(필요한 것, 결핍, 필요조건)와 원츠Wants(원하는 것, 욕구, 충분조건)도 같은 맥락이다. 뜻은 비슷하지만 두 단어 사이에 미묘한 차이가 있다. 예를 들어 배가 고파 먹을거리를 찾는 것은 니즈다. 이에 반해 원츠는 많은 먹을거리 중에 진짜 먹고 싶은 것이다. 니즈는 겉으로 드러나지만, 원츠는 꽁꽁 숨겨져 있다. 자기 술잔이 비었을 때 술을 달라고 말하는 것은 니즈에 해당한다. 자기 술잔이 빈 것에 대해서는 말하지 않고 상대에게 한잔하라고 권하는 것은 원츠를 표현한 것이다. 내 잔이 빈 것 좀 봐달라는 것이니까.

꼭 맞는 비유는 아니지만, 니즈와 원츠를 상사의 의중에 내비시켜보자. 니즈는 우리나라 상사라면 누구나 가져봄 직한 바람, 희망 같은 것이다. 내세우는 입장이다. 이것은 이미 드러나 있다. 이에 반해 원츠는 내가 모시고 있는 상사만의 바람, 욕망이다. 숨겨진 관심사다. 이것은 겉으로 드러나지 않는다. 바로 이 원츠가 상사의 의중이다.

측근이 되는 세 가지 방법

행간을 읽어야 한다. 말은 그 자체만으로 머릿속 생각을 100% 전달하지 못한다. 표정이나 손짓, 태도, 분위기가 의사 전달에서 큰 역할을 한다. 그러므로 들을 때는 단지 소리만 들어서는 안 된다. 유심히 봐야 한다.

글은 보조 수단조차 없다. 내용과 전후 문맥이 전부다. 철저히 글로만 상사의 뜻을 파악해야 한다. 이때 필요한 것이 행간 읽기다. 겉으로 드러난 표현 말고 그것을 쓴 의도를 읽어야 한다. 진짜는 행간에 있다.

신경을 곧추세워 읽어야 한다. 나아가 24시간 안테나를 세우고 있어야 한다. 상사 생각이 지금 어디로 가고 있는지, 상사의 최근 관심사가 무엇인지 읽는 데 푹 빠져 살아야 한다. 그것이 실력이다. 판을 읽는 능력이다. 삼성 같은 조직에서 비서 출신이 출세하는 것은 바로 이 때문이다.

자신 없으면 물어봐라. 가장 위험한 것이 추측과 예단이다. 확인하면 중간은 간다. 당신이 다 알 수도 없거니와, 상사는 물어보는 직원을 좋아한다. 적어도 자기 말을 무시하지는 않는다고 생각한다.

문제가 생겼을 때 상사가 가장 많이 하는 말이 무엇인지 아는가? "왜 나에게 먼저 물어보지 않았느냐"다. 실패한 것은 죄가 아니다. 물어보지 않은 것이 큰 죄다. 자기 잘난 맛에 사는 친구들이 바로 이 점을 간과하고, 머리 좋은 친구들이 여기에 걸려 넘어진다. 아무리 오디오 성능이 좋아도 주파수를 못 맞추면 잡음만 들린다.

가장 중요한 것은 충성심이다. 충성의 한자 풀이가 어떻게 되나. 충忠은 마음(心)의 중심(中), 즉 정성을 다한다는 뜻이요, 성誠은 말(言)로써 이룬다(成), 즉 언행일치하고 진실하다는 뜻이다. 누가 자기에게 정성과 진심을 다하는 사람을 멀리하겠는가. 상사는 본능적으로 안다. 누가 자기를 좋아하고 존경하는지. 그런 사람은 행간을 읽을 필요도, 물어볼 필요도 없다.

물론 눈치 안 보고 소신껏 일하는 직원이 있다. 실력으로 승부하고 실적으로 평가받겠다는 직원들이다. 그런 직원이 되고 싶은가? 속지 마라. 그것만 해서 성공한 직원은 없다. 사실 그들은 실력과 실적만이 아니라 상사의 의중과 행간도 잘 읽고 대처한 덕에 성공한 것이다. 이런 사람들은 보이지 않는 곳에서 충성도 잘한다.

만약 그런 것 없이 순수하게 실력만으로 성공한 사람이 있고 당신도 그렇게 될 수 있다고 생각한다면, 당신은 드라마를 너무 많이 본 것이다.

모르는 게 속 편한 상사의 진심

포장도 하기 나름

내가 예닐곱 살이던 어느 더운 여름날, 이모가 우리 집에 놀러 왔다. 뭐든 사줄 테니 먹고 싶은 것 있으면 얘기해보란다. 군것질거리가 귀한 시절이었다. 나는 형과 함께 아이스크림을 종류대로 외쳤다. 다 듣고 난 이모, "생각만 해도 즐거웠지?" 아무리 장난이라지만 어른이 어린 조카에게 할 일인가. 하지만 이모 말대로 잠깐은 행복했다.

초등학교 3학년 때 백일장에 나갔다. 지역 신문에서 주최하는 꽤 큰 규모의 글짓기 대회였다. '즐거운 우리 집'이란 제목으로 글을 썼다. 난데없이 최우수작에 선정됐다. 행사를 주최한 신문에도 실린단다. 나는 덜컥 겁이 났다. 거짓말로 글을 썼기 때문이다. 혼날 각오를 하고 신문 나오는 날을 기다렸다. 그런데 웬일인가. 아버지가 칭찬해주셨다. 거짓말이 아니라 '창의력'으로 본 것이다. 글이 반드시 논픽션일 필요가 없다는 걸 그때 처음 알았다.

그러나 회사에서는 다르다. 상사가 가장 싫어하는 게 거짓말이다. 거짓말은 자신을 얕잡아보는 행위라고 생각한다. 무시당하는 건 참지 못한다. 그런데 정작 상사 본인은 어떨까. 거짓말을 밥 먹듯이 한다. 전쟁터와 같은 경영 현장에서 정직만이 최선은 아니라고 생각한다.

거짓말을 옹호하는 말들은 참 많다. 플라톤은 "거짓말쟁이야말로 창의적이고 능력 있는 사람이다"라고 했다. 영국의 처칠도 "전쟁에서 진실은 너무도 소중하기 때문에 항상 거짓말이라는 보디가드들에 둘러싸여 있어야 한다"고 했다. 우리 사회는 기업인의 거짓말에 관대하다. 도리어 정직한 기업인이 낯설다.

거짓말의 종류도 다채롭다. 자기 이익을 위한 것인가 아닌가, 타인에게 피해를 주는 것인가 아닌가, 나쁜 의도인가 선한 뜻인가에 따라 분류할 수 있다. 상사의 거짓말도 다섯 가지 유형으로 나눌 수 있다.

배려형 거짓말

자신에게 이익이 되는 건 없다. 직원들에게 희망과 용기를 주는 선의의 거짓말이다. '희망'은 가장 위대한 거짓말이며, 리더는 긴 터널 끝의 빛을 보여주는 사람이라고 하지 않던가. "내가 눈여겨보고 있는 거 알지?" "당신만 믿네." "힘든 고비는 넘겼다. 희망이 보인다." 이런 거짓말에는 애정이 묻어 있다. 한국인 특유의 인정이 스며 있다. 플라세보 효과도 있다. "거짓말도 잘하면 논 닷 마지기보다 낫다"는 속담에 해당하는 하얀 거짓말이다.

습관형 거짓말

자신이나 직원 모두에게 이익도 피해도 없다. 대개는 하는 줄도 모르고 한다. 진실만 말하면 삭막하다. 양념 같은 거짓말이 필요하다. 장사꾼이 '밑지고 판다'는 말이 대표적이다. 상사가 자주 하는 "모두가 여러분 덕분이다"라든가 "언제 자리 한번 하자" 등과 같은 습관형 거짓말은 대화의 윤활유 역할을 한다. 그러나 가랑비에 옷 젖는 법. 공수표 남발하다가는 '양치기 상사'가 될 수 있다.

과시형 거짓말

자신에게는 이익이고 직원에게도 피해는 없다. 관심을 끌려는 의도에서 비롯된다. 결핍을 보상받으려는 심리도 숨어 있다. 무의식적으로 나오는 자기 보호 행위이기도 하다. "내가 다 해봤다", "누구와 호형호제하는 사이다", "나는 돈보다 성취가 목적이다". 한마디로 허풍 떠는 말이다. 영웅담도 같은 맥락이다. 이런 상사는 아첨과 맞장구를 좋아한다. 허세에 근거를 꿰맞춰 주면 특급 참모가 된다. 스스로 절제만 하면 애교 수준으로 봐줄 수 있는 거짓말이다.

위선형 거짓말

속일 의도는 없지만 결과적으로 가식적인 상사로 자리 잡는다. "사람을 최우선으로 생각한다", "고객의 이익이 회사의 이익이다" 같은 거짓말이다. 실제로 상사 자신은 부하 직원과 고객을 위해 일한다고 착각한다. 스스로 진짜라고 믿는다. 되풀이하다 보면 언행 불일치와 일구이언의 문제를 낳고, 부하 직원들의 실망과 불신으로 이어진다. 이런 거짓말은 약간의 창작 능력이 필요하다.

범죄형 거짓말

상사 자신은 이익이지만 부하 직원과 사회에 피해를 준다. 작게는 약속을 어기는 것에서부터 분식회계 등 진실을 조작하는 행위에 이르기까지 작심하고 하는 거짓말이다. 계획된 거짓말이라는 점에서 앞에 것들과 다르다. 이런 거짓말은 또 다른 거짓말을 낳고 자기 증식 과정을 거치면서 더 깊은 수렁으로 빠져든다. 결국 사회적 비난은 물론 처벌 대상이 된다. 일명 새빨간 거짓말이다.

맑기만 한 물에서는 고기가 살 수 없다. 만약 상사가 거짓말을 하지 않고 진짜 속마음만 말하면 무슨 말을 할까?

"솔직히 나 말고 회사 걱정하는 사람이 단 한 놈도 없어."

"노조야말로 백해무익이야."

"회사에 나와 집 걱정하는 애 엄마들 규제하는 법이라도 있었으면 좋겠어."

"당신 일 처리하는 것 보면 당장 자르고 싶어."

정말 이런 말을 듣고 싶은가? 상사 코가 피노키오처럼 길어지지 않는 한 모른 체하고 들어주는 게 최선이다.

쫀쫀함과 디테일은 종이 한 장 차이

디테일이 힘이다

마침내 회장은 천군만마를 얻었다. 그렇지 않아도 찜찜한 터였다. 일찍이 회장은 알고 있었다. 직원들이 자기를 조롱하고 있다는 것을. "무슨 말라비틀어진 회장, 과장도 과분해!", "쫀쫀하다 못해 쩨쩨하기까지 하다"며 비웃는 소리를.

이런 상황에선 아무리 회장이라도 직원들의 세세한 잘못을 지적하기가 어렵다. 번연히 보이는 것도 벙어리 냉가슴 앓듯 넘어간 게 한두 번이 아니다. 쫀쫀하게 굴지 않으려고 참견하는 습관을 고쳐보려고도 했다. 스케일 큰 회장으로 나름대로 위장도 해보았다. 그러나 며칠뿐. 참견하고 싶은 것을 꾹꾹 눌러 참고 있자니 몸에서 사리가 나올 지경이다. 그러던 차에 '디테일'이라는 원군이 등장했다. 《디테일의 힘》이란 책이 베스트셀러가 되며 '디테일'이 리더의 조건으로 회자되기 시작했다.

회장은 생각했다. '그래, 맞아. 나 디테일한 사람이야'라고.

회장은 쪼잔한 사람이 아니다

회장은 현실적인 사람이다. 높이 날아서 멀리 보기보다는, 낮게 날아서 벌레라도 한 마리 잡는 새가 되고 싶다. 대충 눈감아주는 편안함보다는 예리하게 지적하는 짜릿함을 즐긴다.

회장은 전체를 보지만 디테일도 놓치지 않는다. 명품은 정교한 마무리에서, 대형 사고는 사소한 실수에서 비롯된다고 믿는다. 한 사람 한 사람을 보고, 일을 하나하나 뜯어보고 따져본다. 사안마다 민감하게 반응하면서 구체적으로 파고든다. 보이지 않는 부분을 챙긴다. 끝까지 확인하고 완벽을 추구한다.

회장에게 통 큰 임원은 밥맛이다. 자기는 직원들을 믿고 통크게 맡긴다는 임원에 대한 회장 답변이다.

"그럼 당신은 왜 그 자리에 있어? 임원이라고 폼 잡고 '좋은 사람' 소리 들으려고? 자율에 맡긴다는 말은 일을 하지 않아도 좋다는 소리와 같다는 것 몰라? 혁신, 전략, 가치 등등 멋있는 말로 공중전은 잘하던데, 막상 고지를 점령해 깃발을 꽂으라고 하니 꽁무니를 뺀다 이거지? 아무리 폼 잡고 우아 떨어도 디테일이 없으면 꽝이야. 화룡점정 못하는 임원은 집에 가서 멋있는 아빠, 대범한 남편 노릇이나 하는 게 어때?"

회장의 디테일에 반대한다

묵이식지默而識之, 말은 하지 않지만 그 사실을 알고 있다는 뜻이다. 회장은 알아도 모른 체하되, 알고 있다는 것만 보여주면 된다. 그렇지 않으면 사장을 대리로, 임원을 사원으로 만든다. 임원이 회장님 열변 토하시는데 물이나 떠다 줘서야 되겠는가. 더욱이 역량 없는 사람이 의욕만 앞서 디테일을 챙기면 직원은 떠나고 조직은 결딴난다. 회장은 한마디 툭 던지는 것이 제격이다. 못 알아듣는 임원은 어쩔 수 없다. 자격 미달이다. 조만간 회장 시야에서 사라지게 하면 된다.

글은 디테일할수록 좋다

하지만 글쓰기는 디테일이 중요하다. 10대 소녀에 대한 중년 남자의 성적 집착을 그린 소설 《롤리타》의 작가 블라디미르 나보코프Vladimir Nabokov가 그랬다. "디테일을, 그 거룩한 디테일을 애무하라."

좋은 글을 쓰려면 세심해야 한다. 꽃을 꽃이라고 표현하지 않고 진달래, 채송화라고 쓰는 게 좋다. 차보다는 승용차가, 승용차보다는 아반테나 SM5가 낫다. 그뿐 아니라 작은 실수 하나가 글 전체의 느낌과 신뢰를 무너뜨린다. 치밀한 배려가 독자를 미소 짓게 한다. 글의 성공은 디테일에 달려 있다.

숫자에 관한 동상이몽

숫자로 말하고 수치로 글쓰기

"뭐야? 당신 직무유기야. 숫자를 안 챙기는 것은 계기판 안 보고 비행기 조종하겠다는 심보라고. 당신 감이 그렇게 좋아?"

회장이 '자신의 감을 믿는다'며 자랑질을 시도한 사장에게 쏘아붙인 말이다. 여러 사람 앞에서 무안당한 사장은 만회 기회를 엿본다.

"회장님, 이미 지난 수치를 본다고 달라지는 게 아니지 않습니까."

"누가 숫자를 보고만 있으래? 분석하고 독려해야지. 왜 이런 숫자가 나왔는지, 반성할 것은 무엇인지, 더 잘하려면 어떻게 해야 하는지 따져봐야지. 그리고 과거의 것이라고? 숫자는 위험을 방지하고 나아갈 방향을 보여주는 등대 같은 거야. 숫자로 생각하고 숫자로 말하는 게 경영이란 말이야. 도대체 당신, 경영할 생각은 있는 거야!"

결국 사장은 본전도 못 건졌다.

숫자에 관한 상사와 직원의 생각은 다르다

상사는 기본적으로 계량화하는 걸 좋아한다. 주먹구구는 싫다. 직원들을 옥죌 수 없기 때문이다. 그래서 숫자에 매달리고, 숫자를 신봉한다. 모든 가치는 수치로 따진다. 기업의 언어는 숫자여야 한다고 믿는다. 그러면서 피터 드러커Peter Drucker를 갖다 댄다. "측정되지 않는 것은 관리되지 않는다."

반면 직원들에게 숫자는 스트레스다. 벗어나고 싶은 감옥이다. 숫자만 없으면 회사도 다닐 만하다고 생각한다. '숫자가 인격'이 되는 현실이 싫다. 그래서 '어린 왕자'처럼 "왜 상사는 숫자를 좋아하느냐"고 따지고 싶다. 상사는 드러커만 알지, 그보다 더 유명한 아인슈타인의 말, "숫자로 셀 수 있는 것이 다 소중한 것은 아니며, 소중한 모든 것이 숫자로 셀 수 있는 것도 아니다"는 왜 모르냐고 항변한다.

숫자에는 마력이 있다

300명이 위험에 처해 있다. A라는 방법을 쓰면 100명이 살 수 있다. B라는 방법으로는 3분의 2에 해당되는 인원이 살 수 없다. 당신은 어느 쪽을 택할 것인가? 100명만 살 수 있다는 결과는 똑같다. 그런데 대부분 A를 선택했다. B는 왠지 불확실해

보이기 때문이다.

숫자는 만드는 사람의 의도나 목적에 따라 의미가 달라져 보이게 할 수 있다. 화장과 덧칠, 왜곡과 과장이 가능한 게 숫자다. 질적으로 나빠진 것도 양적으로는 얼마든지 늘이거나 올릴 수 있다. 일명 숫자놀음이 가능하다. 판단의 근거로써 숫자만큼 들이밀기 좋은 것도 없다. 객관적이라고 우길 수 있기 때문이다. 그래서 숫자를 장악하고 있는 부서는 힘이 세다.

숫자, 피할 수 없다면 즐기자

어차피 경영은 수치다. 매출액, 순이익, 점유율 등 모든 것이 숫자로 이루어져 있다. 세상엔 숫자로 판단할 수 없는 게 많다고 항변해봤자 소용없다. 상사는 숫자로 숨통을 조이고, 경영자는 수치로 자신의 능력을 증명해야 하며, 직원들은 숫자를 맞추기 위해 허덕이는 게 경영이고 회사생활이다.

느낌으로 말하지 말고 숫자로 말하자. 뜬구름 잡는 소리 하지 말고 수치가 들어간 글을 쓰자. 그래야 치밀하다는 소리를 듣는다. 목표 의식이 분명하다고 칭찬받는다. 불리한 숫자는 굳이 쓸 필요 없다. 찾아보면 유리한 숫자는 얼마든지 있다.

상사도 숫자만 보면 실패한다. 숫자는 경영의 출발점일 뿐이다. 목적지는 사람이다. 숫자 뒤에 숨어 있는 피눈물을 봐야 한다. 숫자에 울고 웃는 사람, 수치에 질식해가고 있는 바로 그 사람을 봐야 한다. 그뿐 아니라 숫자는 가치를 반영하지 못한다. 사람의 창의와 꿈은 숫자로 파악할 수 없다. 감정과 정서는 숫자에 나타나지 않는다. 성과를 숫자로만 판단해선 안 된다. 숫자에는 냉정하되 사람에겐 따뜻한 상사가 되어야 한다.

숫자만 좋아하고 사람을 싫어하면 상사 자격이 없다.

애사심 갖자는 얘기 좀 하지 맙시다

영혼 없는 말의 폐단

오늘도 회장에게 불려갔다. 그룹 신입사원 교육에서 "애사심을 갖지 맙시다"라고 한 발언이 문제였다.

"자네 그게 무슨 소리야?"

회장의 호통이 이어졌다.

"애사심 의미를 알기나 해? 회사와 자기를 동일시하는 게 애사심이야. 회사와 같은 방향을 보는 거란 말이야. 그게 없으면 아무것도 안 돼. 그게 있어야 기업이 지속 가능할 수 있다고. 그런 애사심을 갖지 말라니, 당신 제정신이야?"

'나는 제정신이다'

물론 회장의 말에도 동의한다. 일터는 소중한 곳이다. 가족의

밥줄이 걸린 성스러운 곳이다. 다만 나는 '애사심'이라는 이데올로기의 폐해를 말하려는 것이다. 낙인이론labelling theory이란 것이 있다. 규범을 근거로 누군가를 일탈자로 규정함으로써 이데올로기적 목적을 달성하는 현상을 말한다. 회사 안에서도 이런 낙인찍기가 횡행한다. 끊임없이 "너의 정체가 무엇이냐?"고 묻는다. "회사를 사랑하느냐, 사랑하지 않느냐?" 즉 애사심에 관한 질문이다. 사랑하지 않는다고 하면 곧장 낙인이 찍힌다. '애사심이라고는 눈곱만큼도 없는 놈'이라고.

대놓고 물어봐주기라도 하면 고맙다. 보통은 직접적으로 묻지 않는다. 교묘하게 물어본다. 예를 들면, "회사가 먼저냐, 가정이 먼저냐?", "회장이 좋아, 아내가 좋아?" 하는 식이다. 둘 다라고 할 수도 없고 난감한 노릇이다. 또 있다. 갑자기 부서 회식을 잡아놓고 "오늘 회식 참석할 수 있느냐?"고 묻는다. 참석하면 애사심이 있는 것이고, 선약이 있어 불참하면 애사심이 없는 것이다.

계열사 상품을 팔아주는 캠페인이 벌어졌을 때, 자기 일 제쳐놓고 거기에 몰두하면 애사심이 있는 것이고, 자기 일 열심히 하면 애사심이 없는 것이다. 계열사 상품 팔아주기가 엄연한 편법이지만 회장님 관심사여서 그렇다.

강요된 애사심이 낳은 네 가지 폐단

먼저, 무능하고 나태한 사람의 방패 역할을 한다. "나만큼 애사심 있는 사람 나와 보라고 해" 하는 것으로 자신의 부족함을 감춘다. 어쩌면 자기도 모를 것이다. 그 말 뒤에 자신이 숨어 있다는 것을. 애사심의 갑옷으로 무장한 상사는 아래 직원에게도 애사심 잣대를 들이댄다. "당신은 능력도 있고 다 좋은데 애사심이 부족해. 그게 문제야." 마치 무오류의 심판관처럼 말이다.

소모적 다툼을 일으킨다. 기업은 실질을 추구하는 집단이다. 추상적인 정체성을 두고 싸움하는 데가 아니다. 사상 검증하는 곳은 더더욱 아니다. 회사를 사랑하는지 여부를 두고 얘기하는 것은 실익이 없다. 회사를 사랑하는 직원은 선이고, 그렇지 않은 직원은 악이라는 뻔한 결론만 있을 뿐이다. 회사를 사랑하는 방안을 놓고 머리를 맞대야 한다. 그것이 생산적이다. 애사심으로 무장한 직원들만이 가득한 회사를 상상해보라. 획일화된 목소리에 찬양 일색일 가능성이 크다.

회사의 잘못을 눈감아주는 데 쓰인다. 비리와 탈법도 '이 모두가 회사를 위하는 일'이라는 애사심으로 포장하면 통과된다. 애사심이 최고의 가치가 되면 그렇다는 얘기다.

변화와 개혁에 걸림돌이 된다. "내가 어떻게 해서 만든 회사인데"라는 말 앞에서 새롭고 다양한 생각은 설 땅이 없다. 과거에 애사심은 희생과 헌신을 요구하는 주술로써 큰 힘을 발휘했다. 회장도 군사부일체의 끝자락 정도는 차지했다. 하지만 이젠 먹히지 않는다.

애사심보다 필요한 것은 소속감

"나는 왜 이 회사에 다니는가?"에 대해 스스로 묻고 답하도록 해야 한다. 그러기 위해서는 우선 기업의 핵심 가치를 정립할 필요가 있다. 일종의 깃발이다. 액자 속에 넣어두는 것은 의미 없다. 직원들이 그렇게 느껴야 한다. 말길을 열어 끼어들 공간을 만들어줘야 한다. 투명하게 공개하고 참여시켜야 한다. 그래야 자신이 조직의 일원이라고 생각한다. 잘나가는 사람은 신경 쓸 것 없다. 소외돼 있는 사람을 끼워줘야 한다. 포퓰리즘이 아니다. 버리지 않을 거면 챙기는 게 맞고, 모든 문제는 이를 소홀히 하는 데서 생기기 때문이다.

거듭 말하지만 애사심을 버려라. 태극기 달고 다닌다고 애국심 있는 것 아니듯이, 애사심 부르짖는다고 회사 사랑하는 것 아니다.

상사도 반란을 꿈꾼다

글쓰기는 도전이다

도전하라고 말하고 싶지 않다. 그게 얼마나 어려운 일인지 알기 때문이다. 도전이 어려운 이유는 크게 두 가지다. 그 하나는, 실패의 두려움을 이겨내야 하기 때문이다. 우리는 왜 도전하지 못하는가? 도전이 뜻대로 되지 않았을 때, 자신에게 실망하고 스스로 좌절할까봐, 자신은 물론 남에게 피해가 될까봐, 그리고 다른 사람들에게 조롱과 비난의 대상이 될까봐 그렇다. 그 어느 것 하나 녹록지 않은 두려움이다. 그러니 도전하지 못한다고 낙담하지 마시라.

다른 하나는, 안주의 유혹에 빠질 때 도전하기 어렵다. 복지부동과 무사안일은 인간의 기본 속성이다. 사람은 누구나 현상타파보다는 현상유지를 원한다. 위험에서 기회를 찾기보다는 기회에서 위험을 찾으려고 한다. 특히 회사형 인간은 더욱 그렇다. 해야 하는 이유는 대기 어렵지만, 하지 못하는 이유는 많고도 많다. 그게 정상이다. 그러니 그저 그렇게 살고 싶거든 도전하지 마시라.

도전하지 않으면 도태된다는 말은 충분하지 않다. 도전하지 않는 인생은 죽은 목숨과 같다. 도전했을 때 성공과 실패의 확률은 50:50이지만, 도전하지 않으면 100% 실패다. 살아 있음을 증명하고 싶거든, 사람답게 살고 싶거든 도전해야 한다.

도전이 안겨준 선물

도전은 우리에게 두 가지 선물을 안겨준다.
첫 번째 선물은 바로 성공이다. 왜 성공이 도전의 선물인가. 도전은 새로운 생각을 하게 한다. 무언가 하다 보면 생각의 지평이 넓어진다. 도전하는 만큼 생각이 발전한다. 또한, 도전은 자신감을 키운다. 희망도 준다. 도전은 자신이 있어서 하는 게 아니라 자신감을 얻기 위해 하는 것이다. 희망이 있어서 도전하는 것이 아니라 도전하다 보면 희망도 생기는 법이다. 그리하여 도전은 무언가를 만들어낸다. 새로운 길을 낸다. 무언가 만들어졌다면 그것은 도전의 산물이다. 무언가 바뀌었다면 그것 역시 도전의 결과물이다.

결단코 성공은 도전으로부터 온다. 도전을 통해 기회가 오고, 그런 기회를 놓치지 않고 열심히 하면 성공한다. 도전하는 횟수만큼 성공 가능성은 높아진다. 따라서 실패한 이유는 많지만, 성공한 이유는 단 하나일 수밖에 없다. 바로 도전했다는 것이다.

도전은 행복도 안겨준다. 도전은 가슴 뛰는 것이다. 짜릿함이 있다. 두근거리게 한다. 실패의 두려움조차 설렘으로 다가온다. 인생을 흥미롭게 만드는 것이 도전이다. 인생 목표가 무엇인가? 누구나 행복한 삶을 꿈꾸지 않는가. 살면서 가장 행복한 순간은 무언가를 성취했을 때이고, 성취는 도전을 통해서만 가능하다.

도전하기 위해 갖추어야 할 것들

그런데 왜 도전을 망설이는가? 도전이 인생 목표가 되어야 마땅하지 않는가? 인생을 걸고 도전해야 하지 않겠는가? 도전할 것이 있는 한 끊임없이 도전하는 게 맞지 않는가? 도전이 어려운 만큼, 또한 도전이 절실한 만큼 갖춰야 할 것도 적잖다.

가장 중요한 것은 자존감이다. 스스로를 믿고 의지해야 한다. 자기 일에 긍지와 자부심이 있어야 한다. 애정이 있어야 한다. 그래야 도전한다. 자존감이 높은 사람은 자기 스스로를 더 높이기 위해 끊임없이 도전한다. 도전하지 않는 것은 자신에 대한 믿음이 부족해서다. 스스로를 믿어라.

긍정적인 마인드가 필요하다. 낙관적으로 사고해야 한다. 도전의 가장 큰 적은 부정적 사고와 냉소주의다. 된다고 생각하면 되고, 안 된다고 생각하면 안 된다. 이에 관해 정주영 회장의 말은 되새겨볼 만하다. “무슨 일이든 할 수 있다고 생각하는 사람이 해내는 법이다. 의심하면 의심하는 만큼밖에는 못 하고, 할 수 없다고 생각하면 할 수 없는 법이다." 실제로 사람은 누구나 할 수 있다고 생각하는 것보다 더 많은 것을 해낼 순 없다.

목표의식이 분명해야 한다. 목표가 있어야 열정이 생긴다. 강력한 동기가 강력한 행동을 낳는다. 따라서 도전하는 이유가 명확해야 하고, 도전을 통해 가고자 하는 지점이 선명해야 한다.

혼신의 노력을 해야 한다. 호랑이 굴에 들어가지 않고는 호랑이를 잡을 수 없다. 시도하고 또 시도하면 언젠가 성공한다. 비가 올 때까지 기우제를 지내는 인디언처럼 성공할 때까지 시도해야 한다. 실패를 하더라도 더 나은 실패만 지속하면 언젠가는 성공한다. 포기만 하지 않으면 반드시 성공한다.

실패에 일희일비하지 않아야 한다. 혼신의 노력을 다한다고 모두 성공할 수 없다. 실패를 이겨내는 맷집이 있어야 한다. 인내와 끈기가 필요하다. 한 번도 실패하지 않겠다가 아니라, 열 번 도전해서 여섯 번 성공하고 네 번 실패하겠다는 생각으로 도전해야 한다. 나아가 실패도 소중한 자산이라고 생각해야 한다.

꿈을 가져야 한다. 꿈이 있는 사람이 도전한다. 꿈도 자신만을 위한 꿈으로는 한계가 있다. 보다 큰 꿈을 꿔야 한다. 회사를 위해, 나라를 위해, 더 나아가 후대를 위해 도전하는 꿈을 꿔야 한다. 꿈을 향해 오늘 혼신의 노력을 다하는 것이 도전이다. 도전하는 사람은 꿈을 이루기 위해 오늘을 희생하는 사람이다. 역사는 꿈꾸는 사람에 의해 진보한다.

글 잘 쓰고 싶은 자, 통념에서 벗어나라

글을 잘 쓰고 싶은가? 통념에서 벗어나라. 통념은 글이 안 된다. 누구나 아는 것이고, 당연한 얘기이기 때문이다. 통념은 두 가지 속성이 있다. 하나는 지난 세월이 만들어낸 것이라는 점이다. 미래의 것이 아니다. 낡고 진부하다. 흘러간 옛 노래일 뿐이다. 그것으로 옳고 그름을 판단하고, 그것에 비춰 현재와 미래의 길을 찾는 것은 무모하다.

통념은 또한 강자의 논리다. 일반적으로 널리 생각하는 게 통념이라지만, 실상은 그렇지 않다. 통념은 다수가 선택한 게 아니다. 힘 있는 사람의 이데올로기다. 그들이 편히 입을 수 있게 만든 옷과 같다. 약자에게는 불편할 수밖에 없다. 기업 조직에서는 특히 그렇다. 회사 안에서 만들어진 통념은 수십, 수백 년 동안 경영자들이 쌓아온 '잔머리'의 집적체다. 더 많은 이익을 위해 어떻게 동기부여를 하고, 직원들의 역량을 강화할 것인지 고심하고 시도해온 과정의 누적물이다.

통념에 도전하는 글이 좋은 까닭

직원들은 통념에 도전하는 글을 좋아한다. 그 이유는 이렇다. 그동안 학교에서 순응과 체념 훈련만 받아온 직원들은 일탈을 꿈꾼다. 틀에 박힌 정답은 식상하고 재미없다. 다른 얘기를 원한다. 또한 이면의 진실을 궁금해한다. 끊임없이 의심하고 삐

딱하게 시비 걸고 싶다. 비트는 통쾌함, 통념의 포로에서 해방되는 카타르시스를 느끼고자 한다. "좋은 대학 나온 사람이 일도 잘할 것이다"는 통념, "오랜 시간 회사에 있는 직원이 회사를 사랑한다"는 통념. 이런 것을 거스르는 것만으로는 양이 안 찬다. 이건 이미 깨진 통념이다. 더 독하고 날카로운 것을 찾는다.

직원들이 통념에 반하는 글을 좋아하는 이유는 하나 더 있다. 직접 나서진 못하지만 정의의 편에 서고 싶어서다. 회사 안의 이런저런 부조리가 통념과 관행이라는 허울을 쓰고 활개 치는 게 못마땅하다. 누군가 대들어주길 바란다. 나서는 사람이 있으면 언제든지 박수 칠 준비가 되어 있다.

통념을 넘어서려면

역설적이게도 경영진 역시 그들이 만든 통념을 넘어서고 싶어 한다. 고정관념과 타성에서 탈피하려고 노력하는 직원이 고맙다. 직원들의 유쾌한 반란을 기대한다. 왜냐하면 통념에 안주해서는 발전이 없기 때문이다. 과거의 것으로는 새로운 미래를 만들지 못하기 때문이다. 같은 방식으로는 다른 답을 찾을 수 없다는 것을 안다. 앞지르기 위해서는 어쩔 수 없이 차선 바꾸기를 해야 한다고 생각한다.

나아가 경영진은 알고 있다. 《블랙 스완》의 저자 나심 니콜라스 탈레브Nassim Nicholas Taleb의 말처럼 "백조가 모두 희다는 통념만 믿고 가다가는 검은 백조의 출현과 함께 훅 갈 수 있다"는 사실 말이다. 경영진은 더 큰 위험을 피하기 위해 약간의 위험을 감수할 용의가 있다.

사실 경영진들은 파격을 즐기는 DNA를 가지고 있다. 애초에 그들은 별종이었다. 이후에 기득권의 문법에 익숙해졌을 뿐이다. 기업가 정신이란 무엇인가? 통념의 거부 아닌가. 그렇다면 통념 뒤집기는 어떻게 해야 할까?

권위에 주눅 들면 안 된다. 도그마에 의문을 가져야 한다. 통념은 그것을 만든 사람의 주관적 기준일 뿐이며, 편견일 수 있다고 전제해야 한다. 실제로 그들은 부족하고 언젠가는 사라질 유한한 존재다.

트집부터 잡고 시작해야 한다. 그냥은 안 보인다. 현실에 매몰돼 있기 때문이다. 역발상과 다시 보기가 필요하다. 제로 베이스Zero Base에서 출발해야 한다. 그렇지 않고 보면 통념은 지당하다. 불편하지도 않다. 자신의 생각부터 의심해야 한다. 그래야 이미 자신의 머릿속에 굳어져 있는 '상식'을 깰 수 있다.

다른 시각, 다른 관점을 제시해야 한다. 거부만 하는 것은 무책임하다. 자기 의견이 있어야 한다. 그렇지 않으면 '맞짱' 뜰 명분도 없다.

극작가 베르톨트 브레히트Bertolt Brecht는 말했다. "좋은 옛것보다 나쁜 새것이 낫다." 인생 뭐 있나, 모 아니면 도다. 통념에 반기를 들어보자.

진심은 소리가 들리지 않는다

가치관을 파악하라

기업에서 가치관이란 무엇일까? 회장에게 "왜 기업을 하십니까?"라고 물었을 때 그에 대한 대답이 가치관이다. 나아가 "어떤 기업을 만들고 싶으십니까?"에 대한 답변이다. 기업의 사회적 책임? 직원 행복? 고객 만족? 다 좋은데 이렇게 거창할 필요가 있을까? 아니라고 생각한다. 가치관의 우열은 없다. 좋은 가치관, 나쁜 가치관은 없다. 확고하냐 아니냐의 차이만이 있을 뿐이다. 있다는 것이 중요하다. 가치관이 있는 것은 이미 자신에게 진실한 것이다. 영혼이 살아 있는 것이다.

상사의 가치관을 파악하는 방법

상사의 가치관을 파악하는 것은 의외로 간단하다. 사람과 돈의 결합물이 기업이라는 데 착안하면 된다. 돈만을 생각하는가,

돈 이외의 것에도 관심을 두는가가 첫 번째다. 두 번째는 사람을 중요하게 생각하는가, 그렇지 않은가다. 이 두 가지를 파악하는 건 어렵지 않다. 상사가 평소 하는 말과 의사 결정을 보면 알 수 있다. 세 번째는 좀 어렵다. 진보인가 보수인가 하는 관점이다. 말하는 것을 보면 대부분이 진보다. 생각을 들여다봐야 한다. 경쟁과 연대에 대해 어떤 생각을 갖고 있는지, 정규직과 비정규직의 격차에 대한 견해는 무엇인지, 소수 핵심 인재에 대한 대우는 어느 정도가 적절하다고 보는지 등을 살펴봐야 한다.

상사의 가치관을 파악해야 하는 까닭

추종하기 위해서가 아니다. 예측하기 위해서다. 가치관을 알아야 작은 결정 하나를 할 때도 상사의 생각으로 판단할 수 있다. 또한 회사가 나아갈 방향에 대한 예측도 가능하다.

상사의 가치관이 중요한 이유는 그것을 중심으로 구성원의 공유 가치가 생기고, 그게 가져오는 파급효과가 매우 크기 때문이다. 가치관이 분명하면 직원들이 한 방향을 보게 되고, 일치된 목소리를 내게 된다. 반대로 상사의 불명확한 가치관은 직원들을 혼란에 빠뜨린다.

"직원들이 자기 진심을 몰라준다"고 한탄하는 상사가 많다. 그럴 일이 아니다. 진심은 소리가 들리지 않는다. 말하지 않으면 모른다. 전 GE 회장 잭 웰치Jack Welch가 그랬다. "핵심 가치는 700번 이상 반복해서 말해야 직원들 마음속에 새길 수 있다." 상사는 자신의 가치관을 적극적으로 알려야 한다. 기회가 있을 때마다 말해야 한다. 몇 번이고 글로 강조해야 한다. 그리고 실천해야 한다. 가치관을 실천했을 때, 직원들은 비로소 상사의 진심을 확인한다.

자신의 가치관부터 세워라

상사의 가치관이 잘못됐다고, 바꿔야 한다고 말하는 참모들이 있다. 괜한 고생이다. 상사는 자라나는 청소년이 아니다. 쉽사리 바뀌지 않는다. 그것은 상사의 포기할 수 없는 자존심이다. 그러므로 반드시 실패한다. 상사의 가치관에 맞춰 살면서 그것을 선용하는 게 현명한 길이다.

자기는 아무 생각이 없으면서 상사의 가치관을 탓하는 사람도 있다. 자신의 가치관부터 세우는 게 먼저다. 언제까지 남의 장단에 춤추며 살 것인가. 자신의 가치관이 분명하면 상사와 가치관이 다른 것은 문제 되지 않는다. 내가 누군지, 내 생각이 무엇인지 뚜렷하게 알면 상사도 이해하게 된다. 차이를 인정하게 되고 다른 것을 받아들일 수 있는 아량이 생긴다.

상사도 "도대체 직원들 생각을 이해할 수 없다"고 불만을 터뜨려선 안 된다. 그렇게 생각하는 건 그 직원의 자유다. 서로 다른 가치관을 합리적으로 조정하고 최대한 일치시켜나가는 게 상사의 역할이다. 그것 하라고 상사가 있는 것이다.

미국 하버드대학의 존 코터John Kotter 교수는 가치관 경영을 도입해 성공한 기업을 분석했다. 공유 가치로 똘똘 뭉친 조직은 비슷한 업종, 비슷한 규모의 기업에 비해 매출은 4배, 주가는 12배, 이익은 무려 750%나 높게 나타났다고 한다.

그래서 묻는다. "회장님의 가치관은 무엇입니까?"

뜬구름 저편 무지개가 되지 않으려면

좋은 비전의 세 가지 조건

비전이 꼭 있어야 하는가에 대해 나는 회의적이다. 비전이라고 만들어놓고 그 방향으로 가는 회사를 못 봤기 때문이다. 그럴 수밖에 없다. 당장 하루 앞도 모르는 게 기업 경영이다. 10년, 20년 후 상황을 어찌 예상이나 할 수 있겠는가.

방향이라도 잡고 가야 하는 것 아니냐고? 해마다 방향과 전략을 수정하면서 적응해가야 그나마 생존 확률이 높아지는 세상이다. 필요한 것은 비전이 아니라 오늘 해야 할 일에 온 힘을 다하는 것이다. 하루하루 버텨나가는 것이다.

비전으로 임직원들의 가슴을 뛰게 하겠다고? 그런 직원은 없다. 머리로만 외우고 있을 뿐이다. 마음에 새기지 않는다. 아니 한 사람 있다. 회장이다. 그는 가슴이 뛸 것이다. 미래 청사진을 놓고 가슴이 벅찰 것이다. 또한 대외적으로도 그럴싸해

보일 수 있다. 아, 비전의 용도는 더 있다. 비전 선포식이라는 행사를 하고 언론에 사진 내보내기, 비전 선언문 만들어 직원들에게 배포하기, 끝.

비전의 최소 요건

그래도 비전은 필요한 것 아니냐고 말하는 사람도 있다. 그렇다면 최소한 다음의 요건을 갖춘 비전을 만들어야 한다.

첫째, 눈에 그려지고 냄새까지 맡아져야 한다. 멋있을 필요는 없다. 하지만 생생하게 그려져야 한다. 유치해도 상관없다. 쉽고 명료하면 된다. 비전을 얘기했을 때 직원들이 곧장 머리를 끄덕이지 않으면 잘못된 것이다. 둘 중 하나다. 공감하지 못했거나 이해가 안 되었거나. 조치도 둘 중 하나다. 비전을 새로 만들든지, 설명하는 문안을 다시 만들든지.

1963년 마틴 루터 킹 목사가 워싱턴 평화대행진 연설에서 말한 비전은 손에 잡히고 눈에 그려진다. "내겐 꿈이 있습니다. 노예의 자식들과 그 노예의 주인이었던 부모의 자식들이 한 식탁에 둘러앉아 함께 식사하는 날이 언젠가 오리라는 꿈입니다."

둘째, '나'와 관련이 있어야 한다. 회사 소개 홈페이지에만 있는 비전, 회장의 고독한 비전은 비전이 아니다. 달성됐을 때 이익이 선명하면서도 나를 달뜨게 해야 한다. 그랬을 때 회사 비전에 맞춰 자기 미래를 설계하는 직원들이 나온다. 비전을 보고 "그게 나와 무슨 상관인데?" 하는 반응이 나오면 반드시 실패한다.

크리스토퍼 콜럼버스가 이사벨라 여왕을 만났다. 탐험에 필요한 지원을 요청하기 위해서였다. 콜럼버스는 여왕에게 그림 한 장을 보여줬다. 탐험에 성공하고 돌아오는 배의 모습이 담긴 그림이었다. 그 배에는 온갖 종류의 보석이 가득 실려 있었다.

셋째, 실현 가능성이 있어야 한다. 비전은 단순한 희망 사항이 아니다. 또한 공허한 말의 성찬이 아니다. 비전에는 반드시 '어떻게'가 있어야 한다. 언제까지 하고, 목표 수준은 어디까지이며, 전략과 실행계획은 어떻게 할 것인지, 그리고 비전의 달성 여부 측정 방법은 무엇인지에 대한 답을 가지고 있어야 한다. 이게 없으면 안 만든 것만 못하다. 만들어만 놓고 내버려두면 다음부턴 뭘 하자고 해도 시큰둥할 테니 말이다.

비전을 성공시키기 위한 네 가지 키워드

비전이 성공하기 어려운 이유가 있다. **달성 가능성, 기간, 구체성 정도, 정당성 여부**를 놓고 절묘한 줄타기를 해야 하기 때문이다. 먼저 달성 가능성이다. 너무 쉽게 달성할 수 있어도 곤란하고, 너무 어려워도 안 된다. 너무 쉬우면 비전이 아니고, 너무 어려우면 도전하지 않는다. 있는 힘껏 도전하면 이룰 수 있는 수준이어야 한다.

기간도 불가근불가원不可近不可遠해야 한다. 너무 멀리 있으면 미래로만 느껴지고, 너무 가까우면 발등에 떨어진 불이 된다. 누군가가 멋있는 말을 했다. "비전은 현재를 토대로 한 미래가 되어야 하며, 구체적이고 실천적인 미래를 담고 있는 현재여야 한다." 10년은 멀다. 3년은 가깝다. 5~6년 후가 좋다.

구체성 정도도 마찬가지다. 너무 막연해서도, 너무 구체적이어서도 안 된다. 너무 구체적이면 설렘이 없고, 너무 막연하면 손에 잡히질 않는다.

정당성 여부도 그렇다. 적절한 수준의 대외적 명분이 필요하다. 내 이익만 좇으면 직원들이 자부심을 잃게 되고, 공익 쪽에 치우치면 실익이 없다. 어느 정도 당위성과 정당성을 갖춰야 옹색하지 않다.

비전은 만드는 것으로 끝나지 않는다. 그다음이 더 중요하다. 무엇보다 리더가 비전의 성공 가능성에 대해 확신해야 한다. '이것 아니면 안 된다, 이것만이 살길'이라는 신념으로 비전에 목을 매야 한다. 비전의 광적인 전도사가 되어야 한다. 그리고 모범을 보여야 한다. 그래야 성공 확률이 1% 정도는 된다.

현재와 미래의 싸움에서는 늘 현재가 이긴다. 미래는 질 수밖에 없다. 보이지 않고 불확실하기 때문이다. 그러나 확실한 것만 좇다 보면 미래는 없다. 당장 생존도 중요하지만, 과거를 돌아보는 일과 함께 미래를 봐야 한다.

꿈꾸는 것을 다 이룰 수는 없다. 하지만 꾸지 않은 꿈은 절대 이루어지지 않는다.

내 삶이 곧 나의 메시지다

일관성이 신뢰다

상사는 논리 정연했다.

"어제 한 말과 오늘 한 말이 같아서는 안 됩니다. 리더는 그때그때 다를 수밖에 없고, 달라야 합니다. 이유는 간단합니다. 세상이 급변하기 때문입니다. 어제 옳은 방식이 오늘도 옳다는 보장은 없습니다. 또한 일마다 특성이 다르기 때문입니다. 여기서 옳은 방식이 저기서도 옳을 수 없습니다. 모든 일에는 제각각의 처방이 있습니다. 그러므로 일관성을 고집할 필요가 없습니다. 실용적인 접근이 필요합니다. 검은 고양이든 흰 고양이든 쥐만 잘 잡으면 됩니다. 고양이 빛깔을 따지는 것은 의미가 없습니다. 정체성도 벗어던져야 합니다. 지난번에 이랬으니까 이번에도 이래야 한다는 스스로의 속박에서 벗어날 필요가 있습니다."

상사는 일관성을 요구해선 안 된다고 주장한다. 그러면 직원들 사이에서는 "지난번에는 저렇게 하라더니, 이번에는 이렇게 하라고 하니, 어느 장단에 춤을 춰야 하는 건지 모르겠어"와 같은 불만이 나올 수도 있다. 상사는 이런 불만에 대해 그것은 일관성이 없는 것이 아니라 경직되지 않은 것이라고 말한다. 일리 있는 주장이다. 잘못된 것을 일관성이란 미명 아래 고수해서는 안 된다. 변화를 피하려는 꼼수로 일관성을 말해서도 안 된다.

유연성은 분명 필요하다. 상황이 변하면 그 상황에 맞게 움직여야 한다. 그러나 그것이 자기에게 유리한 쪽으로만 움직이면 더 큰 것을 잃는다. 바로 신뢰다. 또한 상사의 언행이 즉흥적으로 비치고, 회사 정책이 조변석개한다고 생각되면 직원들은 불안하다. 조직이 안정성을 잃는다. 조직의 지속성이 위협받는다. 폭풍우 치는 바다에서 표류하는 배와 같은 신세가 된다.

상황이 바뀌어도 변해선 안 될 게 있다. 원칙의 일관성이다. 원칙은 상황에 따라 왔다 갔다 해서는 안 된다. 심지어 상사가 바뀌어도 바뀌어선 안 되는 것이 원칙이다. 원칙이 상황 논리에 빠지면 죽 끓는 변덕이 된다. 그래서는 진정성을 의심받는다. 직원들이 회사를 믿지 못하게 된다.

일관성에 관한 여담 한 토막이 있다. 1990년대 후반, 내가 일하던 그룹의 이미지 광고는 '세계경영'이 핵심 키워드였다. 광고에 힘이 있었다. 세계경영의 실제 현장을 보여주었기 때문에 설득력도 높았다. 하지만 그룹 광고 선호도 조사에서는 늘 2위였다. 1등은 '사랑해요, ○○'를 속삭이는 경쟁사 광고였다. 곤혹스러웠던 것은 이 경쟁사의 일관성이다. 지겨울 법도 한데 주야장천 이 광고만 고집했다. 결국 우리 회사는 광고 선호도 조사에서 1등을 해보지 못했다.

일관성을 유지하는 것은 쉬운 일이 아니다. 의도적인 노력을 기울여야 한다. 과거에 밝힌 것과 새롭게 밝히는 내용이 서로 배치되지 않는지 따져봐야 한다. 또한 말과 행동이 일치하는지 살펴봐야 한다. 이 두 가지 가운데 하나라도 어긋남이 있으면 그렇게 된 사정을 얘기하고 이해를 구해야 한다. 구렁이 담 넘어가듯 은근슬쩍 넘어가면 안 된다.

일관성을 지키기 위해서는 세 가지가 필요하다. 멀리 보는 안목과 인내심, 그리고 소신이다. 당장은 손해를 보더라도 장기적으로 무엇이 이익인지 볼 줄 아는 안목이 있어야 한다. 또한 타협하거나 포기하지 않고, 유혹과 저항을 이겨낼 수 있는 인내심이 있어야 한다. 끝으로 소신이다. 우리는 늘 소신과 현실 사이에서 방황한다. 소신의 편에 서야 일관성이 지켜진다.

일관성의 모범을 소름 끼치게 보여준 사례가 있다. 간디 묘비에 쓰여 있는 문구다. "My life is My message." 즉 내 삶이 곧 나의 메시지다.

상사가 인문학에 꽂힌 이유

기업과 인문학이 만났을 때

상사가 인문학에 꽂혔다. 인문학 조찬 강연에 몇 차례 나가더니 인문의 매력에 푹 빠져버렸다. 그 이후로는 말끝마다 문文, 사史, 철哲이다. 이제야 경영이 뭔지, 경영을 어떻게 해야 하는지 알겠다고 한다. 그 본질과 원리를 깨우쳤단다. 그런데 사실 좀 걱정된다. 상사의 '인문학'이 어디로 튈지 불안하다.

그러나 세상 모든 것이 인문학이라는 상사 말은 옳다. 세상은 모두 사람이고 인문학은 사람에 관한 이야기니까. 그리고 세상에 관한 사람의 생각이 인문학이니까.

과거에 인문학은 찬밥이었다. 속도 경쟁 시대에 인문학은 거추장스러웠고, 효율 맹신주의 앞에서 인문학은 너무 한가했다. 기본적으로 돈을 만들어야 하는 경영에서 인문학은 돈이 안 됐다. 돈을 숭상하는 물신주의에 위배됐다. 인간을 먼저 생각하는 인문학적 사고는 인간의 얼굴이 없는 시장 논리에 대한 도전이었다.

그런데 인문학이 뜨고 있다. 인문학을 불온하게 여겼던 바로 그 이유가 인문학의 가치를 높이고 있다. 경영학만으로 해결하기 어려운 문제를 인문학이 보완해주기 때문이다. 혼돈의 시대에는 더 이상 전통적인 경영학 기법이 통하지 않는다. 속도, 효율, 물신주의, 시장 논리가 한계를 드러내고 있다. 새로운 상상력이 필요하다. 그 원천으로서 인문학이 주목받고 있는 이유는 다음과 같다.

인문학은 통찰하게 한다. 경영학적 시각으로는 예측 불가한 패러다임의 변화를 읽게 한다. 이면을 꿰뚫어보고 발상을 전환하는 영감을 준다. 관계가 없는 것들에서 관계성을 찾아준다. 널려 있는 사안을 유기적이고 통합적으로 볼 수 있는 안목을 길러준다.

인문학은 사랑하게 한다. 사람을 이해하게 한다. 서로 다른 삶의 가치를 인정하고 그 안에서 공감대를 만든다. 나누고 베푸는 것의 효용을 가르쳐준다. 그리하여 리더십이 키워진다. 인간이 인간다워진다.

인문학은 혁신하게 한다. 생각의 관성에서 벗어나게 한다. 기존 것을 새로운 맥락에서 보고, 관점을 달리해서 보게 한다. 경영 원리와는 다른 각도에서 보게 한다. 무엇보다 사람을 보게 한다. 사람에게서 혁신의 실마리를 찾는다. “기술은 기술 그 자체로 존재하는 게 아니라 사람이 이용하기 쉽고 재미있어야 한다는 사실을 인문학이 깨우쳐주었다"는 스티브 잡스가 한 말이다.

당장 돈도 된다. 소비자는 상품 자체의 효용으로만 구매하지 않는다. 모든 상품은 콘텐츠로 포장되어야 잘 팔린다. 인문학은 콘텐츠의 보고寶庫다. 역사, 철학, 문학, 예술, 심리 이 모든 것이 상품 포장의 소재가 되고 있다.

이제 상사는 인문학에서 길을 찾았다. 인문학을 자본에 종속시키고 생산성 향상의 도구로 활용할 가능성을 발견했다. 그것이 요즘 상사가 인문학에 꽂힌 이유다. 그러나 잘 생각해야 한다. 너무 깊게 들어가면 직원들이 바람날지 모른다. 인문을 내세우다 직원들이 "나는 도대체 누구이며, 어떻게 살아야 하는가"를 찾기 시작하면 골치 아파진다. 경영은 그야말로 나부랭이가 된다. 지금 인문의 바다에서 마냥 즐길 때가 아니다.

인문학은 그만큼 매력적이고 위험하다.

내게 글 쓸 수 있는 용기를 주는 것들

인문人文은 인간의 무늬, 인문학은 내가 내 삶의 주인으로서 인간답게 사는 것이다. 그렇게 사는 방법은 무엇인가. 내 글을 쓰고 내 말을 하며 사는 것이다. 내 말과 글이 나일 테니까.

우리는 말하는 것을 꺼려한다. 글 쓰는 것은 더 힘들어한다. 그저 듣고 읽고 받아쓰고 전한다. 아마 말하기와 글쓰기를 가장 어려워하는 게 우리 국민이 아닌가 싶다. 나 역시 글쓰기가 두렵다. 그러나 쓰지 않으면 안 되기에, 투명인간처럼 살기 싫어 쓴다. 내게 쓸 수 있는 용기를 주는 것이 네 가지 있다.

첫 번째가 감사함이다. 요즘 나는 말하기 위해 글을 쓴다. 아니 쓰기 위해 말한다. 말하려면 써야 하기 때문이다. 남들은 나를 글쓰기 강의하는 사람으로 안다. 이는 겉모습일 뿐이다. 강의는 수단이다. 먹고사는 방편이고, 글을 쓰기 위한 수단이다. 그래서 나는 세 가지에 감사하다. 개방형 화장실, 고속철도, 스마트폰. 이것이 없었다면 강의하는 생활은 꿈도 못 꿨다. 개방형 화장실과 고속철도 덕분에 나 같은 과민대장증후군 환자도 전국을 누비며 강의할 수 있다. 스마트폰이 없었다면 언제 어디서나 강의 요청을 받고 생각나는 것을 메모하지 못했을 것이다. 두 가지가 있어 책 쓰기도 가능했다. 노트북과 인터넷이다. 머릿속 지식과 생각만으로, 그것도 원고지에 쓰던 시절이었다면 책을 쓴다는 것은 꿈도 못 꿨다. 아무튼 글을 쓸 수 있다는 것에 감사한다. 우리말로 쓸 수 있어 감사하다. 아무 일 없이 글 쓰고 있는 것이 감사하다. 감사함 이상으로 내게 쓰는 용기를 주는 것은 없다.

두 번째는 내게 글 쓸 시간이 남아 있다는 점이다. 나의 최고 순간은 아직 오지 않았다. 작가 세르반테스가 그의 대표작 《돈키호테》를 완성한 나이는 68세였다. 독일 문학의 최고봉 괴테는

82세에 《파우스트》를 탈고했다. 조선시대 최고 문필가 연암 박지원이 《열하일기》를 쓴 것도 당시로선 인생 말년에 해당하는 마흔 중반이었다. 또 얼마나 많은 작가가 일찍 세상을 떠났는가. '삶이 그대를 속일지라도 슬퍼하지 말라'던 푸시킨은 37년간의 불꽃같은 삶을 살다 갔다. 《변신》을 쓴 독일 문호 카프카도 마흔에 요절했다. 천재 시인 이상은 스물일곱에 삶을 접었다. 내가 좋아하는 시인 기형도는 스물아홉 해 짧은 생을 마쳤다. 나는 아직 살아 있다. 내게는 아직 시간이 있다. 시간이 있는 한 못 쓸 글이 없다. 언젠가 좋은 글을 쓸 수 있다.

셋째, 글을 쓰는 데 내가 할 수 있는 역할이 별로 없다는 게 오히려 용기를 준다. 긴장하면 글을 잘 쓸 수 없다. 말하기도 그렇고 시험 보는 것도 그렇고 운동도 그렇다. 그런데 찬찬히 생각해보자. 긴장할 이유가 없다. 글쓰기 전에 이미 글의 수준은 결정돼 있다. 자기 수준만큼 나오는 게 글이다. 아무리 용을 써도 쓰기 직전까지 쌓인 실력 이상으로 잘 쓸 수는 없다. 이미 정해진 대로 갈 수밖에 없는 것이다. 또한, 글쓰기는 시시때때로 다르다. 어떤 때는 잘 써지고, 또 어느 때는 안 써지기도 한다. 늘 같지 않다. 글 쓰는 날의 운과 컨디션에 달렸다. 그러니 안달복달할 이유가 없다. 역사에 남는 글을 쓰는 것도 아니지 않는가. 독자들 넋을 빼놓는 글을 써야 하는 것도 아니잖나.

넷째, 생각이 아니라 경험을 써도 된다는 사실이 한없는 용기를 준다. 글에는 두 영역이 있다. 하나는 생각의 영역이다. 개념, 관념에 관한 것이다. 이성과 당위의 세계다. 머리를 굴려야 한다. 지식,

논리, 추상, 상상력이 필요하다. 이는 사람마다 역량 차이가 있다. 불평등하다. 다른 하나는 경험의 영역이다. 사실에 관한 것이다. 감성과 느낌의 세계다. 눈, 귀, 코, 입, 손, 발을 부지런히 굴리면 된다. 느낌은 누구에게나 공평하게 주어진다. 공부를 많이 한 사람이나 못 배운 사람이나, 책을 많이 읽은 사람이나 안 읽은 사람이나 똑같다. 오히려 책상물림보다는 경험으로 체득한 느낌이 더 풍부하고 생생하다. 자기만을 위해 살아온 사람보다 주변 사람에 관심을 갖고 살아온 사람에게서 더 잘 발달한다. 생각은 고급과 저급이 있지만, 경험은 서열이 없고 높낮이가 없다. 위아래의 높이가 아니고 옆의 넓이가 중요하다.

인문학은 사람을 위한 것에 그치지 않는다. 자연을 포함한다. 사람 또한 자연의 일부이기 때문이다. 노무현 대통령은 마지막 남긴 글에서 인간의 삶과 죽음은 자연의 한 조각이라 표현했다. 김대중 대통령은 자연과 동식물을 존중하는 것이 진정한 인문주의라고 했다. 환경을 파괴하지 않는 것은 물론 하늘과 바다와 땅의 모든 것을 감싸안는 것이라고 했다. 자연과 더불어 살아가는 경험과 느낌을 매일 두세 줄이라도 쓰자. 오늘 새롭게 본 것, 느낀 것, 깨달은 것, 꿈꾸는 것. 그 무엇이라도 상관없다. 그래야 어제의 나와 오늘의 내가 달라질 수 있다. 오늘과 다른 내일의 나를 기대할 수 있다. 그것이 내가 있는 삶이다. 내가 살아서 성장하는 삶이다.

너 자신을 알라

상사의 수사학

상사는 수사학 예찬론자다. "모든 경영자는 필수적으로 수사학을 익혀야 한다. 부정을 긍정으로, 불가능을 가능으로, 과거를 미래 비전으로 바꿔내는 것은 경영자의 몫이고, 이를 가능하게 하는 게 수사학이다"라고 강조한다.

수사학은 세속적으로 출발했다. 누군가에게 내 얘기를 이해시키고 그가 나를 따르도록 하려고 태어났다. 현실에 참여하여 사회적 출세를 이루는 것이 수사학을 공부하는 이유였다. 이를 위해 생각과 감정을 어떻게 말과 글로 표현해야 하는지를 연구했다.

그리하여 오랜 세월 문법, 논리학과 함께 가장 중요한 학문이었다. 시조인 아리스토텔레스는 수사학에 다섯 가지 기술이 필요하다고 보았다. 쓸거리를 찾아내는 '논거 발견술', 순서에 맞춰 구성하는 '논거 배열술', 배열한 것을 문장으로 서술하는

'표현술', 쓴 내용을 말하기 위해 암기하는 '기억술', 말하기의 기교에 해당하는 '연기술'이 그것이다. 주로 글 쓰고 말하는 기교에 초점이 맞춰져 있다.

수사학이 대우만 받은 것은 아니다. 플라톤은 수사학을 배척했다. "수사학은 감정의 동요를 통해 인간의 행위에 영향을 끼치는 학문으로서 대중의 순진함과 무지를 이용하고 있다"고 질타했다. 칸트 역시 수사학을 "자기 의도를 위해 인간의 약점을 이용하는 기술이며 어떠한 존경의 가치도 없다"고 비판했다. 설득의 학문이라는 미명 아래 자행되고 있는 수사학의 간교함을 꿰뚫어본 것이다.

마키아벨리도 《군주론》 서문에서 이렇게 밝힌다. "저는 대부분 저술가들이 그러하듯, 자신이 하고자 하는 말을 꾸미기 위해 화려한 미사여구나 고상한 표현법, 불필요한 기교를 동원하지 않았습니다. 오직 다양한 소재와 진지한 주제로 그 가치를 인정받고 싶기 때문입니다." 수사학을 알맹이 없는 겉포장이나, 사람을 현혹하기 위한 잔재주 정도로 폄훼하고 있다.

경영 현장에서 새롭게 주목받고 있는 수사학

수사학은 최고경영자가 자신의 본심을 어떻게 표현하는지를 파악하는 데 도움을 준다. 뿐만 아니라 말과 글을 통해 남에게 잘 보일 수 있는 방법을 가르쳐준다. 이것이 수사학을 경영에 접목해야 하는 이유다. 경영이란 것은 누군가를 자기편으로 만들거나 설득하는 행위이기 때문이다.

상사 말은 새겨들어야 한다. 액면 그대로 받아들이는 것은 순진해도 너무 순진한 것이다. 상사가 "일찍들 들어가"라고 한다고 정말 일찍 들어가보라. 회사 근처에서 저녁 식사 후에 불 꺼진 창을 보며 상사는 무슨 생각을 할까. "나는 결과보다 과정을 중시한다"는 멋있는 말에 현혹돼 결과를 등한시해보라. 직장생활의 좋은 결과를 맛보지 못할 것이다. "회사보다 가정이 우선이다"는 상사 말을 곧이곧대로 듣고 그대로 행해보라. 얼마 안 가 진짜 가정만을 위하면서 살게 될 것이다. "격식에 매이지 말고 통통 튀라"는 말만 믿고 등산복 차림으로 출근해보라. 허구한 날 산에 오르게 될 것이다. "허심탄회하게 말해라"는 말뜻 그대로 마음을 비우고 거리낌 없이 말해보라. 말할 때는 시원하고 좋은데 다음 인사고과는 엉망일 가능성이 크다.

그렇다면 상사 본심을 아는 방법은 무엇일까. 말을 보지 말고 생각을 봐야 한다. 즉 상사가 돼서 상사의 입장에서 생각하는 것이다.

상사는 왜 말을 모호하게 할까

상사가 말을 모호하게 하는 이유는 자신이 없어서다. 남을 믿지 못하는 데에도 원인이 있다. 혹은 그런 표현이 자신만의 수사법이라고 믿고 있다. 그러나 더 중요한 이유는 상사 스스로도 자기가 누군지 잘 모르기 때문이다. 치밀하게 계산해서 감춘 것이 아니라 자기도 모르는 가운데 가시와 발톱이 숨겨진 것이다.

왜 그럴까? 자기애에 빠져서 그렇다. 끊임없이 자신을 합리화하기 때문이다. 이기적인 욕망을 거룩한 것으로 승화시키기 때문이다. 이 모든 게 자기도 모르는 사이에 이루어진다. 부지불식간에 수사학의 페르소나, 즉 가면을 쓰게 된 것이다.

다른 사람이 알고 있는 '상사'가 진짜 상사다. 상사에게 그런 '상사'를 보여주면 "그건 내가 아니다"라고 부정한다. 녹음기에서 자신의 목소리를 들으면 자기가 아닌 것처럼 느껴지는 것과 같다. 그러므로 상사는 직원을 통해 자신을 봐야 한다. 직원들이 상사를 자기중심적이라고 하면 그런 것이고, 양심이 없다고 하면 없는 것이다.

그럼에도 상사는 늘 얘기한다. "나는 내가 잘 안다." 그래서 소크라테스는 "너 자신을 알라"고 했는지 모른다.

회장만 모르는 실행력의 비밀

행동으로 보여줘라

회사에는 회장만 모르는 것들이 많다. 그 가운데 하나가 '우리 회사 실행력이 약한 이유'다. 분명히 얘기했는데 일이 팍팍 돌아가지 않는 이유에 대해 회장은 모른다. 하지만 직원들은 나 안다. 왜 뇌는 일도 없고 안 되는 일도 없이 뜨뜻미지근한지.

회장이 장막에만 갇혀 있어서 그렇다. 회사 안에는 기획실을 비롯해 '탁상공론거리'를 발굴하는 부서가 있다. 인재라고 하는 사람들을 배치해서 '혁신 전략', '장기 비전' 같은 것을 수립한다. 소위 회장을 있어 보이게 하는 의제를 다룬다. 우리도 이런 것 한다는 '가오다시'가 되는 것들이다. 또한 경영 시류에 뒤지지 않고 있다는, 첨단을 따라간다는 위안을 회장에게 선사한다. 그러나 용도는 여기까지다. 실행과는 거리가 멀다.

일류 아이디어에 삼류 실행력보다, 삼류 아이디어에 일류 실행력이 낫다고 했다. 문화, 전략, 비전 때문에 회사가 성공하거나 실패하지 않는다. 그런 것들은 사후 해석일 뿐이다. 성공했을 때는 비전이 좋아서 그랬다고 하고, 실패했을 때는 전략 탓을 하곤 한다. 이런 사후 평가도 탁상공론 부서에서 맡는다. 그러니까 이것들은 그들 부서의 '밥그릇'일 뿐이다. 실행을 위해 반드시 점검해봐야 할 과정이 있다.

완벽주의에 현혹되어 있지는 않은가

시간이 걸리더라도 철저히 준비해서 착수하는 것이 오히려 빠르다는 논리다. 그것이 실행력을 높이는 길이라고 주장한다. 잘못 가면 아니 가느니만 못하다, 잘못된 것을 바로잡는 데는 몇 배의 시간과 노력이 든다고 겁을 준다. 나아가 기획하는 것도 실행의 한 부분이고, 기획이 탄탄해야 실행력도 높아진다고 한다.

문제가 생기면 해결 계획 세우는 것을 문제 해결로 착각한다. 해결보다는 문제 분석에 대부분의 시간을 보낸다. 계획을 세우는 것은 필요하다. 다만 완벽한 계획을 짜려고 하는 게 문제다. 우선순위를 짜고, 예기치 않은 위험에 대비하고, 로드맵을 그렸다 지웠다 반복한다. 그리고 이걸 잘하는 사람이 치밀하고 전략적이며 주도면밀한 사람으로 대우받는다. 상대적으로 그것을 실행에 옮기는 사람은 안중에 없다. 손에 흙 묻히는 사람은 계획 세운 사람을 빛나게 하는 엑스트라일 뿐이다.

자율과 합의가 실행을 망친다

기업의 본질은 누가 더 나은 성과를 내느냐로 경쟁시켜, 거기서 나온 결과를 가지고 성장하는 것이다. 그러려면 강력한 리더십이 필요하다. 인센티브와 페널티를 갖고 끌고 가야 한다. 회장이 중심에 서야 한다. 그런데 그것은 만인이 바라는 것이 아니다. 회장이 나서면 모두가 피곤하다. 그래서 이런 주장이 나온다. "자율 문화가 정착되어야 창의력을 꽃피울 수 있다. 밀어붙인다고 되는 게 아니다. 공감대 형성이 중요하다. 원활한 협력을 위해서는 합의를 이끌어내야 한다. 그래야 실행력이 높아진다."

결과적으로 합의를 위한 회의가 잦다. 기한이 돼도 챙기는 사람이 없다. 슬그머니 실행 목록에서 사라진다. 시작만 있고 끝이 없다. 되는 일도 없고 안 되는 일도 없다.

누군가는 반드시 챙겨야 한다

일을 좋아하는 사람은 많지 않다. 하는 척할 뿐이다. 새로운 것을 받아들이거나 변화하는 데도 부정적이다. 안 해본 일을 꺼리는 것은 인지상정이다. 그래서 챙기는 사람이 필요하다. 참모는 챙기는 사람이다. 얘기했으면 반응을 체크한다. 이해 부족이나 오해 탓에 반응이 안 좋을 때는 다시 설득에 나서야 한다. 그럼에도 부정적 반응이 압도적이면 과감하게 접을 줄도 알아야 한다.

또한 이행 여부를 챙겨야 한다. 그래야 불이행을 당연한 것으로 여기는 내성이 생기지 않는다. 계획대로 제대로 가고 있는지 주기적으로 점검하고, 필요한 경우에는 수정하고 재구성하는 노력을 집요하게 해줘야 한다. 그래서 대충 끝내는 일은 없도록, 시작했으면 반드시 마무리하도록, 계획대로 안 됐으면 그 이유라도 밝히고 매듭짓도록 해야 한다. 나아가 후속 프로그램을 준비해야 한다. 이행되었을 때 보상은 어떻게 하며, 그 다음 단계는 무엇으로 갈지 미리 짜야 한다.

실행 없이는 아무것도 없다

회사는 일하는 곳이 아니라 성과를 만들어내는 곳이다. 부지런히 움직인다고 일하는 것이 아니다. 결과가 없으면 일하지 않은 것이다.

훌륭한 비전과 전략, 완벽한 계획의 가치를 모르는 바 아니다. 자율과 합의는 또 얼마나 달콤한 말인가. 그러나 그럴수록 정신 바짝 차려야 한다. 경영에 민주주의는 없다. 조금 덜 인간적이고 조금 더 삭막해지더라도 실행 중심 조직으로 탈바꿈해야 한다. 실행이 최고의 전략이다.

일본 전국시대를 호령하던 세 사람이 울지 않는 앵무새를 앞에 두고 보인 반응에 관한 예화는 유명하다. "울지 않으면 없애버려라" 했던 오다 노부나가織田信長는 "울도록 만든다"는 도요

토미 히데요시豊臣秀吉나 "울 때까지 기다린다"는 도쿠가와 이에야스德川家康에 비해 평가 절하돼왔다. 도요토미의 술수와 도쿠가와의 인내에 비해 오다의 과단성은 좋은 점수를 받지 못한 것이다.

그 어느 때보다 실행력이 중요해진 지금, 오다 노부나가는 재평가되어야 하지 않을까.

상사는 알려주는 사람

상사의 역할

좋은 문서를 만들고 아래 직원들이 글을 잘 쓰도록 하는 데 상사의 역할은 무엇인가? 도대체 상사는 무엇을 하는 사람인가? 나는 말하는 사람이라고 생각한다. 상사는 말을 하고, 아래 직원은 듣는다. 어떤 말을 하는가? 무언가를 알려준다. 그렇다. 상사는 알려주는 사람이다. 모르는 사람을 아는 길로 이끌어준다. 그래서 상사는 알려줄 수 있어야 한다. 알려주는 것이 상사의 책무다.

왜 알려줘야 하는가?

이유는 간단하다. 잘 모르면 일을 못하니까. 알아야 잘하니까 그렇다. 상사는 많이 안다. 그럴 수밖에 없다. 알 수 있는 기회가 많기 때문이다. 하지만 구성원은 잘 모른다. 그런데 상사는 일을 하지 않는다. 일을 지시하고 결과를 점검, 시정할 뿐이다. 착수하는 일은 구성원들이 한다. 잘 알지도 못하면서 일을 시작한다. 회사에서는 사원과 대리가, 청와대에서는 행정관이 일을 한다. 아니 행정관도 안 한다. 해당 부처에서 한다. 모르는 일을 잘하는 사람은 없다. 잘할 리 만무하다. 천재이거나 눈치 빠른 사람 말고는 그럴 수밖에 없다. 그래서 많이 아는 상사가 바로잡아준다.

그런데 의문이다. 10년, 20년 이상 일한 상사와 구성원 간의 역량 차이는 어디서 비롯된 걸까? 상사는 원래 똑똑했고 아래 직원은 본시 그랬을까? 그렇지 않다. 상사가 알고 있는 걸 구성원이 모두 알면 누구나 일을 잘할 수 있다. 알고도 못하는 바보는 없다. 알려주지 않기 때문이다.

일이라는 건 모르는 상태에서 아는 상태로 나아가는 암중모색의 과정이다. 다 알면 일이 끝난다. 일이 끝나면 누구나 안다. '아 이렇게 하면 됐구나.' 그것이 일의 본질이다. 문제는 알 수 있는 기회가 상사에게 집중된다는 사실이다. 팀원은 팀장 회의에 들어가지 못한다. 부서장은 임원회의 참석 대상이 아니다. 임원은 부서장, 팀장보다 많이 안다. 임원은 회사 돈으로 최고경영자 과정에도 참여하고 조찬 강연도 들을 수 있다. 많이 알게 된 건 자기 덕분이 아니다. 자리가 알려준 것이다. 그렇게 알게 된 것을 사적으로 소유해선 안 된다. 공적인 앎이고 공유해야 할 대상이다.

모든 조직은 직급 순으로 많이 안다. 청와대는 대통령이 가장 많이 알고 그다음이 비서실장, 수석비서관, 비서관, 행정관, 행정요원 순으로 많이 안다. 대통령이 지시하면 줄줄이 아래로 전달한다. 알려주는 게 아니다. 개중에는 그런 사람도 있지만 대부분은 배경 설명 없이 지시한다. 개별적으로 지시하기도 하고 주요 사안은 수석회의, 비서관회의 등을 통해 전달한다.

일은 해당 부처에서 한다. 부처의 실국장이 하는 것도 아니다. 과장도 하지 않는다. 사무관이 한다. 청와대 수석이 아는 것과 부처 사무관이 아는 것과는 격차가 크다. 그 격차를 뛰어넘는 사람이 유능하다는 소리를 듣는다. 알려주지 않아도 알아먹는 사람이다.

사무관이 일을 하면 이제는 다시 거꾸로 올라간다. 사무관보다는 과장이 많이 아니까, 더 아는 것으로 바로잡는다. 실국장도 청와대 비서관과 수석도 마찬가지다. 줄줄이 위로 올라가며 자신이 더 아는 것으로 수정한다. 고치고 또 고친다. 잘 고치는 사람이 유능한 상사다.

매일매일 내려가기와 올라가기를 되풀이하고 있다. 이러지 않으려면 리더는 세 가지 중 하나를 해야 한다. 일할 사람에게 알 수 있는 기회를 주든지, 알 기회를 독차지하고 있는 자신이 일을 하든지, 아니면 자신이 아는 걸 알려주든지. 팀원을 임원회의에 들어가게 할 수는 없다. 그렇다고 임원이 모든 일을 할 수도 없다. 그렇다면 방법은 하나다. 알려주는 것이다. 그것이 상사의 일이다.

상사는 사장 주재 회의도 들어가고 임원회의도 들어가고 부서장 회의, 팀장 회의도 들어갈 수 있다. 그뿐만이 아니라 자기보다 높은 사람과 만나고 대화할 기회가 많다. 이를 통해 윗사람이나 조직이 원하는 것, 기대하는 것을 잘 안다. 하지만 아래 직원은 그런 기회가 없다. 상사는 경험도 많다. 그 자리에 가기까지 많은 경험을 했다. 상사가 많이 알 수밖에 없다.

상사가 아는 것이 아래 직원이 알아야 하는 모든 것이다. 예를 들면 아래 직원은 일의 완성도를 어디까지 높여야 하는지 모른다. 어느 수준까지 해야 일이 끝나는지 모른다. 하지만 상사는 안다. 표현할 순 없지만 어느 수준이 되면 '됐다'고 한다. 그 수준까지 일의 완성도를 높여야 한다. 그것이 아래 직원의 일이다. 그래서 아래 직원은 답답하다. 어둠 속에서 해답을 찾아 헤매야 하니까 그렇다. 평가하는 것도 상사의 몫이다. 아래 직원은 상사가 자신을 어떻게 생각하는지 몰라 조마조마하다. 잘 보이기 위해 경쟁을 한다. 그래서 불안하고 애태운다.

상사의 세 부류

알려주는 것도 실력이 필요하다. 내가 겪어본 상사는 세 부류다. **첫째, 알려줄 게 머릿속에 없는 부류다.** 이들은 당연히 알려줄 수 없다. 일단 해서 가져오라고 한다. 그런 사람일수록 해서 가져가면 말이 많다. 해온 걸 보면 할 말이 많아지는 사람이다. 자가발전은 못 하지만, 다시 말해 창의적이진 않지만 뭔가에 기대면 많은 생각이 난다. 그런 역량으로 그 자리까지 오른 경우다. '갈구면' 더 좋은 성과가 나온다는 것을 경험으로 체득했다. 역량은 없으면서 욕심은 많다. 그런 사람과 일하면 일이 효율적으로 진행되지 않는다. 한없이 늘어지고 지체된다. 그렇다고 '쌈빡한' 결과가 나오지도 않는다. 결국 지리멸렬해진다.

둘째, 알려줄 건 있지만 말로 표현하지 못하는 부류도 있다. 머릿속에 추상화를 가지고 있다. 무언가 그림이 있다. 이를 말로 표현해서 듣는 사람의 머릿속에 구상화를 그려줘야 하는데 이게 되지 않는다. 그런 사람일수록 지시대명사를 남발한다. 그러면서 답답해한다. "그것 있잖아. 그거 몰라?" 답답해야 할 사람은 따로 있는데 말이다. 그 심정이야 이해한다. 듣는 사람도 그런데 본인은 오죽하겠는가.

그러는 이유는 여럿이다. 우선 어휘력이 빈약해서다. 머릿속에 맴도는 생각은 있는데 그걸 표현할 수 있는, 그 생각이란 이미지에 딱 맞는 단어를 못 찾는 것이다. 어휘력부터 늘려야 한다. 마크 트웨인도 그렇게 말했다. 어휘로 표현할 수 없는 생각은 없는 생각이라고.

머릿속에 있는 걸 말로 표현하지 못하는 이유는 또 있다. 요약 능력이 부족해서다. 머릿속에는 오만가지 생각이 들어 있다. 그 가운데 취사선택을 할 수 있어야 말할 수 있다. 버릴 것은 버리고 비슷한 건 합쳐야 한다. 버리기가 쉽지 않다. 아까워서다. 합치는 것도 만만치 않다. 이런 상사는 유형화하는 역량이 필요하다. 버리고 합했을 때 비로소 구체적으로 말할 수 있다. 표현하려면 머릿속에 뭉쳐 있는 실타래를 한 줄씩 풀어내야 한다. 그러지 못하면 입구에서 정체 현상이 일어난다. 머릿속에 든 게 많을수록 더 심해진다. 아는 게 많은 사람이 말하라 하면 버벅대는 것도 이 때문이다.

셋째, 알려줄 것도 있고 표현할 줄도 아는 부류도 있다. 한마디로 똑똑하고 유능한 사람이다. 조직에서 몇 안 되는 부류다. 최상위층이 아끼는 사람이기도 하다. 그런데 이런 사람은 알려줄 시간이 없다. 늘 바쁘다. 윗사람이 불러 물어보면 대답은 잘한다. 하지만 아랫사람에게 알려줄 시간은 없다. 그래서 이렇게 말한다. "그것까지 내가 말해줘야 하냐? 좀 알아서 못하냐? 너는 뭐하는 사람이냐?" 요구하고 기대하는 수준도 높다. 때로는 모멸감을 안겨주기도 한다. 아랫사람 처지에서 모시기 가장 어렵고 힘들다.

결론은, 윗사람은 잘 알려주지 않는다는 것이다. 세 부류 외에 또 한 부류가 있다. 자신이 알고 있는 내용을 자기와 친한 아래 직원에게만 나눠줘서 자기 앞에 줄을 세우는 부류다. 이들은 자기만 아는 정보를 아랫사람을 깨고 자신을 과시하는 데만 사용한다.

상사가 알려주는 일을 제대로 하려면 알려주고 싶은 마음이 있어야 한다. 아랫사람이 얼마나 모르는지 알아야 하고, 그 모르는 사람에 대해 측은지심이 있어야 한다. 대체로 상사는 아랫사람의 사정을 잘 모른다. 잘 알아먹는 사람만 눈에 들어올 뿐, 모르는 채 끙끙 앓고 있는 사람은 보이지 않는다. 그래서 알아먹는 사람 중심으로 조직이 돌아가고, 그 결과로 아는 사람은 더 알고, 모르는 사람은 더 모르게 된다.

상사가 알려주어야 할 열 가지

알려주려면 상사부터 많이 알아야 한다. 내가 만난 사람 가운데 많이 아는 상사의 공통점이 있다. 남이 하는 말을 열심히 듣는다. 들을 뿐 아니라 캐묻기도 한다. 이를 통해 자기 말에 써먹을 만한 내용을 얻는다. 메모에도 정성을 다한다. 기억의 한계를 기록으로 극복한다. 알려주기 위해 그렇게 한다.

그런데 상사는 아래 직원에게 무엇을 알려주어야 할까? 다음의 열 가지를 알려줘야 한다.

첫째, 무엇을 해야 하는지 알려줘야 한다.

둘째, 그 일을 하는 취지, 목적 등을 알려줘야 한다.

셋째, 그 일과 관련한 현황과 사실을 정확하게 알려줘야 한다.

넷째, 상황이 그렇게 된 이유, 원인, 배경 등을 알려줘야 한다.

다섯째, 그 일에 대한 자신의 생각과 의견을 알려줘야 한다.

여섯째, 일하는 방법을 알려줘야 한다.

일곱째, 자신의 경험을 알려줘야 한다.

여덟째, 자신이 알고 있는 지식을 알려줘야 한다.

아홉째, 자신이 들은 정보를 알려줘야 한다.

열째, 어느 수준의 결과물을 원하는지 알려줘야 한다.

설명 잘하는 법

잘 알려준다는 건 설명을 잘한다는 것이다. 그렇다면 설명을 잘한다는 건 무슨 뜻일까? 국어사전에 보면 "어떤 일이나 대상의 내용을 상대편이 잘 알 수 있도록 밝혀 말함"이라고 되어 있다. 말하기의 대부분이 설명이다. 상사에게는 더욱 그러하다. 상사는 설명하는 사람이다. 직급이 낮아도 설명 잘하는 사람이 상사이고, 아무리 직급이 높아도 조곤조곤 설명을 못 하면 상사 자격이 없다.

나는 설명 잘하는 사람을 보면 부럽다. 개인적으로 유시민 작가가 그런 사람이라고 생각한다. 유 작가가 말 잘한다는 소리를 듣는 결정적인 이유도 설명을 잘하기 때문이다.

설명을 잘하기 위해서는 잘 알아야 한다. 잘 아는 사람은 짧게 설명할 수 있다. 다시 말해 같은 내용도 짧게 말할 수 있어야 설명을 잘하는 사람이다. 짧게 말하려면 그 내용에 정통해야 한다. 그것이 우선이다. 짧게 설명하는 사람은 정의를 잘 내린다. "그것은 무엇이다"라고 한마디로 단언한다. 건방져 보일 수 있다. 그러나 핵심과 본질을 꿰뚫는 한마디는 선점하고 선도하는 힘이 있다. 듣는 사람에게 영감을 줄 뿐 아니라 선견지명의 명언으로 남을 수도 있다. 이러려면 내용을 완벽하게 장악하고 있어야 한다. 잘 알 뿐 아니라 확신까지 있어야 하는 것이다.

짧게 설명하는 사람은 단순화를 잘한다. 구체적 사실에서 일반적 내용을 추출해낸다. 여러 경험과 사례에서 그것이 주는 의미와 시사점을 잘 뽑아낸다. 흐름도 잘 파악한다. 불규칙한 반복에서 규칙적인 패턴을 찾아내 그걸 트렌드라고 말한다. 그것이 실제로 일정한 방향을 형성하면 그 사람에게 혜안이 있다고 한다. 그런 사람은 도식화도 잘한다. 한 장의 그림으로 복잡한 자기 생각을 잘 표현한다. 재수 없다(?)는 생각은 잠깐이고 두고두고 경외의 대상이 된다.

설명을 잘하는 사람은 무엇보다 불필요한 말을 하지 않는다. 말에 군더더기가 없을 뿐 아니라 요약과 정리를 잘한다. 사족이 없는 건 기본이고, 필요한 말도 압축해서 한다. 나아가 그것의 우선순위, 자기 말의 중요 순서까지 정해준다.

설명을 잘한다는 또 하나의 조건은 쉽게 말하는 것이다. 쉽게 설명하려면 자세하게 말해야 한다. 빠뜨리는 것 없이, 최대한 상세히 한다는 생각으로 말하는 것이 쉽게 설명하는 길이다. 그러면서도 짧아야 한다. 그러면 설명의 기본은 충족된다.

쉬운 설명을 위해 가장 흔하게 동원하는 것은 비유, 예시, 열거다. 비유, 예시, 열거는 아는 것을 통해 모르는 것을 알려주는 방법이다. 비교와 대조도 마찬가지다. 사례를 들어서 말하는 것도 방법이다. 여기에는 두 가지 방법이 있다. 설명하려는 대상을 먼저 말한 다음 그것을 이해시키기 위해 여러 예를 들 수 있고, 여러 사례를 먼저 말한 후 이를 일반화하는 것으로 설명할 수도 있다. 추상은 설명의 최대 적이다. 공중전 잘하는 걸 자랑하지 마시라. 말은 땅에 딛고 말해야 알아먹는다. 제발 고매한 척 마시라. 우회적으로 모호하게 말하면 못 알아먹는다.

나는 주로 분석과 분류를 많이 활용한다. 세 가지 특징을 밝히거나, 다섯 가지 방법을 제시하는 식으로 설명한다. 잘 묶어주거나 잘 나눠주면 알기 쉬운 설명이 된다.

묘사도 주된 설명 방법이다. 본대로, 들은 대로, 있는 그대로 말하는 묘사는 설명 중에서도 서술에 가깝다. "예쁘다"고 얘기하지 않고 "코가 어떻게 생겼고 눈이 어떻게 생겼다"고 말하는 것이다. 고등학교 영어책에서 이런 구절을 본 적 있지 않나. "달이 빛난다고 말하지 말고 깨진 유리 조각에 반짝이는 한 줄기 빛을 보여줘라." 안톤 체호프Anton Chekhov의 말이다. 설명하지 말고 묘사해주라는 말이다. 진상이나 경위를 말하는 것, 새로운 흐름에 대한 조사 결과를 말하는 것, 그러니까 사실을 말하는 것은 모두 묘사에 가깝다. 잘 묘사하면 좋은 설명이다.

설명하는 사람 위주가 아니라 설명 듣는 사람 중심으로 말하는 것도 중요하다. 식당에 찾아갈 때 주인에게 전화해서 길을 물어보는 경우가 있다. 그럴 때 알기 쉽게 설명해주는 사람이 있는가 하면 그렇지 못한 경우도 있다. 그 차이는 설명을 듣는 사람 위주로 말하느냐 그렇지 않은가에 달려 있다. 자기가 아는 지형지물을 대면서, 거기서 조금만 쭉 올라오라고 하는 식으로 설명하면 찾아가기 어렵다. 지금 눈앞에 보이는 게 뭔지 물어보고 거기서 몇 미터 더 올라오라는 식으로 설명해줘야 한다.

조직에서 상사와 구성원 간 소통을 잘 하는 길은 둘 중 하나다. 상사가 알아먹게 설명을 잘하거나, 상사는 개똥같이 설명해도 부하 직원이 똥인지 된장인지 알아먹는 경우다. 그런데 후자는 아니지 않은가.

설명은 듣는 사람에게는 책임이 없다. 무조건 말하는 사람이 문제다. 듣는 사람이 빠릿빠릿하게 이해하면 설명을 잘하는 것이고, 더듬거리면 못하는 것이다.

“너는 왜 그렇게 말귀를 못 알아듣느냐?”

“개떡같이 말해도 찰떡같이 알아먹어라.”

이런 설명이야말로 개떡 같은 소리다. 그러면 ‘갑질’하는 ‘꼰대’가 된다.

당신은 설명을 잘하는가. 설명을 통해 잘 알아먹게 알려주는 사람인가. 그렇지 않다면, 당신은 좋은 상사가 아니다. 아무리 뛰어난 성과를 내고 있어도 말이다. 일 잘하는 구성원일 뿐이다. 윗사람 말을 잘 알아먹는 눈치 빠른 실무자에 불과하다. 내가 그렇게 조직생활을 했다.

상사는 혼자 일하지 않는다

직원과 함께 글 쓰는 여섯 가지 방법

상사는 혼자 글을 쓰지 않는다. 아래 직원과 함께 쓴다. 함께 쓰는 방법은 여섯 가지가 있다.

아래 직원의 글 고쳐주기

첫 번째 방법은 글을 고쳐주는 것으로, 아래 직원과 함께 글을 쓰고 상사로서 역할을 한다. 글을 고쳐주는 상사도 급수가 있다. 고수는 윗사람의 뜻을 잘 헤아려 고쳐주는 상사다. 중수는 본인 실력이 있어 잘 고쳐주는 상사다. 잘 쓰라고 쪼기만 하는 상사는 하수다.

글은 읽는 사람과 함께 만들어내는 합작품이다. 그러므로 평가를 피할 수 없다. 많은 경우 평가는 글쓰기에 약이 된다. 그렇다고 도움만 되는 것은 아니다.

직장에서 독이 되는 글쓰기 조언 두 가지가 있다. 그 하나는, 두루뭉술 과도하게 요구하는 조언이다. 구체적으로 말해주지 않고 '좋다, 나쁘다'만 얘기하거나 이해할 수 없는 선문답을 한다. '감동적으로 써달라', '격조 있게 써달라'고 요구하지만 무엇이 감동적이고, 어떻게 써야 격조 있는지는 알려주지 않는다. 무책임하다고밖에 할 수 없다. 그런 요구를 하는 사람은 자문해봐야 한다. 나는 그렇게 쓸 수 있나 하고.

다른 하나는, 비판 일색의 조언이다. 그래도 찾아보면 잘한 구석이 있을 텐데 비판 일변도다. 감정적이기까지 하다. 지적을 넘어 비난이라 할 정도다. 대개 이런 경우 안하무인이다. 마치 자기가 정답을 알고 있는 것처럼, 자신의 말이 진리인 것처럼 착각한다. 이런 경우 도움이 되기는커녕 의욕만 저하시킨다. 명백한 오류가 아닌 바에는 맞고 틀리고의 문제가 아닐 수 있다. 단지 다를 뿐이다.

그렇다면 아래 직원의 글은 어떻게 고쳐주어야 할까? 대학 시절 교직을 이수하며 교육심리학을 재밌게 공부했다. 카운슬링 대가인 미국 심리학자 칼 로저스Carl Rogers는 상담치료의 효과를 높이기 위해 상담자에게 세 가지가 필요하다고 했다. 첫째는 환자의 말에 공감하는 것이고, 둘째는 환자에 대해 긍정적 관심을 갖는 것이며, 셋째는 진정성 있게 환자를 대하는 것이다. 무엇보다 환자는 상담자의 진정성 여부에 큰 영향을 받는다. 진정성을 느끼지 않으면 상담 효과가 거의 없다.

상사가 아래 직원의 문서를 고쳐줄 때도 이 세 가지가 필요하다. 보고서 쓴 사람이 왜 그렇게 썼는지 먼저 생각한다(공감). 지적부터 하기보다는 우선 칭찬할 말을 찾는다(긍정적 관심). 부하 직원을 돕고, 부하 직원을 위하는 마음으로 고친다(진정성).

이는 직장에서뿐만 아니라 남의 글을 평가해야 하는 모든 경우에 해당한다.

구술해주기

둘째, 구술하는 방법이다. 글을 쓸 아래 직원을 앞에 불러놓고 말을 한다. 말을 들은 사람이 정리해서 글을 쓴다. 듣고 써줄 사람만 있으면 나쁘지 않은 방법이다. 이렇게 하면 내용을 정리할 수 있는 기회를 다섯 번 가질 수 있다. 우선 말하면서 정리한다. 그리고 들으면서 정리한다. 또한 들은 내용을 쓰면서 정리한다. 말한 사람이 쓴 내용을 읽으면서 정리한다. 정리한 내용을 쓰면서 다시 한번 더 정리한다. 굳이 글의 주인과 글쓴이가 일치할 필요는 없다. 글 쓸 시간이 없는 상사의 경우는 더욱이 그렇다. 말로 쓰면 된다. 자기 말을 받아 써줄 사람이 없으면 어떻게 하는가. 자기 혼자 하면 된다. 혼잣말을 하고 그 말을 정리해 쓰면 된다.

말을 하면 얻는 게 많다. ▲내가 할 말이 있는지 없는지 알 수 있다. ▲말을 하면 생각을 얻을 수 있다. 말하면 생각이 난다. ▲말을 하면 생각이 정리된다. 처음에는 얽혀 있던 실타래가 말하다 보면 가닥이 잡힌다. ▲말을 해보면 반응이 어떠한지 알 수 있다. 말하면서 내 말이 재밌는지 없는지, 의미가 있는지 없는지 알 수 있다. ▲말해보고 쓰면 훨씬 잘 읽히는 글이 나온다.

사람들은 글을 눈으로 보는 것 같지만 실제로는 귀로 듣는다. 자기 소리를 듣는다. 따라서 말해보고 쓰면 훨씬 잘 들리는 글이 된다. 앉아서 말하지 말고, 서서 말해보라. 서서 말하지 말고 걸으면서 말해보라. 혼자 걷지 말고 누군가와 함께 걸으며 말해보라.

역할 분담하기

셋째는 역할을 분담하는 방식이다. 대부분 조직이 그렇게 글을 쓰고 있다. 맡고 있는 분야가 다르고, 각자 그 분야에 관한 글을 쓴다. 장점은 전문성이다. 자기 분야를 깊게 팔 수 있고 이렇게 만들어진 부분들을 잘 결합하면 된다. 효율적이라 할 수 있다. 분업의 장점이다.

하지만 문제도 있다. 분야 간에 칸막이가 쳐져 있어 다른 분야를 모르게 된다. 서로에게 배울 기회도 없다. 자기 것을 공유할 필요도 없다. 서로의 장점이 어우러져 더 나은 결과를 만들어내지도 못한다.

경합하기

넷째, 경합 방식이다. 상사가 말한다. "너도 쓰고 너도 써봐. 더 좋은 것을 내 것으로 할 테니." 이 또한 조직에서 많이 쓰는 방법이다. 써야 할 일이 있을 때 각자 하나씩 써보라고 한다. 그리고 발표하라고 한다. 혹은 회의 때 돌아가면서 말해보라고 한다. 그 가운데 마음에 드는 것을 고르면 된다. 비교하고 평가만 하면 되는 상사 입장에서는 매력적이다.

하지만 글을 쓰는 사람은 괴롭다. 동료를 이겨야 한다는 마음의 짐이 생긴다. 게다가 잘하는 사람이 또 잘한다. 못하는 사람은 늘 못한다. 못하는 사람이 잘하는 사람에게 배울 기회도 없다. 따라서 역전의 기회가 없다. 의욕도 재미도 없다. 이런 경쟁에서는 공감력 있는 사람이 손해 본다. 남의 처지나 심정에 둔감할수록 유리하다.

토론하기

다섯째, 토론 방식이다. 함께 모여서 열띤 토론을 벌인다. 토론 내용을 한 사람이 정리한다. 이 방식이 성공하기 위한 조건이 있다. 우선 정리하는 사람을 잘 정해야 한다. 누구나 잘 정리할 수 있는 건 아니기 때문이다.

토론 분위기도 중요하다. 무슨 말이든 거침없이 할 수 있어야 한다. "그건 말이 안 된다", "틀렸다"와 같은 말이 나와선 안 된다. 그렇다고 "옳다", "좋다"는 말만 무성해서도 안 된다. 그야말로 어떤 말도 가능하고, 모든 말이 받아들여져야 한다.

또한 모든 사람이 참여해야 한다. 누구도 배재되어서는 안 되며 어떤 사람도 방관해선 안 된다. 자리에 앉아 있는 게 능사가 아니다. 발언해야 한다. 그것도 자기 일처럼 적극적으로 발언해야 한다.

바람직한 수순은 이렇다. 누군가 발언을 한다. 그뿐만 아니라 그에 관한 약점, 허점도 고백한다. 다른 사람이 또 다른 내용을 말한다. 그 말도 인정하고 받아들인다. 이 사람 저 사람이 말한 내용을 놓고 갑론을박을 벌인다. 그런 결과로 결론을 도출한다.

어찌 보면 당연한 말 같다. 응당 그래야 한다고 생각한다. 그러나 현실은 그렇지 않다. 우선 자기 발언을 못 하거나 안 한다. 남들이 해주길 기대하며 자신은 슬쩍 빠지려 한다. 발언하는 경우도 두 가지 점에서 아쉽다. 발언하는 내용을 잘 전달하지 못하거나, 잘 전달하는 경우 자기만 옳다고 생각한다. 한마디로 자신이 없거나 자신이 넘친다. 남의 말을 들을 때도 문제가 많다. 무엇보다 남의 말을 인정하려 하지 않는다. 다양성을 존중하지 않는다. 배제하고 공격하려고 한다. 이기려고만 한다. 남의 말의 단점만 찾으려 할 뿐 장점을 받아들이지 않는다. 결과적으로 결론이 나지 않는다. 시간만 낭비할 뿐 토론한 의미가 없다.

대표 집필 후 함께 고치기

여섯째, 한 사람이 대표 집필한 후 함께 고치는 방식이다. 구성원 중 한 사람에게 집필을 맡긴다. 물론 대표 집필은 돌아가면서 한다. 대표 집필이 완료되면 모인다. 집필한 사람이 한 문단씩 읽고 다른 사람들이 의견을 낸다. 의견은 "좋다", "나쁘다" 같은 인상평을 하면 안 된다. 보태거나 빼거나 고치기 가운데 하나를 구체적인 대안까지 내놓으며 해야 한다. 집단으로 퇴고하는 것이다. 구성원 모두는 퇴고하기 위해 꼼꼼하게 읽고 모인다. 어떤 사람이 자기 원고에 의견을 내면 처음에는 불편하다. 의견을 내는 사람도 마찬가지다. 하지만 그 의견이 도움이 되고 자기 원고를 좋게 만들면 고맙다는 생각이 든다. 그래서 자기도 다른 사람 원고에 의견을 내주고 싶다. 이런 과정이 상승작용을 일으킨다.

물론 처음에는 반발과 부작용도 있다. 글을 원래 잘 쓰는 사람은 일을 두 번 해야 한다. 자기 글만 쓰면 될 것을 남의 글까지 봐줘야 하기 때문에 불만이 있다. 하루에 몇 번씩 모이는 게 번거롭고, 자기 글을 쓰는 데 방해가 된다는 볼멘소리도 나온다. 글을 못 쓰는 사람도 마찬가지다. '왜 여러 사람 앞에서 망신을 주느냐'고 불만이다. 여기에 상사의 역할이 필요하다. 모든 일은 처음에는 저항이 있기 마련이다. 변화는 불편하고 부담스럽기 때문이다. 누구나 하던 대로 하는 게 편하다. 그러한 때 이 방식에 대한 확신을 갖고 구성원들을 설득하면서 흔들림

없이 밀고 나가야 한다. 자신부터 초안을 쓰고 솔선수범해야 한다.

이렇게 함께 쓰면 얻는 게 한둘이 아니다. 첫째, 서로 다른 생각이 융합돼 새로운 생각을 만들어낸다. 둘째, 서로에게 배운다. 셋째, 서로 대화하며 쓰기 때문에 토론, 코칭, 문제 해결 역량을 키운다. 넷째. 서로 돕는 공동체가 된다.

3부

소통으로 형통하라

상사 심리와 말과 글, 소통의 상관관계

'행복'이라는 유토피아를 향한 긴 여정

대화가 보고서를 앞선다

누구나 이상향을 꿈꾼다. 유토피아를 향한 꿈이다. 유토피아utopia는 그리스어로 어디에도 없는 땅이라는 뜻이다. 하지만 실현 불가능하다는 의미는 아니다. 아직 존재하지 않을 뿐이다. 바로 여기에 우리의 희망이 있다.

토머스 모어Thomas More의 《유토피아》를 처음 읽은 건 대학교 1학년 때로, 정치학개론 수업의 리포트 숙제를 하기 위해서였다. 과제 제목은 '이상국가의 조건'. 이후 줄곧 유토피아를 꿈꿨다. 어디에도 없지만 누구나 꿈꾸는, 그 유토피아를 현실에서 실현할 수 있다고 믿었다.

대학을 졸업하고 증권회사에 입사해서 나는 '유토피아'를 보았다. 회사 업무용 차량 기사 대기실. 바로 그곳에 유토피아가 있었다. 순번에 따라 자기 차례가 되면 운전을 한다. 거기엔 계급이 없다. 누구의 눈치도 보지 않는다. 모두가 공평하게 일한다. 유일한 스트레스라면 배차 운행 거리에 따라 희비가 엇갈리는 정도였다.

직장생활을 10년 정도 한 시점부터는 내가 '유토피아'를 만들고자 했다. 청와대에서 일할 때다. 일, 정보, 돈, 감정 네 가지를 공유했다. 비서관도 부서원과 똑같이 일하고, 비서관이 알고 있는 정보는 부서원에게 투명하게 공개했다. 비서관에게 지급되는 업무용 법인카드 역시 모든 부서원이 공유했다. 여기에 추가해서 연설문 작성을 공동으로 했다. 담당자가 초안을 작성하면 모두가 둘러앉아 고치는 작업을 했다. 일종의 집단 창작 방식이었다. 대통령께 칭찬을 들으면 함께 기뻐했다. 혼이 나더라도 모두가 자기 책임이라 생각했다. 혼나지 않기 위해, 혹은 칭찬받기 위해 치열하게 경쟁하는 방식에서 벗어나니 모두가 행복했다.

무엇보다 부서원 간의 관계가 좋았다. 허심탄회하게 속마음까지 소통했다. 어떤 얘기를 해도 고깝게 듣지 않았다. 자기 글에 대해 혹평을 해도, 오히려 그것을 고맙게 생각했다. 내 글을 좀 더 다듬어주고 싶은 마음, 그 진심을 알기 때문이다. 고마우니까 자기도 남의 글을 더 열심히 봐준다. 혹여 글로 애먹고 있는 동료가 있으면 조용히 다가가서 도와준다. 어차피 그것도 자기 일이고, 같이 모여서 고생하느니 그러기 전에 고쳐주자는 것이다.

'유토피아'를 만드는 소통은 어떻게 해야 하나

이심전심을 중시하는 한국적 정서에 길이 있다. 소통은 합리성의 추구만으로 되지 않는다. 서구의 합리성은 소통의 기초는 될지언정 소통을 완성해주진 못한다. 모든 것을 글로 남기고, 정식 면담을 통해 해결하는 방식으로는 관계가 끈끈해지기 어렵다. 냉랭하고 거리감이 있다. 그런 점에서 미국식을 따라 할 필요는 없다. 말하지 않아도 통하는 한국인 특유의 '정情' 문화에서 답을 찾아야 한다.

계약 관계 말고 그 이상의 무엇, 다시 말해 문서나 매뉴얼, 데이터베이스로 되어 있는 '형식지形式知, Explicit Knowledge'의 한계를 뛰어넘어, 구성원의 머리와 가슴속에 있는 '암묵지暗默知, Tacit Knowledge'를 활용할 필요가 있다. 시간을 따져가며 근로계약서대로 일하는 서구식이 더 합리적일지는 모르지만, 일의 결과에는 상사를 도와주고 싶은 마음, 회사에 기여하고 싶은 마음이 더 큰 영향을 미친다. 상사와의 관계, 회사와의 관계가 중요한 것이다.

글 못 쓰는 '효자'가 되자

출세한 자식이 부모님께 더 잘할까, 어렵게 사는 자식이 부모님께 더 잘할까? 성공한 자식이 여건을 갖췄으니까 좀 더 효도해야 맞다. 그러나 실제로는 그렇지 않은 경우가 많다. 출세하기 바빠서 부모님 찾아뵙는 걸 소홀히 한다. '못난 나무가 산을 지킨다'고 집에서 놀고 있는 자식이 부모님 봉양하고 효도한다. 드라마에만 나오는 얘기가 아니다. 직장에서의 글쓰기도 그렇다. 글을 잘 쓰는 직원은 그것을 믿고 관계를 소홀히 한다. 반면에 글솜씨가 부족하다고 생각하는 직원은 '관계라도 좋아야지' 하는 생각에 위아래 직원과의 사이가 두루 좋다. 그런데 이런 사람의 보고서가 글 잘 쓰는 사람의 보고서보다 채택될 확률이 높다. 회사 입장에서도 글 잘 쓰는 '불효자'보다는 글 못 쓰는 '효자'가 낫다.

내가 아는 어느 부서장은 유능했다. 기획력과 보고서 작성 능력이 뛰어났다. 그런데 직장생활은 고달팠다. 원인이 무엇인가. 인간관계가 문제였다. 글 잘 쓰고 똑똑하기는 한데, 정이 안 가는 스타일. 그러니까 위아래로 좋은 관계를 맺지 못한 데 그 이유가 있었다. 그렇다. 회사 안에서 이루어지는 글쓰기, 즉 각종 문서 작성은 그림자에 불과하다. 실체에 해당하는 것은 '관계'다. 관계가 어떠냐에 따라 보고서는 물론 그 사람에 대한 평가가 달라진다. 그런데 이러한 관계는 글이 아니라 글 외적인 것에 더 큰 영향을 받는다. 바로 '소통'이다.

보고서를 쓰기까지의 과정은 말로써 이루어진다. 글이 아니다. 상사에게 내민 보고서 내용보다, 보고서가 만들어지기까지 상사와 주고받은 대화가 중요하다. 수신자와 발신자 사이에 흐르는 내용, 즉 텍스트도 중요하지만, 회로를 잘 연결하는 것, 즉 배경과 맥락이 되는 콘텍스트가 더 중요하다. 글쓰기도 중요하지만 그 저변이 되는 관계, 그리고 그것을 만드는 소통이 더 먼저다. 소통으로 좋은 관계를 만들어가는 것이 글쓰기 자체보다 더 근본적이다.

사실 세상사가 다 그렇다. 언론사 기자들을 보라. 글을 써서 먹고사는 직업이지만, 글솜씨가 기자의 핵심 경쟁력은 아니다. 취재력과 취재원 관리가 먼저다. 결국 소통 역량이 중요하다. 경제만 해도 그렇다. 정치, 사회 분위기, 외교안보 등 제반 환경들이 좋아져야 경제가 좋아진다. 오히려 이런 환경이 더 중요하다.

회사가 국가 시책에 부응하기 위해 출산 수당을 지급하겠다고 한다. 그런데 과연 수당을 지급한다고 아이를 낳을까? 아니다. 안심하고 키울 수 있는 환경이 만들어져야 한다. 그래야 애를 낳고 저출산 문제가 해결된다. 회사에서 글쓰기는 '출산 수당'과 같은 것이다. '안심하고 키울 수 있는 환경'이 관계다. 그리고 그런 환경을 만들어주는 게 소통이다. 소통을 잘하면 좋은 관계가 만들어지고, 좋은 관계에서는 눈빛과 말 한마디가 장문의 보고서를 대신할 수 있다. 이런 관계에서는 글솜씨가 문제 되지 않는다. 굳이 글을 잘 쓸 필요도 없다. 하물며 글의 기교가 어디에 필요하겠는가.

글쓰기의 스트레스가 없고, 글이 필요 없고, 마침내 말도 필요 없는 경지. 궁극의 소통이 이루어지는 바로 그 지점이 직장 유토피아다. 나는 이런 유토피아를 꿈꾼다.

소통으로 관계를 닦고 조이고 기름칠하자. 회사 안에 자신의 유토피아를 건설하자.

직장에서 행복하려면

소통이 중요해진 세 가지 이유

소통, 소통, 모두가 소통을 말한다. 그만큼 소통이 중요해졌다. 이유는 세 가지다.

첫째, 융합적인 사고가 필요해졌다. 과거 1970~1980년대 노동자들은 땀 흘려 열심히 일했다. 그 결과는 괄목할 만한 경제성장으로 이어졌다. 1990~2000년대에는 기업인들도 잘했다. 선진 기업 쫓기에 여념이 없었다. 하지만 이제는 쫓을 대상이 없다. 정신없이 뛰다 보니 어느덧 우리가 맨 앞줄에 서 있게 되었다. 선구자는 외롭다. 이제부터는 길을 만들면서 가야 한다. 앞서 가기를 잘해야 한다. 뭔가 창의적인 것을 만들어야 한다. 대화하고 토론하고 서로의 생각을 합해서 새로운 생각을 해야 한다. 그러기 위해 소통이 중요해졌다.

둘째, 연대가 필요하다. 과거 우리 기업은 경쟁의 장에서 성공해왔다. 경쟁에 관한 한 세계 1등으로 잘했다. 지금 우리 경제는 경쟁에서 지지 않으려는 기업인들의 열정과 노고의 산물이다. 그러나 이제 경쟁만 잘해서는 안 된다. 경쟁 일변도의 방식이 한계에 부딪혔다. 경쟁에서 뒤처진 사람들과 함께 가지 않으면 더 이상 앞서 갈 수 없는 시대가 되었다. 경쟁과 함께 연대가 필요해진 것이다.

경쟁만 할 때에는 소통이 중요하지 않았다. 불편하고 거추장스런 것이었다. 상명하복으로 앞만 보고 달려가면 됐다. 승자독식이다. 주변 사람은 그저 배제와 타도의 대상일 뿐이다. 그러나 지금은 연대를 해야 한다. 연대하려면 옆도 보고 뒤도 돌아봐야 한다. 당연히 소통이 중요해졌다.

셋째, 설득을 위해 소통이 필요하다. 1987년 노동자 대투쟁 이후 일방적인 지시와 통제가 더 이상 통하지 않게 되었다. 타협하지 않으면 한 발자국도 나아가지 못하게 된 것이다. 그 결과 형식적이나마 대화와 타협의 시대가 열렸다. 지금은 어떤가. 여기서 한 걸음 더 나아간 상태다. 실질적인 대화가 이뤄져야 한다. 마음을 움직이지 않으면 행동하지 않는 세대가 등장했다. 그들을 설득하려면 소통해야 한다.

소통은 직장에서 공기와 같다

소통이 되지 않으면 답답하다. 그런 회사는 공기부터 다르다. 숨이 턱턱 막힌다. 출근하기도 싫다. 누군가 “소통을 어떻게 해야 하느냐?”고 물으면 나는 이렇게 대답한다.

"그것은 '경영을 어떻게 해야 하느냐'와 같은 질문이다. 그만큼 광범위하다. 직원들의 행복 여부도 여기에 달려 있다. 소통이 잘되는 직장에는 휴일에도 나오고 싶다. 적어도 월요병은 없다."

고속도로와 축구 경기장의 소통

꽉 막힌 고속도로에 차가 서 있다면 어떤가. 답답하다. 30분이 세 시간 같다. 그런데 누군가 몇 미터 앞에 무슨 사고가 나서 지금 막히고 있고, 몇 분 후에 교통사고 처리가 완료되어 통행이 원활해질 것이라고 소상하게 알려주면 어떻겠는가? 똑같이 기다려도 지루하지 않다. 편안한 마음으로 기다릴 수 있다. 소통은 그런 것이다.

차범근 감독이 축구경기를 해설할 때 가장 많이 하는 말이 있다. "어려운 때일수록 선수끼리 대화해야 합니다. 서로 말을 건네서 격려하고 발을 맞춰야 합니다." 그렇다. 이게 바로 소통이다.

직장은 언제나 꽉 막힌 고속도로와 같다. 치열한 경기가 벌어지는 운동장이다. 그럴수록 소통을 통해 뚫어줘야 한다. 힘을 북돋워줘야 한다. 소통만 잘해도 실패하지 않는다. 직장에서도 행복할 수 있다.

소통을 위해서는 리액션이 최고다

대화를 죽이는 3적, 살리는 3덕

소통의 기본 방식은 대화다. 대화를 잘하는 것만으로도 원활한 소통이 가능하다. 오래전 교민들께 글쓰기 강의하러 미국에 갔다. 영어를 못하는 내 귀에도 자주 들린 말이 있다. "배리 굿", "리얼리?", "원더풀", "그레이트", "판타스틱". 뭐가 그리 놀라운지 리액션 최고다. 가식이 아니다. 몸에 배어 있다. 자동발사다. 말하는 사람은 신이 난다.

우리 대화에는 경탄이 없다. 상대의 말을 이해하기에 앞서 분석한다. 한편으로는 긍정적인 분석을 한다. 저렇게 말하는 배경, 맥락, 취지, 의도는 무엇일까? 동시에 부정적 분석도 한다. 속셈, 꿍꿍이, 본심을 파헤친다. 텍스트뿐 아니라 콘텍스트를 파악하는 역량이 세계 최고다. 액면 그대로 받아들이지 않는다. 호락호락하지 않다. 우리 국민 누구나 정치평론가, 교육·

부동산 전문가다. 한마디로 똑똑하다. 속아 산 세월이 길어서인지 남을 잘 믿지 않는다. 말을 듣는 척하면서 머리를 굴린다. 그런 결과로 감정이입과 역지사지가 되지 않는다. 상대의 심정, 마음을 읽지 못한다. 상대방의 처지, 입장, 상황을 알지 못한다. 공감은 감정이입과 역지사지에서 비롯된다는 점에서 안타까운 대목이다.

소통을 잘하기 위해 물리쳐야 할 세 가지 적

소통의 기본인 대화와 토론이 살아나기 위해서는 3적敵을 물리쳐야 한다.

첫 번째 적은 '틀렸다'는 소리다. 늘 누구는 맞고 누구는 틀린다. 사람들은 틀렸다는 소리를 들을까봐 정답만 찾는다. 정답을 빨리 찾는 사람이 대접받는다. 그런데 생각해보자. 정답은 과거의 것이다. 새로운 미래를 열어주지 못한다. 세상에 틀린 건 없다. 어떤 일도 일어날 수 있다. 과거에 틀린 게 지금은 맞다. 지금 맞는 게 내일은 틀릴 수 있다. 지금까지 맞았던 것과 다른 것이 새로운 것이다. 맞는 것만 좇으면 과거에 머물 수밖에 없다.

두 번째 적은 다른 것을 인정하지 않는 것이다. 다양성 존중? 턱도 없다. "우리가 남이가?" 단일성을 강조한다. 다르면 왕따 되기 십상이다. 그러다 보니 안전하게 묻어가려고 한다. 심지어 밥 먹으러 갈 때도 먹고 싶은 것을 얘기하지 않는다. 집단적으로 추종하고 다른 의견에 동조한다. 내가 의견을 냈는데, 부하 직원이 반론을 제기하거나 토를 달면 분통을 터트린다. "너, 내게 감정 있냐? 나한테 왜 그래? 왜 사사건건 시비를 걸어? 한번 해보자는 거야?" 다름을 견딜 수 없다. 다르면 적이다. 공존의 상대가 아니다. 대화가 될 턱이 없다. 융합과 통섭의 시대에 동종교배는 공멸이다. 다른 것이 섞일 때 새로운 것이 나온다.

소통을 가로막는 세 번째 적은 공유마인드 결여다. "내가 어떻게 얻은 지식, 경험, 정보인데, 날로 먹으려 들어? 미쳤어, 나눠주게." 나눠줌으로써 더 큰 파이로 키우겠다는 생각보다는 나눠주면 경쟁에서 불리해진다는 생각이 팽배하다. 경쟁 일변도 조직 분위기가 초래한 결과다. 상대도 알고 깨달음으로써 상태가 나아졌으면 하는 간절한 마음이 없다. 그렇게 했을 때 상대도 내게 줄 것이라는, 그래서 모두에게 이익이라는 믿음이 없다.

소통을 살리는 세 가지 미덕

회사에서 대화는 일처리의 원동력이요 윤활유다. 원활한 소통을 위해 대화 매너를 지키는 일이야말로 조직의 효율과 구성원의 행복감을 높이는 길이다. 대화를 살리는 세 가지 미덕이 있다.

무엇보다 간결하게 말해야 한다. 말의 거품을 걷어내고 자신의 말 점유율을 줄인다. 주도하고 관철하려 하지 않는다. 그러기 위해 두 가지가 필요하다. 그 하나는 경청이다. 다른 하나는 대화 목적에 충실한 것이다. 칭찬, 꾸중, 거절, 사과, 지시, 보고, 설명, 설득, 타협, 부탁, 친목 등 목적에 맞게 말한다. 지금 왜 대화하고 있는지 초점을 잃지 말자. 회사에서의 대화 시간은 모두 돈이다.

비유와 예시가 필요하다. 쉽게 말하기 위해서 특히 그렇다. 정확한 말을 하기 위해서도 두 가지가 필요하다. 사실과 논리다. 사실은 통계, 인물, 역사, 이론이다. 이런 사실이 풍성하고 오류가 없어야 한다. 또한 논리적으로 타당해야 한다. 논리는 근거와 인과관계다. 그렇게 말하는 이유와 근거가 분명하고, 말의 앞뒤가 사리에 맞아 상대방이 고개를 끄덕이게 해야 한다.

어투와 말씨에도 신경 쓰자. 대화하면서 과도하게 불만, 험담, 분노를 표출하는 것은 자승자박이다. 당장은 반응이 나쁘지 않지만 뒤에서는 욕한다. 또한, "불가능하다"와 같은 부정적인 말도 삼가는 게 좋다. "~같다", "~라고 보인다" 등 자신 없고 무책임한 말투 역시 믿음을 주지 못한다. 몸짓과 표정에서도 열정과 확신이 읽혀야 한다.

소통을 위해 상사가 할 일

원활한 회사 내 소통을 위해 상사와 조직도 할 일이 있다. 잘 들어줘야 한다. 그래야 말하고 쓸 수 있다. 잘 들어준다는 건 다섯 가지를 해주는 것이다.

첫째, 말할 용기와 분위기를 만들어준다.

둘째, 그 말을 다듬고 보완해준다.

셋째, 말한 일을 할 수 있는 기회를 준다.

넷째, 잘 됐을 때 공을 나눠준다.

다섯째, 잘 되지 못했을 때 책임을 져준다.

나는 이런 상사와 조직을 만났을 때 마음껏 말했다. 힘든 줄 모르고 즐거운 직장생활을 했다. 성과도 가장 좋았다.

소통, 소리만 들어도 지겹다

소통 무용론이 득세하는 까닭

'소통피로증후군'이라고 해야 하나? 소통의 부작용만 두드러지게 강조된다. 소통 활성화에 대한 저항이 만만치 않다. 이런 현상의 원인은 무엇일까?

무엇보다 소통 아닌 게 없기 때문이다. 소통의 사전적 의미는 '뜻이 서로 통하여 오해가 없음'이다. 그러나 소통을 단지 오해가 없는 것으로 본다면 '소통'이란 말 자체가 소통이 안 되고 있는 것이다. 회사에서 상하 직급 간 소통, 부서원 간 소통, 부서 간 소통, 보고와 지시, 회의, 문서, 개인적인 대화 등 이 모두가 소통이다. 정보가 막히지 않고 잘 유통되는 것도 소통이다. 소통 아닌 것이 없다. 회사생활 전체가 소통이다. 그러니 무슨 문제가 생기면 전부 "소통이 안 돼서 그렇다"고 얘기한다. 그러다 보니 역설적으로 소통 무용론이 등장한다. "소통, 소통 떠들어봐야 해결되는 게 없지 않느냐?"고 말하는 것이 그것이다.

소통 과잉도 문제다. 우리 회사는 소통이 너무 과도해서 문제라는 인식이다. 소통을 강조하다 보니 부정적인 의견만 많이 드러난다고 볼멘소리를 한다. 맞다. 소통을 강조하고 소통의 장을 많이 만들다 보면 말하고 글을 쓰는 기회가 많아진다. 이런 자리에서는 부정적인 의견을 말하는 사람의 목소리가 크다. 직원들도 그런 목소리에 귀를 더 기울인다. 회사에 대해 긍정적인 생각을 갖고 있는 직원은 이런저런 소리에 별 관심이 없다. 자기 일 하기에 바쁘다. 그러다 보니 회사의 부정적인 면만 침소봉대되어서 드러난다.

급기야 소통 무용론이 터져 나온다. "경영은 전쟁이다. 이 사람 저 사람 말 다 듣고 어떻게 전쟁을 치르나?" "왜 직원들이 회사 경영에 대해 작은 것까지 알아야 하나?" "뭐가 불투명하다는 건가?" "이렇게 어려운 때에는 밀어붙여야 한다. 소통한다고 매번 들추고 흔들어서야 변화무쌍한 시대에 어떻게 살아남을 수 있겠는가." "소통 얘기를 않던 시대에도 회사는 잘 돌아갔다."

소통 문제를 풀어야 할 위치에 있는 사람은 답답할 게 없다. "우리 회사 소통 잘되고 있잖아. 뭐가 문제야!"라고 얘기한다. 이런 생각을 하는 부류는 직급이 높은 분들이다. 발언권은 세지만, 소통 부족으로 인해 느끼는 아쉬움은 없다. 그러나 정작 소통이 필요한 사람들은 답답하다는 소리조차 못한다. 하위 직급의 사람이 여기에 해당한다. 술자리에서 떠들지만 들어주는 사람이 없다. 회의 자리에서 공식적으로 제기하면 부정적인 직원이라고 찍힌다. 그래서 조용히 있다가 회사를 나간다.

윗사람일수록 소통 기술이 부족하다. 제대로 배운 적이 없다. 아래 직원도 마찬가지다. 면담할 때, 무슨 문제가 있는지 물어보는 상사도 어색하고, 자신의 문제를 표현하는 부하 직원도 쭈뼛거린다. 술자리에나 가야 술술 말이 통한다. 외국 기업에서는 맨 정신에 이런 대화를 많이 하는데, 우리는 그런 훈련이 잘되어 있지 않다. "무슨 문제 있어?"라고 묻고, "아니요"라고 대답하는 경우가 80~90%다.

비판하거나 비판당하는 데도 익숙하지 않다. 문서를 놓고 이런저런 문제점을 지적하는 과정도 감정적으로 흐르는 경우가 많다. 지적하는 상사는 비판이 아니라 비난을 하고, 보고서를 쓴 부하 직원은 개선하려는 마음은 없고 입만 나온다.

소통을 강조하지 않는 게 직원들도 편할지 모른다. 어설프게 소통하는 것보다는 차라리 옛날처럼 '까라는 대로 까는' 것이 편하다. 시키는 대로 하는 것이 맘 편할 수 있다. 다른 생각 안 하니까 불만도 없고 오히려 행복하다. 소통하는 것 자체가 스트레스다. 그냥 일사불란하게 가자.

이렇게 소통 무용론을 주장하는 목소리는 거세다. 한마디로 요약하자면 이런 얘기다. 나도 소통이 잘되는 것이 좋다. 중요한 것도 안다. 그러나 소통을 시도하다가 그게 잘 안 돼서 혼란스러운 것보다는 소통 없이 일사불란한 것이 낫다. 최악보다는 차선을 선택하는 게 맞다.

과연 그럴까. '아이젠하워 법칙'이란 게 있다. 긴급하고 중요한 일은 가장 먼저, 긴급하지만 중요하지 않은 일은 위임, 긴급하지도 중요하지도 않은 일은 폐기, 긴급하지 않지만 중요한 일에는 리더가 가장 많은 시간을 할애해야 한다는 것이다. 소통이 바로 그런 일이다.

단합대회에서 맛보는 소통의 극치

소통 수준의 3단계

직장은 행복한 일터가 되어야 한다. 그리고 그것은 가능하다. 구성원 상호 간에 완벽한 신뢰관계를 구축하면 된다. '라포rapport', 즉 '무슨 말이라도 털어놓고 할 수 있고, 말한 것이 충분히 이해되는 관계'를 만들면 된다. 마음과 마음이 주고받는 '이심전심 상태'가 되면 가능하다. 행복한 직장은 결코 환상이 아니다.

청와대를 나와 새로 일하게 된 회사에서 유토피아 실험을 하려고 마음먹었다. 첫 시도거리가 생각났다. 회장이 참석하는 임원 워크숍 자리에서다. 거사(?) 계획은 이러했다. 회장이 자주 쓰는 말을 골라 그 뜻을 설명한다. 임원들을 '깰 때' 사용하는 욕에 가까운 것들을 일부러 골랐다. 회장이 어떤 상황에서 이런 말을 쓰는지, 그런 말을 할 때 회장의 심리 상태는 무엇인지 재미있는 그림과 함께 보여준다. 예를 들어 개똥 그림을 보여주며 회장이 어떤 상황에서 무슨 뜻으로 '개똥이다'라고 하는지 설명하는 식이다. 원활한 소통을 가장해 회장과 임원과의 관계를 허물없이 만들고 싶었다. 라포 상태로 가기 위한 첫걸음은 서로 친해지는 것이다.

물론 사전에 공개하지 않았다. 회장도 워크숍 자리에서 이 내용을 처음 봤다. 50여 명의 임원들은 저런 말을 해도 괜찮은지 어리둥절한 표정이었다. 뒤에 앉은 회장의 눈치를 힐끗힐끗 봤다. 사장들은 노골적으로 못마땅해 했다. "저렇게 회장을 희화화하다니. 분위기 험악해지게 생겼구먼." 경직된 반응에 발표하던 나도 적잖이 당황했다. 이때 회장이 웃었다. 그 이후 분위기가 180도 바뀌었다. 하나하나 발표할 때마다 임원들이 환호하고 공감했다. "맞아, 맞아!" 회장과 함께 박장대소했다.

쇼펜하우어는 이렇게 말했다. "모든 진리는 3단계를 거친다. 처음엔 조롱당하고, 둘째 단계에서는 반대에 부딪히며, 결국은 자명한 것으로 인정받는다."

소통이 그렇다. 처음 입안 단계에서는 "뜬구름 잡는 소리 한다"고 조롱받는다. 말장난하지 말라며 비웃는다. 그러다가 실행 단계에 들어서면 여러 반대에 부닥친다. 소통을 위한 정보 공개를 거부한다. 자기 생각과 다른 목소리가 나오는 게 불편하다. 효율에 배치된다며 소통 제도의 폐지를 주장한다. 대개

이 단계에서 회사는 소통을 접는다. 자명한 것으로 받아들여지는 3단계에는 가보지도 못한다.

회사의 소통 수준에도 대략 3단계가 있다.

소통 문제가 심각한 단계 회장이나 사장이 이 자리 저 자리에서 아무리 부르짖어도 사원, 대리들을 만나보면 그 내용을 모른다. 도리어 왜 얘기를 안 해주느냐며 불만이다. 그런데 공식적인 회의 자리에서는 침묵이 감돈다. 술자리에서는 헐뜯기, 뒷담화가 성행한다. 조직 안에 소문, 핑계, 거짓말이 무성하다. 유언비어도 돈다. 커뮤니케이션 통로 자체가 없거나 막혀 있는 경우다.

소통이 그럭저럭 되는 단계 윗선이 요즘 무슨 생각을 하고 무슨 말을 하고 다니는지 대강은 안다. 하지만 받아들이는 것은 제각각이다. 다시 말해, 같은 말을 해도 서로 다르게 이해한다. 그래서 각기 딴소리를 하고, 따로 논다. 중요한 사안이라 할지라도 민감한 내용에 대해서는 함구하는 게 상책이라고 생각한다. 커뮤니케이션 통로는 만들어져 있지만 그것을 활용하는 빈도가 낮거나 효과적으로 쓰이지 않는다.

소통이 화끈하게 되는 단계 이런 광경을 상상해보라. 회사 단합대회 마지막 날 밤에 술 한잔씩들 하고 어깨동무하면서 우리 한번 잘해보자고 '으쌰으쌰' 하는 광경 말이다. 이 광경 안에서는 서로에 대한 배려가 넘쳐난다. 조직의 일원이라는 것이 자랑스럽다. 무엇이든 해낼 것 같은 자신감과 무언가를 해봐야겠다는 의욕이 샘솟는다. 미래에 대한 희망이 무지개처럼 피어오른다.

아마도 이런 경험을 한두 번씩은 해봤을 것이다. 이런 경험이 술 먹지 않은 맨 정신에, 1년에 한두 번이 아니라 매일매일 일상적으로 일어난다면 그야말로 소통의 최고 단계가 아닐까? 그렇다면 이런 조직은 어떻게 해야 만들어지는가. 또 그 구체적인 모습은 어떠한가.

소통이 잘되는 조직의 특징

소통이 잘되는 조직의 특징은 무엇인가. 한마디로 답답하지 않은 조직이다. 회사에 출근할 때 가슴이 답답한가? 일요일 저녁만 되면 마음이 무거운가? 그렇다면 내가 속한 조직에 문제가 있는 것이다. 당신의 문제가 아니다. 회사마다 문화라는 게 있다. 부서에도 분위기라는 게 있다. 어느 조직에 가면 구성원의 표정이 밝고 활기차다. 그런가 하면 먹구름만 잔뜩 머금은 듯 무겁고 우중충한 조직도 있다.

이런 차이는 어디에서 오는가. 나는 정보의 문제라고 생각한다. 이때 정보는 지식, 경험, 자료, 아는 사실 모두를 포함한다. 이런 정보가 얼마나 투명하게 공개되는가? 정보가 활발하게 유통되는가? 정보가 차별 없이 공유되는가? 이것이 핵심이다.

기업 조직에서 정보는 공기와 같다. 회사원은 정보로 숨을 쉰다. 정보를 바탕으로 판단하고 보고하고 회의하고 보고서를 쓰고 메일을 작성한다. 또한 정보는 물과 같다. 정보로부터 소외된 사람은 물 밖으로 밀려난 물고기와 같다. 정보의 '정' 자는 한자 '마음 정情'을 쓴다. 회사원은 정보에서 단지 지식이나 자료만 얻지 않는다. 정을 느낀다. 정보가 부족하면 갈증을 느낀다. 정에 굶주린다.

소통이 잘되는 조직의 첫 번째 특징은 정보가 투명하게 공개된다. 쉬쉬하지 않는다. 구성원들이 공개적이고 공식적인 통로를 통해 정보를 얻으며 회사 사정에 고루 밝다. 나는 신입사원 시절 상사를 잘 만났다. 그분은 부서장회의에서 들은 얘기를 가감 없이 얘기해줬다. 내가 동기 모임에 가서 느낀 게 있다. "그게 그런 거였어?", "그래서 그렇게 하고 있는 거야?" 그들은 의외로 모르고 있다는 사실이다. 다 알고 있는 나는 부서장급 신입사원이었다. 반대로 소통이 안 되는 조직에서는 윗사람만 잘 안다. 술자리에서만 정보가 활발하게 오간다. 아랫사람들은 술자리에서 퍼즐을 꿰맞추기한다. 그러나 대부분 비공식, 유비통신이다.

정보를 가장 많이 알아야 할 사람은 말단 직원이다. 그가 문서 초안을 작성한다. 문서는 말단 직원에서 시작해 위로 올라가면서 상사-부하 간 소통을 통해 수정된다. 이때 기초가 되는 것이 정보다. 상사는 자신이 가진 정보를 토대로 지적하고 수정한다. 말단 직원이 가장 많은 정보를 가진 조직을 상상해보라. 말단은 신이 나서 작성한다. 상사는 '지적질'할 게 없다. 부하와 상사 간에 얼굴 붉힐 일도 없다. 조직이 효율적으로 돌아간다. 보고서 질도 당연히 좋다.

소통이 잘되는 조직의 두 번째 특징은 정보의 활발한 유통이다. 정보는 화폐와 같다. 유통되면서 부가가치를 생산한다. 고여 있는 정보는 정보로서 가치를 잃는다. 보고, 회의, 토론, 회식, 사보 등을 통해 정보가 돌아다녀야 한다. 정보 교환에도 단계가 있다. 1단계는 '느낌'을 말하는 것이다. 2단계는 '사실'을 언급하는 것이다. 3단계는 '분석'하는 것이다. 4단계는 '평가'하고 비판하는 것이다. 마지막 5단계는 '해법' 도출이다. 회사에 어떤 문제가 생겼을 때, '큰일 나는 것 아냐?'(느낌), '뭐가 문제야?'(사실), '왜 일어난 거야?'(분석), '어디에 문제가 있는 거야?'(평가), '어떻게 해야 돼?'(해법 도출) 이런 과정이 자유롭고 개방적인 분위기에서 제대로 이뤄져야 올바른 해법을 찾을 수 있다.

소통하는 가장 큰 이유는 문제를 해결하기 위한 것이다. 또한 문제를 예방하기 위한 것이다. 그러기 위해서는 정보 유통이 기탄없이 이루어져야 한다. '합죽이가 됩시다. 합!'이 아니라, 적극적으로 문제 제기하고, 겸허하게 경청하고, 날카롭게 비판하고, 구체적인 결론을 내고, 건설적인 해법을 찾아야 한다. 미국 경영학자 피터 드러커 말대로 기업 안에서 일어나는 문제의 60% 정도는 잘못된 소통에서 비롯된다.

소통이 잘되는 조직의 세 번째 특징은 정보의 공유다. 구성원이 정보로부터 소외되지 않는 것을 넘어, 정보의 의미와 배경과 맥락을 동일하게 이해하는 것이다. 겉으로 드러나는 사실뿐만 아니라 그 안에 담긴 의미와 배경과 맥락에 관해 공감대를 이루는 것이다. 그렇지 않으면 알기는 아는데 각기 딴소리를 하고 따로 논다. 같은 말을 해도 서로 다르게 이해한다. '제품'이란 말에 관해 개발조직은 '제품다운' 제품에 방점을 찍어 생각하고, 영업조직은 '팔 수 있는' 제품에 강조점을 두며, 관리조직은 '수익을 많이 내는' 제품을 떠올린다.

소통이 잘되는 조직의 네 번째 특징은 정보로 정을 나눈다. 이런 조직의 구성원은 서로에 대해 관심이 많다. 또 서로를 잘 파악하고 있다. 이를 바탕으로 정서적 공감대를 형성해나간다. 서로의 입장을 이해하고 어려움에 대해서도 깊이 공감한다. 나아가 일과 시간도 공유한다. 내가 이만큼 남을 위해서 하면 남도 나에게 뭔가를 해줄 것이라는 믿음으로 서로를 돕는다. 이로써 신뢰의 공동체를 이룬다. 무슨 말이라도 털어놓고 할 수 있고, 어떤 말을 해도 서로 이해하고, 말을 안 해도 이심전심으로 통하는 관계, 즉 라포 상태가 된다.

청와대에서 일할 때 대통령이 나를 찾으면 우리 방 행정관들이 내 자리로 모여들었다. "대통령께서 이런 걸 물으시면 이렇게 답하세요." 혹여 내가 실수할까봐, 대통령께 꾸중 들을까

염려해서다. 자신과 조직을 동일시하고 부서를 하나의 공동체로 인식하고 있는 것이다. 이런 조직에서 일하는 사람은 위나 아래나 행복하다.

그러나 실제 우리 직장의 모습은 어떤가. "내가 양보하면 나만 손해 보고 마는 거 아냐? 내가 잘못을 인정하면 나만 바보 되고 끝나는 것 아니야? 나만 열심히 하면 뭐해, 다른 사람들은 그렇지 않은데…. 우리 부서가 저 부서를 위해 이런 노력을 한들 그들이 과연 알아줄까?" 이런 생각을 하는 사람들이 아마도 많을 것이다.

나는 이런 현상의 원인이 '소통'하지 않고 조직을 '관리'하려 한 데서 기인한다고 생각한다. '관리'로는 관리되지 않는다. 소통을 통해 사람 간에 신뢰가 있는 조직을 만들어야 한다.

소통에 관한 상사의 치명적인 착각

이해와 실행은 다른 이야기

오늘 회의에서도 상사가 엄청 '깼다'. 정교한 논리와 적절한 사례, 감성(?)을 자극하는 고성과 육두문자, 그리고 현란한 제스처까지. 본인이 말하면서도 놀라는 눈치다. 내 안에 이렇게 훌륭한 생각들이 어디 숨어 있었지? 오늘따라 왜 이렇게 '말빨'이 붙는 거야. 흐뭇하다. 속이 다 후련하다. 직원들도 열심히 받아 적는다. 연신 고개를 끄덕이며 감탄 연발이다.

과연 직원들은 상사의 말에 감복했을까? 머리를 끄덕이고 감동 어린 눈동자로 쳐다봤으니 공감했을 것이다? 천만의 말씀이다. 반감만 쌓였다. 오늘 또 한 번의 푸닥거리를 무사히 넘겼다고 안도하는 정도랄까.

상사는 직원들의 표정을 지배할 수는 있지만 생각마저 지배할 수는 없다. 혹여 생각을 지배했다 하더라도 마음까지 지배

할 수 있어야 진정한 승복이 가능하다. 소통은 말하는 사람이 아니라 듣는 사람이 받아들임으로써 비로소 완성된다. 요즘 유행하는 '갑을 관계'로 말하자면 이렇다. 의사 결정이나 통상의 업무 처리에서는 상사가 '갑'이고, 부하 직원이 '을'이다. 그러나 말과 글을 통해 부하 직원들을 설득해야 하는 상황에서는 부하 직원이 '갑'이고 상사는 철저하게 '을'이다. 상사의 말에 설득당할 것인가, 말 것인가의 결정권은 듣는 사람에게 있으니 말이다.

상사는 왜 말을 하고 글을 쓰는가? 부하 직원들을 감동시키기 위해서? 논쟁에서 이기기 위해서? 아니다. 움직이게 하기 위해서다. 무엇을 움직이는가? 부하 직원들의 마음을 움직여 실행하게 하는 것, 이것이 상사가 말을 하고 글을 쓰는 본질적인 이유다.

런던의 애덤스미스연구소장 매슨 피리Madsen Pirie가 쓴 《미시정치》에 이런 말이 나온다. "사상ideology에서 이겼다고 사건event까지 이기는 것은 아니다."

설득을 위해 알아야 할 것

경영은 사건이다. 사상이 아니다. 그럼 부하 직원을 설득하기 위해서는 어떻게 해야 할까?

상대방을 존중해야 한다. 부하 직원들은 같잖은 상대가 아니다. 굴복의 대상이 아니다. 대화의 상대다. 항복하게 만들어선 안 된다. 설사 제압했다고 한들 너덜너덜하고 의기소침해진 직원을 어디에 쓸 것인가.

나도 설득당할 수 있다는 것을 전제해야 한다. 설득당하는 것은 지는 것이 아니다. 힘 있는 자만이 누릴 수 있는 여유이자 진정한 용기다. 나는 어떤 경우에도 설득당하지 않고, 상대방만 설득하겠다는 것은 아집이다. 내가 옳고 너는 틀렸을 것이라는 판단을 깔고 얘기해서는 아무것도 얻어내지 못한다. 오히려 내가 최대한 설득당해봐야겠다는 자세로 임해야 한다.

가장 중요한 것은 인간적 신뢰다. 같은 말도 누가 하느냐에 따라 달라진다. 평소 존경심이라고는 털끝만큼도 들지 않는 상사가 아무리 '지당하신 말씀'으로 설득한들 그것이 귀에 들어오던가. 속만 부글부글 끓지 않던가. 아리스토텔레스도 "설득을 위해서는 에토스Ethos(인간적 신뢰), 파토스Pathos(정서적 호소), 로고스Logos(논리적 설명)가 필요한데, 그중에서 가장 중요한 것은 에토스다"라고 했다. 모든 사람이 내 맘 같지 않다. 상사이기 때문에 복종하는 척할 뿐일 수도 있다. 평소에 언행일치하고, 인격적으로 성숙한 사람이 되어야 한다. 설득의 기술이란 따로 없다.

동굴의 우상에서 벗어나라

한 사람이 깊고 어두운 동굴 안에 갇혀 있다. 쇠사슬에 꽁꽁 묶여 깜깜한 벽만 바라볼 수 있다. 등 뒤에 켜진 촛불은 벽에 자신의 그림자를 보여준다. 하지만 그는 그것이 그림자라는 사실조차 모른다. 그것이 실제 자신이라고 생각하며 산다.

회사라는 조직, 특히 그 안에서 최고 위치에 있는 회장에게 회사는 깊고 캄캄한 동굴과도 같다. 사방의 벽에 갇혀 있는 존재다. 그나마 주변 몇몇 사람의 입을 통해 자신을 본다. 하지만 그렇게 보는 자신은 자신이 아니다. 허망한 그림자에 불과하다.

거꾸로 타서 좋은 건 보일러만이 아니다

조직 효율을 좌우하는 하의상달

“직원들의 이중성이 문제야. ‘자율, 자율’ 하면서도 위에서 결정해주길 바라지. ‘소통, 소통’ 하면서도 먼저 얘기할 생각은 안 해. 자기들 의견이 없어서 위에서 결정하면 또 소외시켰다고 아우성이지. 도대체 어찌 하라는 것인지.”

상사가 불만을 토로한다. 모처럼 대리, 과장급 의견 좀 들어보려고 했더니 묵묵부답이라는 것이다. “아직 익숙하지 않아서 그런 거겠지요” 하고 거들었지만, 문제는 문제다. 뒤에서 말하고 속으로 삭히는 일은 잘한다. 그런데 앞에서 말하는 건 불편하다. 더 문제는 목소리를 내고 싶어도 할 말이 없다. 말하기 연습, 생각하는 훈련이 되어 있지 않기 때문이다. 상사가 기세등등하게 묻는다.

“프러포즈는 꼭 남자만 해야 하나?”

"아니요. 어느 쪽이나 가능하지요."

"그럼 남녀 중에 누가 프러포즈를 했을 때 성공 확률이 높을까?"

"남자 아닌가요?"

"틀렸어. 여자가 프러포즈하는 게 성사 확률이 높아."

이유는 이렇단다. 여성은 호감을 느끼지 않는 남성에게 프러포즈를 받으면 쉽게 받아들이지 못한다. 속담과 달리, 열 번 찍어도 잘 넘어가지 않는 게 여자의 마음이다. 그러나 남자는 다르다. 처음에는 관심이 없다가도 여자가 끈질기게 접근하면 넘어갈 확률이 높다. 적어도 여성에 비해서는 그렇다. 그럼에도 남자가 프러포즈해야 하는 것으로 되어 있다.

상사도 상의하달의 시대는 지났다고 생각한다. 여자가 프러포즈해야 성사 가능성이 더 커지듯, 하의상달이 잘돼야 일의 효율이 높아진다는 데 공감하고 있다.

위에서 아래로 말을 많이 하면 그것은 잔소리가 된다. 거꾸로 아래 직원이 얘기를 꺼냈을 때는 어떤 상황이 벌어질까? 윗사람은 반론을 제기한다. 아랫사람은 못하지만 윗사람은 가능하다. 그래서 갑론을박이 이뤄진다. 솔직하고 허심탄회한 대화가 되는 것이다. 최소한의 예의만 지킨다면 그야말로 훨씬 효과적인 소통이 이뤄진다.

코칭도 마찬가지다. 코칭은 위에서 아래에 내리는 하사품과 같은 게 아니다. 세상일을 배우고 깨우침을 얻는 데에는 위아래가 없다. 얼마든지 아래에서 위를 코칭할 수도 있고, 그 효과가 더 클 수도 있다.

부모와 자식 간을 생각해보라. 초등학교 다니는 자녀가 아버지를 향해 정중하게 쓴소리를 할 때, 그것을 가볍게 넘길 부모가 어디 있겠는가. 또한 부모로서 얼마나 대견하고 기분 좋겠는가. 그리고 그런 말을 들어주는 부모님을 보며 그 아들딸은 얼마나 뿌듯하겠는가.

아랫사람들이 입을 닫은 조직은 희망이 없다. 그러나 하의상달의 문화는 하루아침에 만들어지지 않는다. 필요하다는 공감대는 있지만 행동이 따라주지 않는다. 경청이 조직 문화로 뿌리내리지 못하고 있다. 직원들의 커뮤니케이션 기술 교육도 필요하다. 무엇보다 대안을 만들어내는 역량과 비판적 사고 능력을 키우는 게 시급하다.

물은 위에서 아래로 흐른다는 고정관념에서 벗어나자. 아래에서 위로 솟구치는 분수처럼 거꾸로 접근해보자. 거꾸로 타서 효율이 높은 건 보일러만이 아니다.

소통을 잘하려거든 이 마음을 버려라

욕심을 다스려 사람의 마음을 얻는 법

소통은 직장생활 내내 화두였다. 나는 스트레스에 매우 취약하다. 소통이 안 되는 조직에서는 불안하다. 직장생활을 지속하기 위해서는 소통 잘 되는 조직이 필요했다.

소통은 쉽지 않다. 왜 쉽지 않은가. 소통은 자기희생을 전제로 한다. 자신을 솔직하게 드러내야 하고, 힘들게 얻은 지식과 정보를 베풀어야 한다. 여기에 더해 상대를 배려하기까지 해야 한다. 생각의 무게중심을 내가 아닌 상대방으로 옮겨놓아야 하는 것이다.

나아가 소통은 헌신도 요구한다. 소통이 결실을 보려면 행동으로 옮겨져야 하고, 그러기 위해서는 누군가 헌신하고 희생해야 한다. 그렇지 않으면 매일 소통만 외치고 바뀌는 건 없다. 그래서 소통은 어렵다. 나부터여야 해서 그렇다. 그런 점에서 소통의 다른 말은 고통인지도 모른다.

소통은 말하기, 듣기, 읽기, 쓰기다. 나는 듣기, 읽기만 하면서 50년을 살았다. 남의 말을 잘 듣고 남의 생각을 잘 읽었다. 학교나 직장 다닐 적엔 그러면 됐다. 잘 읽고 잘 들어, 잘 맞춰주면 인정받았다. 소통의 절반, 읽기와 듣기만 잘하면 됐다.

2014년부터 말하고 쓰기 시작했다. 강의를 하고 방송을 한다. 내 글을 쓰고 내 책을 쓴다. 해보니까 잘한다. 강의도, 방송도 잘한다. 심지어 진행도 잘한다. 책도 잘 팔린다. 소통의 나머지 절반, 말하기와 쓰기도 잘한다.

사람은 네 부류로 나눌 수 있다. 첫 번째 부류는 읽기와 듣기에 능하지만, 말하기와 쓰기에 약한 사람, 두 번째는 말하기, 쓰기는 잘하지만 읽기와 듣기에 서툰 사람, 세 번째와 네 번째는 넷 다 못하거나 넷 다 잘하는 사람이다. 대부분은 첫 번째와 두 번째다. 나도 직장생활 내내 첫 번째 부류였다. 말귀가 밝고 눈치가 빨랐다. 지금 돌이켜 보니 찌질했다. 읽기, 듣기를 잘하는 것이 뭐 그리 자랑이라고.

두 번째 부류, 그러니까 말하기와 쓰기는 잘하지만 읽기와 듣기에 게으른 유형은 사실 성립하기 어렵다. 읽기와 듣기에 게으른 사람이 말하기, 쓰기를 잘할 수 없기 때문이다. 이 부류는 자기 스스로 말을 잘하고 글을 잘 쓴다고 생각한다. 착각하고 있는 것이다. 물론 지금 나는 읽기, 듣기, 말하기, 쓰기 네 가지를 모두 잘하는(?) 네 번째다. 나 같은 부류는 흔치 않다.

나처럼 10년 넘게 읽기, 듣기만 하면서 스피치라이터 생활을 한 사람은 많지 않다. 또한 나같이 10년도 안 되는 짧은 기간에 말하기와 쓰기에서 두각을 나타낸 사람도 많지 않다. 혜성처럼 나타났다고나 할까. 말하기와 쓰기에서 이룩한 나의 혁혁한 소통 성과는 태어날 때부터 타고난 것이 아니다. 말재주, 글재간을 타고나지 못했다. 노력으로 거둔 성과다. 그것도 가장 최신의 경험이다. 과거에 통했던 방식이 아니다. 지금 먹히는 소통 방법이다.

나는 왜 사람들이 똑똑한 사람처럼 보이려고 하는지 모르겠다. 왜 스스로 구덩이를 파고, 그 안에서 허우적거리는지 이해하지 못하겠다. 내가 아는 한 대부분의 사람은 완벽해 보이는 사람을 좋아하지 않는다. 완벽은 시샘의 대상이다. 질투만 불러올 뿐이다. 백해무익이다.

하지만 남의 밑에서 일할 때는 자신이 가진 것보다 더 가진 것처럼 보여야 한다. 왜냐하면 나를 부리는 사람은 내 역량보다 더 나은 결과물을 요구하기 때문이다. 예를 들어 내가 60점의 역량을 가지고 있다면 조직은 80점의 결과물을 요구한다. 그러면서 할 수 있냐고 묻는다. 할 수 있다고 하는 순간부터 나는 80점으로 보여야 한다. 내가 60점이라는 사실을 들키지 않기 위해 밤을 새워 일한다. 20점의 차이만큼 스트레스를 받는다. 하나의 일이 끝나면 또 그다음 일이 주어진다. 조직에서는 '더, 더, 더, 더!'를 요구한다. 역량이 80점에 이르면 100점의 결과물을, 100점에 이르면 120점을 기대한다. 이것의 무한반복이 직장생활이다. 기대치와 실제 역량과의 갭을 메우는 값이 월급이다. 이런 환경에 잘 적응하고 기대에 부응하면 일취월장한다.

욕심을 잘 다스리려면

나의 매력은 허점이 많다는 것이다. 내가 똑똑하다고 생각하는 사람은 거의 없다. 사람들은 내게서 '똑 소리' 나는 말을 기대하지 않는다. 나를 떠올리면 빙긋이 웃는다. 같잖게 여긴다. 그래서 편하게 말할 수 있다. 아니 편한 정도가 아니라 말을 즐길 수 있다.

기대치가 낮은 상태에서 말하는 일은 거리낌이 없다. 100점에서 시작하면 떨어질 일밖에 없지만, 바닥에서 출발하면 올라갈 일만 남는다. 못 따봤자 본전이요, 따는 만큼 이익이다. 나는 따야 한다는 부담이 없을 때 더 나은 결과를 얻는다.

나는 승승장구하지 않았다. 고교 입시에 떨어졌고 고등학교도 1년 꿇었다. 거기서 끝날 수 있었다. 이후는 덤이었다. 대우 다닐 때 사표를 두 번 냈다. 좋은 선배를 만나 대우가 문을 닫을 때까지 다닐 수 있었다. 그 이후 주어진 모든 건 기대하지 않은 선물이었다. 언제 끝나도 감사한 인생이다. 그렇게 생각할수록 행운이 꼬리에 꼬리를 물었다.

욕심이 없는 것은 아니다. 시시때때로 불끈불끈한다. 강의를 하고 방송에 나가 말을 잘하는 사람으로 보이고 싶다. 그럴 때마다 욕심과 싸운다. 싸울 때는 요령이 필요하다.

첫째, 욕심 부릴 틈을 주지 않는다. 방법은 말을 바로 시작하는 것이다. 특별한 걸 찾으려 하지 않고 평범한 말로 시작한다. 할까 말까 망설이면서 이리저리 머리를 굴릴수록 욕심은 더 커지고 더 두려워지기 때문이다. 일단 운을 떼버리는 것, 그러니까 말하기를 시작하는 게 욕심을 다스리는 첫 번째 방법이다.

둘째, 남들은 내 말에 그다지 관심 없다는 사실을 상기한다. 그건 실제로도 그렇다. 적어도 사람들은 내가 생각하는 것만큼 관심이 없다. 설사 관심이 있다손 쳐도 사람마다 자신만의 표현방식이 있고, 그것들 사이에는 우열이 있을 수 없다. 나는 내 방식대로 말하면 된다.

모든 말을 잘할 필요도 없다. 누구는 우스갯소릴 잘하고 누구는 논리적으로 주장을 잘 펼치고, 누구는 감성적인 말을 잘한다. 또 누구는 비판적인 말을, 또 누구는 해학적인 말을 잘한다. 지적으로 해박한 사람도 있고, 정곡을 잘 찌르는 사람도 있는가 하면, 설명을 잘하는 사람, 이야기를 잘하는 사람도 있다. 이 모든 말을 잘할 순 없다. 이 가운데 자신에게 맞고, 자신 있는 말 중심으로 하면 된다.

셋째, 이번 기회가 다가 아니라고 생각한다. 다 보여주려고 하지 않고 그중 몇 가지만 보여주겠다고 생각한다. 이번이 아니더라도 보여줄 기회는 얼마든지 있으니까. 보여줄 만큼만 보여주고 못 다 보여준 건 다음 기회에 보여주자고 마음먹는다. 무엇보다 지금 말할 수 있다는 게 얼마나 다행인가. 몸이 건강하니, 살아 있으니 가능한 일 아닌가. 더 이상 무엇을 더 욕심 낸단 말인가. 사람은 누구나 자기가 가진 것보다 더 가진 것처럼 보이고 싶어 한다. 자기 실력보다 더 실력 있는 사람처럼 보이고 싶은 욕심이 있다. 하지만 그건 욕심일 뿐 현실이 될 수 없다. 시험을 잘보고 싶다고 해서 잘 볼 순 없는 것 아닌가. 공부한 만큼 볼 수밖에 없다. 좋은 점수를 받고 싶으면 공부를 열심히 해서 다음 시험을 잘 볼 생각을 해야 한다. 지금은 내 실력만큼 말하고 더 노력해서 다음에 말을 잘하려고 해야 한다.

욕심을 버리는 것만이 능사는 아니다. 욕심은 욕심대로 부리되 그에 맞춰 자기 수준을 높이면 된다. 말을 잘하기 위해 많이 읽고 쓰고 듣는 걸 게을리 하지 않으면, 어느새 내 수준이 올라가고, 결국 욕심이었던 게 더 이상 욕심이 아니게 된다. 이렇게 자신을 갈고닦는 것도 욕심을 이기는 방법이다. 나는 강의할 때마다 이전 강의까지 하지 않았던, 새로운 말을 한마디라도 추가하려고 한다. 그래서 강의 때마다 그 한마디만큼 성장한다. 욕심을 성장의 동력으로 활용한다.

누구나 인생의 무대에서 주인공을 꿈꾼다. 그러나 살다 보면 알게 된다. 누구나 주인공이 될 수 없다는 사실, 그저 주인공의 등장에 환호하고 박수를 보내는 것으로 만족해야 한다는 엄연한 사실을 깨닫게 된다.

나도 처음부터 조연이나 단역이 목표는 아니었다. 그런데 방송에 나가 말해보니까 주인공보다는 조연이나 감초 역할이 제격이다. 2인자나 넘버3로서 한마디씩 거드는 역할을 잘한다. 방송이나 토론을 진행하는 역할은 내 몸에 맞지 않는 옷처럼 거북하다. 간혹 진행을 하더라도 그 자리의 주인공을 빛내주는 역할이 내게 맞다.

살아온 이력 자체가 그렇다. 나는 지금까지 리더 역할을 해본 적이 없다. 누군가의 무엇이었지, 내가 누구로서 살지 못했다. 내가 하고 싶은 말보다는 상대가 듣고 싶어 하는 말을 찾아서 하려고 했다. 할 수 없는 일도 '할 수 있다'고 했고, 하기 싫어도 '하기 싫다'고 하지 않았다. 비겁과 비굴 사이를 오갔다. 그럼으로써 누군가의 인정과 사랑을 구걸했다.

주인공이 되는 걸 포기하거나 양보하면 그때부터 소통이 수월해진다. 대화 자리나 회의, 토론하는 시간에 스스로 조연 역할을 자임해보라. 학교 다닐 적 부회장이나 부반장이 느끼는 편안함을 누릴 수 있다. 말은 부담감을 느끼지 않을 때 더 잘 된다. 운이 좋으면 주연보다 더 빛이 날 수도 있다.

완벽하고 싶은 마음, 주역이고 싶은 마음을 버리자. 이를 한꺼번에 해결하는 방법이 있다. 잘 듣는 것이다. 이청득심以聽得心, 귀를 기울임으로써 사람의 마음을 얻는 것이다.

존경받는 상사가 되고 싶으세요?

믿고 따르는 상사가 되는 네 가지 방법

"부자가 천국에 가는 것은 낙타가 바늘구멍에 들어가는 것보다 힘들다." 성경 말씀이다.

상사가 존경받는 것도 이와 같다. 그만큼 어렵다. 존경받고 있다고 착각할 뿐이다. 존경하고 안 하고는 직원들 마음이다. 왈가왈부 못 한다. 불감청不敢請이나 고소원固所願이다.

답은 멀리 있지 않다. 네 가지만 잘하면 된다. 그 핵심은 자기를 중심에 두지 않는 것이다. 내가 잘하려고 하지 않고 상대방이 잘하도록 도와주는 것이다. 내가 빛나지 않고 상대방이 돋보이도록 배려하는 것이다. 내가 모셔본 상사 중에 그런 분이 있다.

잘 듣는다

그냥 듣는 게 아니고 관심을 갖고 듣는다. 호기심 어린 눈빛으로 귀를 기울인다. 상사가 들어주는 게 고맙다. 존중받고 있다는 느낌이 든다. 힘든 줄 모르고 얘기한다. 상사는 정보도 얻고 돌아가는 상황도 알고 수지맞는 장사다. 그런데 대부분 상사들이 이것을 안 한다.

토니 험프리스Tony Humphreys는 《심리학으로 경영하라》에서 다음 중에 하나라도 해당하는 게 있으면 경청에 실패하고 있다고 충고한다. 대화하면서 자기 머릿속에 떠오른 생각에 관심을 기울이거나, 자꾸 자기 이야기를 꺼내거나, 섣불리 판단하고 조언하려고 하거나, 도덕적 잣대를 들이대는 것 등이다.

경청에도 급수가 있다. 단지 듣기만 하는 소극적 경청, 눈빛으로 호응하고 추임새까지 넣는 적극적 경청, 상대의 마음까지 읽으며 듣는 공감적 경청. 상사는 고개를 끄덕이고, 도중에 내가 한 말을 정리하고, 메모까지 하면서 듣는다. 그저 들어주는 것만으로도 점수를 딴다. 내가 다섯 번 얘기할 때 한 번 얘기하니 힘도 들지 않는다. 힘들이지 않고 자기편으로 만든다. 이건희 회장은 "말하는 데 3년, 말 듣는 데 60년이 걸렸다"고 했다. 예순이 넘어서야 제대로 듣기 시작했다는 말일 것이다. 그만큼 경청은 어렵다.

묻는다

몰라서 묻는 게 아니다. 확인하려고 묻는 것도 아니다. 자기 자신에게 묻듯이 질문한다. 너에게 관심 있다, 너를 믿는다, 너와 나는 뜻을 같이하는 동지라는 분위기로 묻는다. 그런 기분이 들게 만든다. 자연스럽게 반감은 줄어들고 호감은 늘어난다. 질문을 받으면 나도 모르게 쥐어짜게 된다. 현명한 답을 해야겠다는 책임감을 느낀다. 없던 아이디어도 튀어나온다.

결론은 상사 뜻대로 된다. 하지만 내 의견이 반영됐다고 생각한다. 실행 과정에서도 시켜서 하는 일이 아니다. 지시받았다는 생각이 안 든다. 자발적으로 하는 일이다. 상사 일이 아니고 내 일이 된다. 그래서 유능한 상사는 부하가 보고할 때 귀로 듣지 않고 입으로 묻는다고 하지 않던가.

모르면 질문하지 못한다. 질문 안에는 이미 답이 있다. 결정 권한을 상대에게 넘겨줄 뿐이다. 답을 잘하는 것보다 질문을 잘하는 게 훨씬 어렵다. 그래서 그런지 대부분 상사들은 잘 묻지 않는다. 물어도 '예', '아니오'로 답해야 하는 질문만 한다.

칭찬한다

더 빡세게 일을 시키려는 의도는 없다. 인기 관리 차원은 더더욱 아니다. 칭찬하면 방심하고 나태해질 것이라는 걱정도 안 한다. 칭찬받는 사람이 아니라 칭찬하는 본인 스스로 기분이 좋아서 한다. 습관처럼 한다. 그러나 의례적이진 않다. 구체적으로 한다. 공개적으로 한다. 기대 이상으로 과분하게 한다. 가끔은 당사자가 없는 자리에서 한다. 칭찬받는 데 기분 나쁠 이유가 없다. 일단 상사가 나를 싫어하지 않는다는 사실에 안도한다. 뭔가 보답을 해야 할 것 같은 마음이 든다. 의욕이 샘솟는다. 모든 회사원은 칭찬하는 상사를 위해서 일한다.

상사도 칭찬받고 싶다. 하지만 칭찬도 일종의 평가이기 때문에 아랫사람은 윗사람 칭찬하기를 주저한다. 그렇지 않다. 윗사람들이야말로 칭찬에 목말라 있다. 칭찬은 상사도 춤추게 한다. 칭찬을 어떻게 할 것인가 고민할 것도 없다. 진심에서 나온 것이면 좌고우면하지 말고 표현해라. 최대한 세게 해라. 어린아이같이 좋아할 것이다. 단 여러 사람 앞에서는 하지 마라. 상사에게는 환심을 사겠지만 여러 사람을 적으로 만들 수 있다.

피드백한다

받았으면 돌려줘야 한다. 보고하고 나면 이제나저제나 반응을 기다린다. 좋은 얘기건 나쁜 얘기건 빠른 반응이 좋다. 신중하게 생각해서 신속하게 반응해준다. 반응도 사안에 따라 여러 방식으로 해준다. 전화로, 이메일로, 직접 불러서, 혹은 저녁 술자리에서. 고민한 흔적이 역력하다. 이런 세심한 배려가 고맙다. 어떤 얘기를 해도 지적질로 들리지 않는다. 가르치려고 들지 않는데도 배우게 된다. 좋은 결과를 만들기 위해 서로 조율하는 과정이라는 생각이 든다.

일을 가지고 대화하는 게 피드백이다. 그러므로 사람에 대한 언급은 최대한 자제하고 일과 관련해서만 말하는 게 좋다. 피드백을 기회로 설교하는 상사는 진상이다. 하지만 아무리 부정적인 피드백이라도 없는 것보다는 낫다. 피드백이 없으면 벽을 상대로 일하는 느낌이 들게 마련이다. 가장 좋은 것은 허심탄회한 반응이다. "몰라서 할 말이 없다"는 솔직한 피드백을 받으면 뭉클하다.

피드백이야말로 아무나 하는 게 아니다. 부지런해야 한다. 실력도 있어야 한다. 지적하는 열정도 필요하다. 무엇보다 진심으로 부하 직원을 아끼는 마음이 있어야 좋은 피드백을 할 수 있다.

예수님이 바로 그러했다. 어려운 사람에게 관심을 보였다. 그들의 언어로 질문했다. 사랑으로 답했다. 자신을 투명하게 내보였다. 비유를 들어 설명했다. 이야기로 말했다. 말한 대로 실천했다.

"이런 내게 불통 소리가 가당키나 해?"

기업 조직의 불통 원인

기업에서 불통 원인으로 가장 먼저 꼽는 것이 수직적 의사소통 구조다. 이런 구조에서는 다른 의견을 말하기가 어렵다. '아니다'라고 말하는 것도 거북하다. 소통의 필수 조건인 개방, 공감, 참여, 다양성은 수평적 관계에서 더욱더 잘 작동한다. 따라서 불통의 원인인 위계의 수직 질서에 균열을 내야 한다. 그 대신 수평적 파트너십, 수평적 네트워크와 협력 문화를 강화해야 한다. 여기까지가 교과서에 나오는 '공자님 말씀'이다. 불통 요인은 기업의 수직적 구조 말고도 더 있다.

소통을 말과 글로 한정한다

말이나 글이 흐르는 것만 소통으로 보면 불통 문제를 해결하지 못한다. 불통의 결정적인 원인은 다른 데 있다. 느낌, 기분, 감정의 흐름이 막히는 것이다. 어느 부서에 가보면 말은 무성한데 분위기는 답답하다. 반대로 말없이 조용한 부서가 분위기는 활기찬 경우도 있다. 부서장과 부서원 혹은 부서원 간 관계가 좋으면 말이 없어도 소통이 잘되고, 사이가 나쁘면 말이 많아도 불통이 된다. A 부서와 B 부서 사이에 감정이 상해 있으면 그것도 소통의 문제다. 갑이라는 팀장과 을이라는 팀원 간에 서로 미워하고 불신하는 문제를 푸는 방법도 소통을 잘하는 것이다. 이처럼 저변에 흐르는 기류를 바꿔주는 게 불통 문제를 해결하는 길이다.

갈등을 회피한다

칡〔葛〕과 등나무〔藤〕가 뒤엉켜 자라는 것처럼, 우리도 '갈등'하며 산다. 사람이 모여 사는 곳에서 갈등은 피할 수 없다. 그런데 피하고 싶다. 여기서 불통이 생긴다. 갈등을 만들지 않으려고 소통하지 않고, 보이는 갈등을 외면하려고 불통을 자처한다.

A, B 부서 간에 갈등이 있다고 치자. 그것을 해결하려면 소통이 필요하다. 그런데 오히려 그 반대로 불통을 선택한다. 갈등을 드러내는 게 불편해서다. 이 상황을 알고 있는 상사도 마찬가지다. 그것을 입 밖에 내는 순간 자기도 갈등에 휘말린다는 걸 안다. 상사는 우아하게 살고 싶다. '지들끼리' 잘 해결했으면 한다. "이 문제 좀 해결해달라"고 상사를 찾아오는 사람

이 있다면 눈치 없는 것이다. 실은 그 사람이 소통을 시도하고 있는 것인데도 말이다.

유연성이 없다

상사는 스스로를 철학이 있는 사람이라고 생각한다. 소신이 있고, 원칙을 지킨다는 게 그 이유다. 유혹에 자주 흔들리지만, 들키지 않으려고 극도로 조심한다. 그래서 굳센 신념의 소유자로 보인다. 이런 카리스마 있는 상사를 존경하는 직원도 많다. 문제는 소통이다. 원칙 고수와 소신에 대한 집착은 한편으론 멋있지만, 다른 한편으로는 꽉 막혀 있다. 즉 고집불통이란 얘기다.

상사는 자기 생각을 직원들에게 알리는 것으로 소임을 다했다고 생각한다. "이런 나에게 불통 상사란 소리가 가당키나 하느냐"고 호통 친다. 자신이 불통이라는 것을 인정하지 않는 게 불통의 가장 확실한 증거인데도 말이다. 소통은 입장 표명에 그치지 않고 다른 의견을 수용하는 유연성까지를 포함한다. 진정한 카리스마는 자신이 아니라 직원에게서 나온다.

일방통행이 아니라 상호작용이어야 한다. 그렇지 않으면 권위적인 게 된다. 아집과 오만이 된다. 나만 옳고 나 아니면 안 된다는 것이 아니라, 나와 다른 것을 존중할 줄 알아야 진정한 소통이다. 처음부터 답이 있는 게 아니라 함께 만들어가는 것이라며 자기 생각을 융통성 있게 바꿔가는 게 소통이다. 그렇지 않으면 '철학'을 가진 상사, 입 닫은 직원, 불통 조직의 악순환은 계속된다.

소통 성과에 매달린다

소통 활성화가 조직의 효율성 증대로 이어지려면 소통이 일정 수준에 도달해야 한다. 그 수준에 이르기까지는 소통의 장점보다 단점이 더 크게 부각된다. 소통 활성화에 들어가는 노력보다 그로 인해 얻는 이익이 적은 것이다. 많은 리더들이 이 대목에서 '소통 피로감'을 느낀다. 이 과도기를 넘어서지 못하고 핵심 어젠다에서 소통을 제외시킨다.

소통 성과가 나타나려면 시간이 필요하다. 인내심을 갖고 꾸준히 노력해야 한다. 구성원들의 소통 역량을 믿고 기다려야 한다. 그래서 소통이 어렵다.

조직 내 불통을 해결하는 법

나는 조직 내 불통의 해법을 세 가지에서 찾는다. 그 세 가지는 경청, 질문, 토론이다.

첫째, 경청이다. 나는 말귀가 밝다. 개떡같이 말해도 찰떡같이 알아듣는다. 그 말의 배경, 취지, 목적을 헤아리며 듣는다. 말귀만 밝은 게 아니었다. 누군가의 말을 들으면 반박하고 토를 달기보다는 그 말대로 해주기 위해 노력했다. 한마디로 '말을 잘 듣는 사람'이었다. 그러다 보니 직장생활을 잘할 수 있었고, 마침내 회장과 대통령의 말과 글을 쓰고 다듬는 일까지 하게 됐다.

잘 듣는다는 의미는 무엇일까. 먼저, 잘 듣는다는 건 말하는 사람의 감정까지 잘 받아준다는 뜻이다. 모든 말에는 감정이 묻어 있다. 그 감정을 받아주지 않고, "너는 말하는 태도가 왜 그래?" 하거나, "말본새가 왜 그 모양이야?" 하고 시비를 걸면 말하기 어렵고, 결국 잘 듣지 못하는 결과를 초래한다.

또 하나, 잘 듣는다는 의미는 말하는 사람을 존중해준다는 것이다. 자신의 생각과 다르거나 마음에 들지 않더라도 "나름 일리가 있네", "그렇게 생각할 수도 있지" 하며 인정해준다. "아니야, 됐어", "난 그렇게 생각 안 해", "듣기 싫어", "무슨 그런 쓸데없는 소릴 하고 있어?" 하면서 묵살하거나 무시하지 않는 것이다.

나아가 아래 직원의 말을 들은 상사가 그 말의 빈틈을 채워주고 완성도를 높여줌으로써, 그 말대로 했을 때 성사 가능성과 성공 확률을 높여주는 듣기여야 한다.

과연 우리 조직은 이런 문화가 얼마나 뿌리내리고 있다고 생각하는가. 그런 분위기가 만들어진 회사나 공무원 조직은 아래에서 위로 의견이 활발하게 개진된다. 그렇지 않은 조직에서는 위에서 아래로만 말이 흐른다. 또한 공적인 말보다는 비공식적인 말이 횡행하고, 앞에서 하는 말보다는 뒤에서 수군대는 말의 비중이 크다. 공식회의 시간에는 말하지 않고 쉬는 시간에 담배 피우면서, 저녁 동료들과의 술자리에서 본격적으로 말한다. 이런 말하기는 생산적이지도 않을뿐더러 진정한 소통이라 하기 어렵다.

둘째, 질문이다. 대화는 질문을 통해 이어진다. 묻고 답하는 과정이 대화이기 때문이다. 대화가 이어지려면 상대의 말에 대해 의문을 가지고 반문할 수 있어야 한다. 시비를 건다고 생각할까봐 질문을 주저하면 대화는 끊어진다. 그런데 이런 우려는 기우가 아닌 경우가 많다. 반문을 하면 "지금 내 말에 토 다는 거야?", "그래, 내 말 못 믿겠다 이거지?"라는 반응을 보이는 경우가 종종 있기 때문이다. 또한 긴가민가한 내용은 질문을 통해 명확하게 짚고 넘어갈 필요가 있다. 그런데 그런 질문에 대해 "내 말이 이상해? 그렇게 어려워?"라고 할까봐 두루뭉술하게 넘어가면 오해가 생긴다.

왜 우리는 질문하지 않을까? 여러 이유가 있을 것이다. 학교 교과과정이 질문 중심으로 짜여 있지 않은 것도 원인일 수 있고, 뭔가를 물으면 그것을 모르는 사람이 될 수 있기 때문에 그런 취급받기 싫어 묻지 않을 수도 있다. 혹여 대답해야 할 사람이 난처할까봐 그를 배려해서 질문하지 않는 경우도 있다. 무엇보다 질문하려면 손을 들고 나서야 하는데, 이렇게 하는 것을 '나대거나 튄다'고 생각할까봐 질문을 꺼리기도 한다.

KBS1 라디오에서 매일 〈강원국의 지금 이 사람〉 인터뷰 프로그램을 진행했다. 한 사람을 초대해서 30분 동안 대략 20개

안팎의 질문을 하는데, 정말 힘들다. 질문하기 위해서 그 사람은 물론 그 사람이 하는 일까지 공부해야 한다. 그 사람의 답변에 꼬리를 물고 추가 질문이나 보충 질문도 해야 한다. 상대가 초지일관 "예", "아니오"로 짧게 대답하거나 답변을 피하면 곤혹스럽다. 준비한 너덧 개의 질문에 대한 답을 뭉뚱그려 하나의 질문에 다 답해버리면 등에서 식은땀이 나기도 한다. 그만큼 질문은 어렵다. 분명한 건 질문이 없으면 대화가 있을 수 없고, 소통도 이뤄질 수 없다는 사실이다.

셋째, 토론이다. 토론은 소통 그 자체다. 토론은 승부가 아니다. 대통령 후보 토론 같은 경우는 예외지만, 토론은 이기고 지는 게임이 아니다. 누구 말이 더 옳고 맞느냐를 놓고 겨루는 게 아니고 어느 말이 더 옳은지 찾아가는 과정이어야 한다. 이를 위해서는 다름을 인정하고 다양성을 존중하는 게 기본이다. 자신의 부족함을 아는 것도 중요하다. 필요하면 남의 것도 얼마든지 받아들일 수 있다는 열린 자세와, 보다 나은 수준과 결과물에 대한 성취 욕구도 필요하다. 또한 이를 위해서는 남의 것과 내 것을 객관적으로 비교하고 분석해서 서로의 장점을 연결하고 융합할 수 있는 실력도 갖춰야 한다.

무엇보다 토론이 활성화되려면 개개인의 비판의식과 비평역량 수준이 높아져야 한다. 아내와 가끔 말다툼을 한다. 말싸움은 대부분 나의 음주가 발단이 되어 일어난다. 싸움이라고 하지만 아내의 일방적 공격에 가깝다. 공격 내용은 주로 비판이다. 아내의 공격을 받으며 나는 우리 사회의 비판적 사고 수준에 관해 개탄하지 않을 수 없다.

비판적 사고 수준을 높이기 위한 몇 가지 제언

우선 비판에는 목적이 있어야 한다. 아무런 목적 없이 하는 비판은 푸념이나 화풀이에 불과하다. 비판을 통해 얻고자 하는 바는 무엇인가, 무엇을 이루고자 비판하는가가 명확해야 한다. 술을 끊게 만드는 게 목적인가, 아니면 술은 마시더라도 집에는 일찍 들어오게 만드는 게 목적인가가 명확해야 한다. 만약 술을 끊게 만드는 게 목적이라면 왜 술을 끊게 하려고 하는가가 분명해야 한다. 술을 끊게 하려는 목적이 나의 건강 때문인가, 술 먹고 늦게 들어와 자신의 잠을 방해하지 않도록 하기 위함인가, 아들에게 모범이 되지 않기 때문인가. "이유 없어. 그냥 끊어!" 이건 아니지 않은가.

비판은 또한 합리적 근거를 갖고 해야 한다. 근거는 내가 그렇게 판단하고 주장하는 배경이나 이유, 증거 같은 것이다. 객관적 기준이나 근거 없이 주관적 생각이나 느낌만으로 비판해선 안 된다. 그런 비판은 저주나 야유, 음해, 모략으로 취급당할 수 있다. 근거가 있어야 납득과 공감을 얻을 수 있다. 근거가 빈약하면 논리가 박약하다는 소릴 듣게 된다. 술을 많이 마시는 게 문제라면 일주일에 술자리를 몇 번 정도 하는지, 술 마신 후 귀가 시간은 몇 시 정도인지, 술 마시고 기억이 끊겨 문제를 일으킨 적은 있는지, 한 달에 술 마시는 데 쓰는 돈은 얼마나 되는지 등등 구체적인 수치와 사례를 가지고 비판해야 하지 않겠는가. 하루가 멀다 하고 술타령이라든가, 술독에 빠져 산다고 무턱대고 몰아붙이면 받아들이기 어려울 수밖에 없다.

비판하는 대상을 분명히 하고 그것에 한정할 필요도 있다. 술 마시는 걸 문제 삼아 얘기를 시작해놓고 왜 내가 결혼기념일을 잊고 넘어간 일을 들추느냐는 것이다. 무슨 '줄줄이 사탕'도 아니고. 물론 비판받는 내 처지에서는 비판이 주제를 벗어나 논점이 흐려지면 다행이란 생각이 들긴 하지만 말이다.

또한 비판은 반론과 반박이 가능해야 한다. 반론이나 반박을 할 수 없는 비판은 생산적이지 못하다. 아내는 술 마시는 걸 즐기지 않는다. 아니 극도로 싫어한다. 이건 취향의 문제다. 취향은 반론이나 반박의 대상이 아니다. 내가 술 마시는 걸 싫어하니 당신도 술을 끊으란 얘기는 일방적 주장이자 강요일 뿐 비판이 아니다. 비판은 반박과 반론을 통해 토론으로 나아갈 수 있어야 한다.

비판과 비난을 혼동해서도 곤란하다. 비판은 헐뜯고 나무라는 것이 아니다. 그건 비난이다. 사실과 감정, 생각과 느낌을 분리해야 한다. 비판은 사실과 생각을 중심에 놓아야 한다. 감정과 느낌이 개입하면 비난으로 흐를 가능성이 높아지기 때문이다.

확증편향에 빠지는 것도 주의해야 한다. 아내는 술을 마시면 일찍 죽는다는 확신을 갖고 말한다. 대체로 맞는 말이지만 반드시 그런 것은 아니다. 주위에는 송해 선생님같이 매일 술을 마시고도 장수하신 분이 많다. 방송에 나가진 않았지만 〈대화의 희열〉이란 프로그램에서 고인이 되신 송해 선생님에게 술 예찬론을 장시간 들은 바 있다.

좋은 비판이 되려면 대안이 있어야 한다. 좋은 비판이란 목적을 달성하는 비판이다. 목적을 달성하기 위해서는 대안 제시가 필요하다. 술을 끊는 대신 무엇을 할 수 있는지, 무엇으로 술의 빈자리를 채울 수 있는지 알려줘야 한다. 대안 없는 비판은 "그래서 어쩌라는 거야"라는 볼멘소리만 유발한다. 내로남불식 비판도 하지 말아야 한다. "자기도 내가 하지 말라는 것 다하면서 언다 대고 지적질이야"라는 반발만 살 뿐이다. 그런 경우는 자신에 대한 비판, 즉 자아비판부터 해봐야 하지 않을까.

상사는 왜 매주 회의를 하려고 할까?

반복의 효과

상사는 매주 월요일 아침 회의를 주재한다. 매주 하다 보니 지난주에 한 말을 이번 주에 다시 하게 된다. 한 주라는 짧은 기간에 특별한 일이 일어나지 않기 때문이다. 같은 말을 하는 본인도 지겹고 직원들도 짜증난다. 그럼에도 상사는 주간회의를 고집한다. 반복의 효과를 기대해서다.

반복해도 괜찮을까?

반복을 꺼리는 상사도 있다. 한 얘기 또 하는 것을 직원들이 싫어할 게 분명하고, 자기 자신도 잔소리꾼이 되기 싫다는 이유에서다. 또한 같은 말의 반복이 콘텐츠의 빈곤으로 비칠지 모른다는 우려에서다. '설마 내가 말했는데, 잘 알아들었겠지' 하는 믿음도 있다.

착각이다. 직원들은 상사 말에 그다지 관심이 없다. 상사와 눈높이가 다르다. 그래서 상사가 무슨 말을 했는지 잘 모른다. 모르기 때문에 '반복'이라고 생각하지도 않는다. 그러니까 마음 놓고 반복해도 된다. 자기는 여러 번 말하지만, 듣는 사람은 처음이다.

그렇다. 반복해야 한다. 귀에 딱지가 앉도록 반복해야 한다. 상사라면 직원들이 싫어하는 말이라도 필요하면 해야 한다. 직원들에게 욕먹는 것을 두려워해서는 안 된다. 반복의 마력을 믿고 매번 처음 하는 것처럼 뻔뻔하게 말해야 한다. 반복, 반복, 또 반복해야 한다.

반복의 힘

반복은 각인 효과뿐 아니라 믿게 하는 효과도 크다. 사람들은 같은 얘기를 반복해서 듣다 보면 자기도 모르게 그게 진실이라고 믿는 경향이 있다. 맥스웰하우스가 1915년에 만든 "마지막 한 방울까지 맛있어요"라는 광고 카피를 100년 동안이나 고수하고 있는 것도 같은 맥락이다.

반복은 자기최면 효과를 가져다준다. 사람은 누구나 말과 행동을 일치시키려고 한다. 그러다 보니 자기가 한 말에 책임감을 느낀다. 결국 말이 자신의 행동을 제어하고 추동하게 된다. 거짓말도 반복하다 보면 마침내 그것이 실제라고 믿어버리는

'리플리 증후군'처럼 말이다.

반복해야 할 것은 말뿐이 아니다. '도사론'이란 게 있다. 하루에 1cm씩 높여가며 뛰어내리는 훈련을 반복하다 보면 누구나 높은 절벽에서 뛰어내릴 수 있다는 것이다. 과장은 있지만 일리가 있는 얘기다. 반복해서 훈련하다 보면 머리가 아닌 몸이 체득하게 된다. 좋은 습관이 만들어지고, 습관의 반복은 기적도 만들어낸다. 〈생활의 달인〉이라는 TV 프로그램에 나오는 주인공도 대부분 반복의 달인이다.

기업 전략에서도 반복이 필요하다. 《최고의 전략은 무엇인가》란 책에서 크리스 주크Chris Zook와 제임스 앨런James Allen은 "끊임없이 새로운 혁신 전략을 구사하려고 하기보다 과거에 성공했던 방식을 반복해서 재현하라"고 말한다. 이 책의 원제는 '반복성Repeatability'이다. 반복성이 기업 성공의 비결이라는 것이다.

〈개그콘서트〉도 같은 원리를 빌리고 있다. 코너마다 형식은 매주 똑같다. 그 안에 사례가 바뀔 뿐이다. 성공한 기본 틀을 반복해서 계속 쓰는 것이다. 글쓰기도 반복에서 나온다. 반복해서 읽고 반복해서 쓰는 수밖에 없다. 서당개가 풍월을 읊을 수 있는 것도 반복의 힘이다.

회의에 회의 들지 않으려면

효율적인 회의를 위한 제언

"회의는 춤춘다."

대학에서 외교학을 전공하면서 접한 문구 가운데 기억나는 몇 가지 중 하나다. 1814년 오스트리아 비엔나에서 대규모 국제회의가 열렸다. 프랑스혁명과 나폴레옹전쟁 이후 새로운 국제 질서를 모색하기 위한 회의였다. 애초부터 회의는 형식이었다. 중요한 사항은 비밀회합에서 결정됐다. 매일 밤 화려한 무도회만 열렸고, 대표들은 사교에만 열중했다. 주최국 오스트리아는 큰 비용을 부담해야 했다.

회의는 지금도 춤추고 있다. 회의는 크게 네 가지 목적으로 열린다. 의사 결정, 아이디어 취합, 정보 공유, 이해 조정과 역할 분담 등이다. 그런데 목적은 목적일 뿐이다. 의사 결정은 결국 상사가 한다. 아이디어 취합? 다른 부서 일에는 관심 없다. 그런 데다 회의 자료조차 안 읽고 오니 당연히 아이디어도 없다. 정보 공유? 중요한 정보는 내놓지 않는다. 숨겨뒀다가 상사에게만 보고한다. 이해 조정과 협력 방안 모색? 서로 책임지지 않고 일 떠맡지 않으려고 갑론을박만 하다가 상사가 정해준 대로 한다.

그럼에도 회의는 열린다. 열리는 정도가 아니라 회사는 늘 회의 중이다. 상사는 회의하러 회사에 나온다. 상사는 '내가 직접 챙겨야 한다'고 생각한다. 여러 사람의 의견을 들어야 실수가 없다고 믿는다. 불안감 해소용이다. 또한 "나는 이렇게 현장 지도를 잘하는 실무형 리더다"란 사실을 보여주고 싶다. 코칭을 잘하는 자신이 스스로 대견하다. 무엇보다 많은 사람을 거느리고 하는 회의가 폼도 난다. 그러다 보니 회의를 많이 한다. 부서에서도 자주 회의하자는 사람이 열심히 일하는 것처럼 보인다.

회의는 자기가 하자고 해놓고 혼자 발언 기회 독점한다고 툴툴거리지 마라. 자칫하면 '순교자'가 될 수 있다. 당신 덕분에 회의는 줄어들지만, 그 줄어든 회의 멤버에 당신이 빠지는 일이 생긴다.

상사 빼고 회의 좋아하는 사람은 없다. 열이면 열 다 싫어한다. 사장들도 예외는 아니다. 본인이 주재하는 회의가 아니면 말이다. 싫어하는 이유가 있다. 회의에서는 숙제가 부여된다. 회의는 숙제를 해결하기 위해서가 아니다. 숙제를 만드는 게 회의다. 더 괴로운 것은 '쪼인다'는 점이다. 실적을 채근하고 더 빨리 달리라고 채찍을 들기 위해 열리는 게 회의다. 물론 일장연설을 듣는 것도 고역이다. 회의 준비를 하고 회의록을 작성하는 일도 만만치 않다. 아무튼 회의는 하면 할수록 회의懷疑가 든다.

그러나 명심하라. 상사가 보고 있다. 상사 앞에서 비교 평가가 이루어지는 자리가 회의다. 승진과 재임용 여부를 결정하는 면접 자리라고 생각해야 한다. 발언 내용만 중요한 게 아니다. 발언 태도와 자세 모두 신경 써야 한다. 또한 회의 자리는 다른 구성원들과의 관계를 돈독히 하는 자리다. 이 자리에서 적도 만들어지고 동지도 생긴다. 나아가 회의 자리는 배우는 자리다. 세 사람이 같이 가면 반드시 스승이 있다고 했다. 장점을 배우건 단점을 배우건 회의 자리에서는 틀림없이 배울 게 있다.

회의의 정석

회의에도 정석은 있다. 지키지 않을 뿐이다.

첫째, 회의 목적을 분명히 한다. 꼭 필요한 회의인지, 필요하다면 무엇을 얻고자 하는지, 그것을 얻기 위해 어떻게 진행해야 하는지 면밀히 준비해야 한다.

둘째, 참석 대상을 최소화한다. '인건비 × 인원수 = 회의비용'이다. 한마디로 회의는 돈이다.

셋째, 횟수는 줄이고 시간은 짧을수록 좋다. '마라톤회의'나 '만장

일치의 화백회의'는 자랑이 아니다. 우스갯소리 하나 하자면, 회의 시간은 중요도와 관계없다. 막대한 자금을 투자하는 신규 사업 검토회의는 금세 끝나지만, 여직원 유니폼을 고르는 회의는 하염없이 길어진다. 신규 사업은 잘 모르는 내용이고, 여직원 유니폼은 누구나 알고 있고 재미있기 때문이다.

넷째, 생산하는 회의가 돼야 한다. 결과 없는 회의, 회의를 위한 회의가 문제다.

한 가지 분명한 게 있다. 회의가 바뀌면 회사가 바뀐다는 사실이다.

카산드라의 저주에서 벗어나려면

설득의 기초

세상에서 가장 어려운 일이 무엇이냐고 상사가 묻는다. 상사가 생각하는 답은 뻔하다. 남의 주머니에 있는 돈을 내 주머니로 옮겨놓는 것이다. 내 생각은 다르다. 내 머릿속에 있는 생각을 남의 머릿속으로 옮겨놓는 것, 바로 말하기와 글쓰기다. 이를 위해서는 사람의 마음을 움직여야 한다. 설득력이 필요하다.

말발이 안 먹히는 다섯 가지 이유

첫째, 당신이 완벽한 사람이거나, 그런 체를 해서 그렇다. 완전무결함은 본능적으로 도전의 대상이다. 어떻게든 이겨보고 싶다. 결코 설득당하기 싫다. 약점이 보여야 설득당해주고 싶다. 사람들은 허점과 실수에 호감이 간다. 잘못을 털어놓으면 호감 이상의 감정이 생긴다. 힘 있는 사람이 힘을 쓰지 않고, 알지만 아는 척하지 않는 게 보일 때 직원들은 설득당할 준비를 마친다.

둘째, 뭔가 숨기고 있는 것처럼 보여서 그렇다. 투명해 보이지 않아서 그런 것이다. 사람들은 끊임없이 의심한다. 속고 있는 것은 아닌지, 내가 모르는 무언가가 있지는 않은지 이리저리 머리를 굴린다. 그러므로 의도적으로 솔직할 필요가 있다. 자기 이익을 적나라하게 공개하는 것도 방법이다. 흉금을 트고 자기 잘못을 고백하면 감동이다. 설득은 그다음 일이다.

셋째, 당신이 주인공 행세를 해서 그렇다. 사람은 누구나 자기가 주인공이다. 쉽게 설득당하지 않는다. 설득당하더라도 자기가 결정해야 한다. 윽박지른다고, 읍소한다고 설득당하지 않는다. 최종 선택권을 내가 갖고 있고, 내가 판단해서 결정한 것으로 여겨야 스스로 명분이 선다. 조정당한다고 생각하면 방어 자세부터 취한다. 설득당할 사람을 갑으로 대우해줘야 한다. 설득당해야 할 사람을 을로 만들 때 설득은 이미 물 건너간 것이다.

넷째, 신념이 분명해 보이지 않아서 그렇다. 따를 만한 사람이라는, 괜찮은 사람이라는 확신이 안 서서 그런 것이다. 직원과 회사의 장래에 관심이 많다는 것을 보여줘야 한다. 그런 믿음이 생겨야 설득당할 수 있다. 그랬을 때 상사의 권력은 선한 영향력으로 발전한다. 설득하는 힘이 생긴다.

다섯째, 내 편이라는 생각이 들지 않아서 그렇다. 사실 이것만 있으면 다른 건 모두 눈감아줄 수 있다. 그만큼 중요하다. '너는 너고 나는 나'여선 곤란하다. 내 편으로 만드는 건 어렵지 않다.

관심을 가져주고, 비밀을 공유하고, 믿고 공감해주면 된다. 이렇게 일관되게 해나가면 굳이 설득이 필요 없는, 마음과 마음으로 뜻을 전하는 경지에 이른다.

직원을 설득하는 일은 작은 일에서부터

회장이 사장들을 모아놓고 회의를 했다. 사장이 회사로 돌아와 부서장들을 모아놓고 회의 결과를 얘기한다. 부서장들 역시 사장에게 들은 얘기를 부서원들에게 전달한다. 그런데 여기서 전달되는 얘기를 들여다보면 설명과 설득으로 나뉜다. 회장의 말에는 의도와 이유 같은 '배경'이 있고 '결론'이 있다. 어떤 사장은 '결론'을 9분 얘기하고, '배경'을 1분만 얘기한다. 다른 사장은 '배경'에 9분을 할애하고 '결론'은 1분간 말한다. 전자는 설득이 아니라 설명이다. 지시에 가깝다. 의도와 이유를 밝힘으로써 '배경'을 공유한 후자가 설득이다.

아폴론 신이 카산드라를 사모했다. 그러자 카산드라는 사랑을 받아들이는 조건으로 예언 능력을 달라고 한다. 아폴론은 예언 능력을 선물했다. 그러나 그녀는 약속을 지키지 않았다. 아폴론은 앙심을 품고 그녀의 말에서 설득력을 빼앗아갔다. 그리스 신화에 나오는 이야기다. 이후 사람들은 남의 말을 쉽게 믿지 않는다. 마음을 움직이는 설득은 고사하고 말을 받아들이는 납득조차 거부한다.

오늘도 상사들은 '카산드라의 저주'로 힘든 하루를 보낸다.

대상을 콕 짚어서 말하라

모두에게 하는 것은 아무에게도 안 한 것

회장은 세 가지 방식을 놓고 고민했다. 어떻게 하면 혁신 방안 공모에 보다 많은 직원을 참여시킬 것인가.

1. 전 직원을 대상으로 회장 명의의 독려 서신을 발송한다.
2. 전 계열사 임원을 모아놓고 직원들의 참여를 당부한다.
3. 회장이 사장 한 사람 한 사람에게 전화한다.

폼 나는 것은 1번이다. 직원과의 직접 소통이라는 민주적인 냄새도 난다. 그러나 효과는 없다. 2번도 마찬가지다. 임원들은 참여할 것이다. 하지만 직원들에게까지 전파가 될까? 3번이 확실한 방법이면서 가장 효과적이다.

회사는 예비군 훈련장 같은 곳이다. 자발성을 과신하면 안 된다. 사람을 콕 짚어서 얘기해야 한다. “거기 뒤돌아보는 친구. 그래, 바로 너!" 이렇게 말이다. 회사에서 구경꾼은 필요 없다. 자기 일이라고 생각하는 '한 사람'이 필요하다.

어느 마을에 '모두everybody'와 '누군가somebody', '아무나anybody' 그리고 '아무도nobody'라는 네 사람이 살고 있었다. 어느 날 마을에 중요한 일이 생겼다. '모두'는 '누군가'가 틀림없이 그 일을 할 것으로 생각했다. 그러나 '아무도' 그 일을 하지 않았다. 이를 보고 '누군가'가 매우 화를 냈다. 왜냐하면 그건 '모두'가 할 일이었기 때문이다. 그러나 결국 '아무나' 할 수 있는 일을 '아무도' 하지 않았다.

1964년 미국에서 일어난 '길거리 살인 사건'도 마찬가지다. 뉴욕 한복판에서 20대 여성이 괴한에게 살해당했다. 38명의 목격자가 있었다. 구해달라고 소리쳤지만 단 한 사람도 도와주지 않았다. 로버트 치알디니Robert Cialdini의 《설득의 심리학》에 나오는 얘기다. '링겔만 효과Ringelmann effect'도 같은 맥락이다. 줄다리기에 참여하는 사람 수가 늘어날수록 1인당 공헌도는 떨어지게 되어 있다.

"내가 아니어도 누군가 하겠지" 하는 게 사람 심리다. 사람은 누구나 이기적이다. 이를 탓해선 안 된다. 회사원 모두는 주변인이다. 책임은 분산될수록 약해지기 마련이다. 그렇게 되지 않도록 하는 것이 상사의 존재 이유다.

회사는 머릿수가 중요하지 않다. 눈사람을 뭉칠 때 들어가는 작고 단단한 돌멩이 하나가 필요하듯 열의에 찬 불씨 하나가 중요하다. 사람 수가 많아질수록 묻어가려는 심리가 발동하여 '다수의 무지'에 빠지게 된다. 변화를 도모하려고 할 때에도 익숙한 것과의 결별을 싫어하는 '다수의 저항'에 부딪힐 수 있다. 다수가 되면 더 무책임하고 무지해지는 게 사람이다. 회사는 '착한 사람 코스프레'하는 곳이 아니다. 모두를 만족시키고 모두에게 동의를 구할 필요가 없다. 3,000명의 회사도 제대로 된 30명만 뭉치면 변화시킬 수 있다. 300명의 회사는 세 명만 의기투합하면 바꿀 수 있다. "세 사람이면 없던 호랑이도 만든다〔삼인성호三人成虎〕"고 하지 않던가. 변화가 건널목에서 세 사람이 한 방향을 향해 손가락을 가리켜보라. 지나던 사람 모두가 일제히 멈춰서 가리키는 방향을 볼 것이다.

'최초의 펭귄'을 만들어라. 전 직원을 대상으로 편지 쓰지 말고 선택된 몇 사람에게 은밀하게 써라. 전 직원을 상대로 연실하지 말고 몇 사람만 불러서 조용히 얘기하라. 특별히 선정된 사람은 위험을 무릅쓰고 바닷물에 뛰어들 것이다. 그러면 주저하던 펭귄 모두 일제히 그 뒤를 따를 것이다.

정체를 알고도 왜 모른 체할까?

침묵의 카르텔을 깨자

운전하다가 앞차가 막고 서 있으면 어떻게 하는가. 처음엔 '빵빵' 경적을 울리다가 그래도 반응이 없으면 차에서 내려 조치를 취한다. 차에 문제가 있으면 차를 밀어주고, 그게 아니라면 빨리 비켜달라고 재촉한다.

그런데 회사에서는 조금 다른 모습을 보인다. "네가 안 가서 나도 못 가니 같이 쉬엄쉬엄 가자"는 반응이다. 하기로 한 일이 지체되고 있으면 팔을 걷어붙이고 적극적으로 해결해보려는 생각보다는 남 탓을 하면서 손을 놓는다. "어느 부서에서 이것을 안 해줘서 못하고 있으니 나도 어쩔 수 없다"고 하면서 말이다.

핑곗거리가 있으니 자기는 책임이 없단다. 어떤 경우에는 그런 상황을 즐기는 듯한 느낌마저 든다. 심하게 얘기하면 너도

적당히 하고 나도 적당히 하자, 좋은 게 좋은 것 아니냐는 조직 내 담합, 침묵의 카르텔이 만들어지는 것이다. 어찌 보면 당연하다. 일을 좋아하고 진심으로 즐기는 사람은 오너 회장 한 사람뿐이다.

부하는 상사의 약점을 모른 체하는 대가로 상사의 강점, 즉 권력의 혜택을 본다. 임원도 자신의 무능을 모른 체하는 조건으로 부하 직원의 나태를 눈감아준다. 일부 특별한 직원만 열성을 낼 뿐, 대다수 직원은 누이 좋고 매부 좋은 식으로 동업자가 된다. 이런 분위기에서는 무사안일이 득세한다. 납작 엎드려 있는 사람, 적당히 안주해 있는 사람이 분위기 파악 잘하는 모범생 대우를 받는다. 회사 일은 되는 것도 없고, 안 되는 것도 없다. 지지부진한 상황이 지속된다. 급기야 집단이기주의와 도덕적 해이 현상이 나타난다.

매사에 적극적이고 열심인 친구가 카르텔 안에 들어와 물을 흐리면 "그 친구 너무 튄다"고 따돌린다. 더 이상 나대지 못하게 주저앉힌다. 그러면서 남 탓하는 방법을 가르친다. "지금 우리는 잘하고 있는 거야. 항상 저쪽 부서, 저런 사람이 문제야."

그렇다면 침묵의 카르텔을 깨는 방법은 무엇일까?

침묵의 카르텔을 깨는 법

개방적인 분위기를 만들어야 한다. 곰팡이는 음지를 좋아한다. 햇볕이 쨍쨍한 곳에는 곰팡이가 안 생긴다. 침묵의 카르텔도 폐쇄적인 조직 안에서 잘 자란다. 카르텔이 기생하는 숙주를 제거하면 된다. 누구나 기탄없이 얘기하고 자유롭게 토론하는 분위기에선 똬리를 틀지 못한다.

자발적인 협업 조직을 지향해야 한다. 상사가 모든 결정을 주도하고, 아래 직원은 지시만 따르는 권위적인 문화에서 벗어나야 한다. 이런 조직에서는 줄서기와 눈치 보기가 활개 친다. 위에서는 아래로 권한을 내리고, 아래는 함께 모여 머리를 맞대야 이런 현상이 개선된다.

끊임없이 변화를 시도해야 한다. 침묵의 카르텔은 기득권을 놓지 않으려는 관성이 작용한 결과다. 해오던 대로 하는 것은 카르텔을 조장하는 일이다. 흔들어야 한다. 강한 연고도 카르텔의 온상이다. '우리가 남이가' 같은 의식은 입바른 소리를 막는다. 감싸주고 덮어주기 바쁘게 만든다. 바꿔야 한다. 이끼가 끼지 않도록 조직은 계속 굴러야 한다.

침묵의 카르텔에 관한 유머 한 토막이다. 한 여성이 남장을 하고 군대에 갔다. 함께 뒤섞여 몸을 비비며 훈련하고, 옷도 같이 갈아입는다. 그런데 어떤 남자도 동료 군인이 여성이란 사실을 입 밖에 내지 않는다. 왜 그럴까? 즐거운 동거가 깨지기 때문이다. 이런 카르텔은 은밀한 재미라도 준다. 회사에서 일어나는 침묵의 카르텔은 결국 조직 구성원 한 사람 한 사람을 모두 희생자로 만든다. 한몫 거들면서 즐길 상황이 아닌 것이다.

부서이기주의, 어찌할 것인가

부서 간 소통 문제 해결법

부서와 부서 사이에 소통 문제가 발생하는 이유는 다양하다. 그중 하나는 책임감이 부족해서다. 소신 있게 일을 처리하기보다는 결과가 안 좋을 경우에 대비한다. 문서와 이메일로 증거를 남기려 한다. 회의록 문구를 갖고 옥신각신한다. 일종의 복지부동 같은 현상이 부서 간 소통을 어렵게 한다.

부서 간 소통을 어렵게 하는 좀 더 근본적인 원인이 있다. 바로 성과주의다. 무슨 얘기인가 하면 조직에서는 일의 결과가 중요하다. 성과가 만들어지기까지의 과정은 상대적으로 도외시된다. 그러다 보니 조직 전체적인 관점에서 보려고 하지 않는다. 자기 부서의 입장만 앞세운다. 다른 부서와 협력해서 3을 만들어낼 수 있는 일이 있다고 치자. 그런데 그 일이 성공했을 때 자기 부서 몫이 1이다. 한편 협력하지 않고 2를 만들어낼 수 있으며 그 성과를 독식할 수 있다면 으레 후자를 선택할 것이다. 이렇게 되면 협력을 위한 대화와 소통은 실종된다. 결과적으로 부서 관계가 훼손되고 성과는 더 안 좋아진다.

사일로 현상

사일로 현상Silo Effect은 곡식을 저장해두는 원통형 모양의 창고인 '사일로'에서 생긴 경영학 용어다. 각 부서가 사일로처럼 서로 담을 쌓고, 자기 부서의 이익만 추구하는 현상을 뜻한다.

사일로 현상이 갈수록 심화되는 이유가 있다. 사업부 제도의 도입 때문이다. 기업마다 책임경영을 강조하면서 각각의 사업부가 별도의 독립회사처럼 운영되는 사업부 제도를 도입하고 있다. 여기에 인센티브가 활성화되면서 자기 부서의 실적에만 매달리고, 다른 부서나 회사 전체의 이익은 소홀히 하게 된 것이다. 그러다 보니 '사내 접대'란 말까지 나올 정도로, 영업부서가 개발부서에 술을 사줘야 일이 돌아간다는 웃지 못할 현상까지 벌어지고 있다.

이러한 부서이기주의 문제를 풀 때 잘못된 접근 방식이 있다. 구성원들의 태도 변화를 통해서 문제를 풀어보려는 시도다. "상대에 대해 배려하라, 우리는 공동 운명체다, 역지사지해봐라" 등으로 정신교육을 강화하고 멤버십 트레이닝 같은 행사를 통해 해결하려는 것이다. 물론 안 하는 것보다 낫다. 그러나 그렇게 해서 풀릴 문제가 아니다.

부서이기주의는 소통 강화로도 해결되지 않는다. 부서 간 소통이 잘 이루어지면 부서이기주의가 해결될 것이라는 생각은 안일하다. 부서이기주의는 소통 문제를 가져온 원인이다. 소통이 부서이기주의의 근원적인 해결책은 될 수 없다.

부서이기주의 해결 방법

우선은 부서 간의 쟁점이 무엇인지를 파악해서 그것을 풀어줘야 한다. 모든 것은 이해타산의 문제이고, 이익에 따라 움직인다. 그것이 돈의 문제이건 일의 문제이건 말이다. 하지만 이런 쟁점 해결 방식도 일회적이다. 좀 더 근본적으로 갈등을 풀 수 있는 시스템을 만들어줘야 한다. 공동 작업을 할 수밖에 없는 협업구조를 만들고, 내 밥그릇 네 밥그릇이 따로 없는 이익분배 시스템을 갖춰야 한다.

나아가 조직 전체의 목표와 비전을 공유해야 한다. 1960년대 초반, 우주개발 경쟁에서 소련에 밀린 미국항공우주국NASA 내부에서 책임을 다른 부서로 떠넘기는 '사일로 현상'이 나타났다고 한다. 그런데 케네디 대통령이 "10년 안에 우리는 인간을 달에 보낼 것이다"라는 확고한 목표를 심어줌으로써 협력을 이끌어냈다.

정리해보면, 부서 간 소통 문제를 푸는 열쇠는 부서이기주의를 극복하는 데 있고, 부서이기주의는 정신교육이 아니라 시스템과 공동의 목표를 확립함으로써 극복할 수 있다.

갈등을 허하라

갈등을 드러내고 문제 해결하기

나와 같은 세대는 '갈등'에 대해 부정적인 생각을 갖고 있다. 남과 북, 동과 서, 사용자와 노동자 간의 대립이 첨예했던 시기를 살아온 세대여서 그런지 모르겠다. 갈등은 나쁜 것, 반드시 치유해야 하는 것으로 여기고 있다. 무엇보다 시끄러운 걸 싫어한다. 그러니까 갈등이 없는 상태를 좋아한다. 갈등이 없는 상태, 우리는 그것을 화목이라고도 하고, 일사불란하다고도 말한다. 그런데 이런 상태가 과연 좋기만 한 것일까?

갈등을 피하려는 경향은 말하기와 글쓰기를 주저하게 한다. 애써 불필요한 말과 글로 좋은 분위기 망치지 말라고 경고한다. 그러나 내 생각은 다르다. 말과 글의 억압은 나쁜 결과를 가져온다. 오히려 말과 글을 통해 갈등을 드러내고 치유해야 한다.

갈등에는 좋은 갈등과 나쁜 갈등이 있다

합리적인 이유 없이 그냥 감정적으로 싫어서 생긴 갈등, 단지 나와 생각이 다르다는 이유로, 혹은 상대방의 존재 자체를 인정할 수 없어 생긴 갈등, 이런 것들은 나쁜 갈등이다. 이 경우는 대개 배척과 타도, 분열, 대립과 같은 상황이 벌어지게 되며, 조직 발전에 아무런 도움이 되지 않는다.

반면 건전한 경쟁과 견제에서 비롯되는 좋은 갈등도 있다. 정도가 지나쳐 나쁜 갈등으로 변질되는 것만 주의한다면 말이다. 좋은 갈등은 성과를 높이는 경쟁의 원동력으로 작용한다. 관계를 돈독하게 할 수 있는 기회를 제공한다.

우리는 오히려 갈등을 두려워하는 데서 비롯되는 조직 내 문제점에 주목할 필요가 있다. 화목을 핑계로 서로 싫은 소리를 하지 않는 상태가 지속되는 것은 분명 문제다. 대부분의 사람은 '좋은 게 좋은 것'이라면서 될 수 있으면 갈등 상황을 안 만들려고 한다. 그래서 문제점이 보여도 지적하지 않는다. 겉으로는 화기애애하지만, 안으로는 곪아가고 있는 경우다.

이렇게 되면 조직 전반에 침묵 현상이 벌어진다. 대구 지하철 참사 때, 연기가 모락모락 피어오르는데도 누군가 나서기 전까지는 각자 자기 자리에 앉아 있었던 것처럼 '침묵의 나선형 구조'에 빠진다. 회사 조직이 조용한 것은 결코 바람직한 현상이 아니다. 조용한 조직일수록 미래보다는 과거 이야기를 많이 한다. "옛날에는 이랬는데, 요즘은…" 이러면서 말이다. 현재의 갈등을 복고주의로 푸는 식이다.

더 큰 문제는 집단 사고思考를 가져오는 경우다

1986년 챌린저호 폭발사고가 일어나기 전, 발사를 연기해야 하는 여러 부정적 신호가 있었다고 한다. 그러나 발사 성공에 대한 집단적인 열망에 묻혀 그런 신호들이 무시되고 발사가 강행되었다. 그 결과는 참사였다.

집단 사고는 '동네 축구'하는 것과 비슷하다. 몰려다니는 것이다. 반대 의견은 엄두조차 못 낸다. '경비 절감'이 회사 이슈가 되면 그것을 왜 해야 하는지, 그것의 부작용은 없는지… 노No라고 말하는 사람이 없다. 무턱대고 추종한다. 그리고 그것을 응집력이라고 합리화한다. 또한 다른 소리를 하면 단합을 해치는 사람, 충성심이 부족한 사람으로 찍히기도 한다. 한마디로 왕따 되기 싫으면 묻어가는 게 상책이라는 생각이 팽배해진다. 특히 지연, 학연 등 집단주의 성향이 강한 우리나라 조직 풍토에서는 더욱 그렇다. 집단 사고가 횡행하는 조직에서는 창의성이 발을 붙이지 못한다.

결과적으로 변화와 발전이 없다

어느 조직에서나 변화를 만들어내려면 그것을 수용하는 쪽과 그렇지 않은 쪽과의 갈등이 불가피하다. 그런데 갈등을 기피하면 변화하고 발전하기 위한 계기 자체가 만들어지지 않는다. 치열하게 논쟁해서 발전적인 방향을 찾아야 하는데도 말이다. 흙탕물은 휘저어야 실체가 드러난다. 말과 글로 휘저어야 한다. 흙탕물을 무서워하면 안 된다. 갈등 회피가 최선이라는 가짜 프레임부터 깨자. 말하기와 글쓰기 장을 제공하라. 말과 글이 자유롭게 뛰노는 그곳에 진정한 변화와 발전이 있다.

택시를 타면 그곳에 달인이 있다

잡담도 실력이다

상사의 승용차 옆자리에 앉았다. “자리도 남는데 굳이 따로 갈 필요가 있느냐”는 상사의 한마디에 서울에서 대전까지 2시간의 고문이 시작됐다. 차 안에 적막이 감돈다. 무슨 말인가 해야겠는데 이런저런 생각만 맴돌 뿐 말이 나오지 않는다. 대전에 도착할 즈음, 상사가 뼈 있는 한마디를 건넨다.

“강 상무, 잡담도 능력이야. 특히 비즈니스 하는 사람에게는 필수 역량이야.”

상사의 잡담론이 이어진다.

“영업하는 사람은 자기가 원하는 것을 먼저 얘기하면 안 돼. 그건 하수야. 영업에서 단도직입은 안 통해. 그것은 칼자루를 쥐고 있는 사람의 대화 방식이야. 칼날을 잡고 있는 사람은 다른 얘기를 해야 해. 그러면 상대방이 궁금해 하거든. 왜 찾아왔는지.

그때 용무를 얘기하는 거지. 30분의 대화 시간이 주어졌다면 마지막 3분에 용무를 말하는 거지. 그 앞에 27분은 잡담을 할 수 있어야 해. 축구로 치면 27분 동안 공을 드리블할 수 있는 실력이 있어야 슛을 날릴 수 있어. 상대가 경계태세를 풀고 내 얘기 들을 준비를 하게 만드는 것이 바로 잡담하는 시간인 거지."

잡담은 진지할 필요가 없다. 결론도 없다. 그 점에서 '토론'과 다르다. 잡담은 재밌거나 웃기지 않아도 된다. '유머'와 구분되는 점이다. 잡담은 통상 네 명이 넘으면 성립되지 않는다. 그때부터는 '웅변'이 된다. 잡담은 선의를 바탕으로 한다. 그렇지 않으면 '험담'이 된다. 잡담은 끊고 맺음이 있다. 이 점에서 마냥 길어지는 '수다'와 구별된다.

잡담의 소재는 무궁무진하다

우리는 이미 고등학교, 대학교 때 미팅에서 익혔다. 자기소개, 호구 조사, 상대와의 공통점 찾기, 밑도 끝도 없는 칭찬, 이 모두가 잡담 소재에 해당한다. 여기에 자신만의 단골 메뉴를 개발하는 것도 방법이다. 스포츠나 낚시, 관상, 부동산, 주식 등 몇몇 주제에 관해 평소 얘깃거리를 모아두면 좋다. 한마디로 화제가 풍부해야 한다.

잡담이 이루어지는 몇몇 공간이 있다. 식사 자리, 차량 이동 중, 회의실 등이다. 이런 장소에서 접하는 것을 소재로 삼는 것도 괜찮다. 예를 들어 음식이나 술과 관련된 잡다한 얘기를 준비해두면 식사 자리에서 잡담을 주도할 수 있다. 잡담 소재의 보물창고는 역시 신문과 방송, 인터넷과 책이다. 내가 모셨던 상사 한 분은 매일 아침마다 그날의 잡담 소재를 신문에서 찾아 메모하곤 했다. 이분은 어느 자리에서나 대화의 중심에 서고, 주변엔 늘 사람이 꼬였다.

잡담 기술은 특별하지 않다

두 가지 걸림돌만 뛰어넘으면 된다. 하나는 의미 있는 말을 하려는 욕심이다. 별 뜻 없이 주고받기만 하면 되는 게 잡담인데, 욕심이 그걸 어렵게 한다. 또 하나는 "내 말을 안 받아주면 어쩌지?" 하는 부질없는 걱정이다. 여기서 벗어나는 방법은 간단하다. 스스로 실없는 사람이 되겠다고 마음먹는 것이다.

그런 마음으로 말을 먼저 건네는 게 좋다. 그러면 자기 페이스로 이끌어갈 수 있다. 적어도 상대방에게 적의를 품고 있거나 적대감이 없다는 것은 확실히 보여준다. 조심스런 노크로 시작하자. "건강은 어떠세요?"라는 말을 붙이면 '건강' 얘기로 대화가 번져나갈 가능성이 크고, "바쁘시지요?"라고 말을 붙이면 '일' 이야기로 대화의 실마리가 풀리기 십상이다.

먼저 말 붙이기가 부담스러우면 상대의 말을 듣고 맞장구를 쳐주거나 표정으로 리액션을 잘하면 된다. 그냥 흐름을 타면 된다. 뭔가 의미심장한 말을 하려고 기회를 엿보면 상대방이 금세 안다. 그것이 분위기를 어색하게 한다. 이도 저도 어려우면 상대의 호칭에만 신경 써라. "아, 그러셨군요. 선생님." "회장님, 얼마나 놀라셨어요?" 친근감 있게 호칭이나 이름만 잘 불러줘도 낙제점은 면한다.

상대의 질문에 답변하면서 자기 생각을 얹혀 되묻는 것도 괜찮은 방법이다. 또한 대조되는 내용으로 질문할 수도 있다. 예를 들어 상대가 남직원 입장을 말하면, "그럼 여직원의 상황은 어떨까요?" 이런 식으로 잡담을 이어갈 수 있다.

잡담은 쓸데없이 지껄이는 말이 아니다

잡담은 대화의 출발점이자 분위기 메이커다. 상대에 대해 관심을 표시하고 자신의 매력을 보여주는 기회다. 잡담을 잘하면 같이 있어도 부담이 없고, 함께 밥 먹고 싶은 사람이 된다.

영국의 인류학자 로빈 던바Robin Dunbar는 언어가 발달한 이유를 잡담에서 찾았다. 사람들은 공동생활에서 살아남기 위해 잡담을 해왔으며, 잡담하는 가운데 사람에 대한 정보를 교환하고 사람을 판단하면서 평판과 신뢰를 형성한다는 것이다.

그렇다고 심각하게 생각할 것은 없다. 심각하게 생각하는 순간 잡담은 더 이상 잡담이 아니다. 어떤 얘기든 할 수 있고 어떤 방식으로 해도 상관없는 게 잡담이다.

잡담 능력을 키우고 싶은가? 그러면 택시를 타라. 그곳에 잡담의 달인이 있다.

'비판'은 트로이 목마를 타고

회사에서 비판 잘해 영웅 되는 방법

상사가 말했다. "강 상무는 야당 역할만 잘하면 되네. 내 주변엔 죄다 여당밖에 없어. 그게 문제야."

적어도 그 순간 상사 말은 진심이었다. 결코 입에 발린 소리가 아니었다. 상사는 비판의 목소리를 듣고 싶어 한다. 늘 먹는 음식은 싫증나기 때문이다. 가끔 색다른 음식을 먹고 싶다. 더구나 그 음식이 몸에도 좋다면 마다할 이유가 없다.

철학자 칼 포퍼Karl Popper는 "인간의 인식은 불완전하므로 항상 잘못을 저지를 가능성이 있다"면서 "끊임없는 비판을 통해 오류 가능성을 극복해나가야 한다"고 말했다. 상사 생각도 다르지 않다. 사리에 맞지 않는 불합리한 지시나 결정은 반드시 문제를 낳는다는 것을 잘 안다. 독선에서 비롯된 잘못된 판단을 피하고자 비판을 구한다.

비판을 허용하는 이유는 또 있다. 어쩌면 이게 더 중요한 이유인지도 모른다. 상사는 민주적인 리더, 관대한 사람이란 평가를 받고 싶다. 성역이 없다는 걸 보여주고 싶다. 미국의 심리학자 에이브러햄 매슬로Abraham Maslow가 말한 5단계 욕구 이론의 네 번째 단계다. 타인에게 존경받고 싶은 욕구 말이다.

경영은 정치와 다르다. 굳이 지지가 필요하지 않다. 구성원이 반대해도 상사는 무슨 일이든 할 수 있다. 다만 앞서 얘기한 두 가지 이유, 즉 오판을 피하고, 좋은 평가를 듣기 위해 비판을 감내한다. 기업에서 비판이 설 자리는 바로 이 지점이다. 잘만 하면 상사도 만족시키고 구성원들로부터도 '용감한 영웅'이 될 수 있다.

비판의 기본기

그러나 만만히 보면 큰코다친다. 비판은 위험하다. 약은 입에 쓴 법이다. 몸에 좋은지는 한참 두고 봐야 안다. 더욱이 이 세상 모든 상사는 태생적으로 '지적질'을 싫어한다. 그게 본능이다. 그래서 비판은 모험이다. 기본기를 갖추고 있어야 가능한 일이다.

무엇보다 깨어 있어야 한다. 좋은 게 좋은 것이라는 생각으로는 안 보인다. 권위에 맹종하지 않아야 한다. 매사 문제의식을 가져야 한다. 까칠해야 하는 것이다. 매끈하면 걸리는 생각이 없다. 비판적 사고 역량이 필요하다. 주어진 조건과 결과의 인과관계를 체계적으로 따져 볼 줄 알아야 한다. 옳거나 그르다고 얘기할 때 그 이유를 말할 수 있어야 한다. 비판할 위치에 있어야 한다. 내가 하고 있는 일이나 직급이, 혹은 상사와의 관계가 직언할 수 있는 위치여야 한다. 때론 용기도 필요하다. 정을 맞더라도 모난 돌이 되겠다는, 불편함과 불이익도 감수하겠다는 배짱이 있어야 한다. 우리는 부당한 권위에 도전하는 훈련을 받은 적이 없다. 학교 다닐 때부터 지배 이데올로기에 순응하는 법만 배워왔다. 그러면 덜 위험하게 비판하는 말하기와 글쓰기 방법은 무엇일까?

타당해야 한다. 비판은 손해 보는 쪽과 이익 보는 쪽을 만든다. 그러므로 합리적 근거로 객관성을 확보해야 한다. 선입견을 배제해야 한다. 균형 잡힌 시각도 필요하다.
통렬해야 한다. 기왕 하려거든 날이 서고 신랄해야 한다. 저런 말을 해도 되나 싶을 정도로 독해야 한다. 하지만 즉흥적으로 비치면 실패한다. 오랜 고심의 결과로 비쳐야 하고, 실제로 그래야 한다.
대안을 제시하면 좋다. 총론보다 구체적 각론이면 더 좋다. 결과적으로 생산적인 비판이 되어야 한다. 하지만 대안이 없다고 기죽을 필요는 없다. 반대하는 것 자체가 대안이다.
좋은 평가도 비판이다. 세 가지 정도 부정적인 비판을 하면 한 가지는 긍정적인 평가를 해줄 필요가 있다. 또한 세 번 정도 깎아내렸으면 한 번은 치켜세우는 게 좋다. 그래야 비판이 먹힌다.

때가 중요하다. 지나고 나서 하는 비판은 뒷북, 푸념이 된다. 식은 피자, 녹아버린 아이스크림이다. 때 이른 비판 역시 호응을 얻지 못한다. 풋과일은 떫기만 할 뿐이다. 찔끔찔끔 질질 흘려서도 안 된다. 해야 할 말은 쌓아뒀다 몰아서 해야 한다. 그렇지 않으면 '투덜이'로 낙인찍힌다.

자신부터 철저히 돌아봐야 한다. 혹여 비판으로 이득 보는 건 없는지, 자신에게도 똑같은 잣대를 적용하고 있는지 살펴봐야 한다. 그래야 비판할 자격을 얻는다.

상사를 비판하는 데는 더 많은 신경을 써야 한다.

예의를 지켜라. 그게 기본이다. 남들이 박수 친다고 기고만장하면 안 된다. 특히 술자리에서는 절도를 지키고 차라리 침묵하는 게 좋다.

말하라고 할 때 해라. 그런 때에도 여럿이 함께 있을 때는 피해야 한다. 튀기 위해 비판하는 것으로 보이면 끝이다. 당신은 투사가 아니다.

떨지 마라. 어차피 도전이다. 떠는 순간 그 도전은 실패다.

머리가 아닌 가슴으로 말하라. 이성적 접근은 실패한다. 잘못하면 '비평'하는 훈수꾼으로 비친다. 무한한 애정을 담은 고언, 상사와 같은 방향을 보는 비판으로 느껴져야 한다.
호불호를 말하지 마라. 회사는 그런 자리가 아니다. 시시비비를 말해야 한다.
추측은 금물이다. 근거나 논리가 있어야 한다. 상사의 역질문에 대한 준비가 돼 있지 않으면 조용히 있어라.
역린은 건드리지 마라. 누구에게나 절대 언급해선 안 될 예민한 대목이 있다. 그게 뭔지 모르는 사람은 나서선 안 된다. 자칫하면 지뢰를 밟는다.
과거는 들추지 마라. 미래에 초점을 맞추기도 바쁘다.
고칠 수 없는 것은 언급하지 마라. 책잡는 것밖엔 안 되며, 상사의 사기만 꺾을 뿐이다.
두괄식으로 말하라. 첫마디에 승부를 걸어 성공하지 못하면 마무리를 못할 수도 있다.
몰아붙이지 마라. 비판과 칭송 비율을 8:2로 하고, 칭송 2를 맨 앞과 끝에 하나씩 배치해야 한다.
상사가 천장만 쳐다보고 있으면 그쳐라. 그쳐야 할 때 그치는 법을 모르면 아예 입에 재갈이 물릴 수 있다.

결론적으로 트로이 목마가 되는 게 좋다. 겉은 상사와 회사를 향한 충정으로 포장되어야 한다. 아니, 실제로 충성과 애사심의 발로에서 비판해야 한다. 그래야만 목마 안에 감춰둔 비판의 칼로 회사와 상사를 바른길로 이끌고 함께 성공할 수 있다.

당하면서 배운 모름지기 보고란?

보고의 요령

직장생활하면서 귀에 딱지가 앉도록 들은 상사의 '보고론'의 요점은 두 가지다.

첫 번째, 좋은 보고는 상사가 찾기 전에 하는 것이다. 선수를 쳐야 한다. 상사는 어느 시점이 되면 궁금증 수치가 서서히 높아진다. 예를 들어 2분기 초반이 되면 1분기 실적 집계가 궁금해지는 것처럼 말이다. 어느 직원은 상사가 보고해달라고 지시할 때까지 아무 생각 없이 있다가, 상사의 말이 떨어지면 그제야 허겁지겁 보고서 작성을 시작한다. 이에 반해 어떤 직원은 상사가 이맘때쯤 이런 수치를 찾는다는 걸 기억해뒀다가, 상사가 찾기 전에 먼저 자료를 만들어 갖고 간다.

결과적으로 일하는 것은 똑같지만 누가 즐겁게 일하겠는가? 전자는 '시키는 일'을 한 것이고, 후자는 '자기 일'을 한 것이다.

이것은 끌려가는 것과 끌고 가는 것의 차이다. 당연히 시키는 일에 끌려가는 것보다는 자기 일을 끌고 가는 게 훨씬 힘이 덜 든다. 마라톤 할 때 선두권에 서서 달리는 사람이 힘든지, 꼬랑지에 붙어 달리는 사람이 힘든지 생각해보면 금세 답이 나온다. 그뿐 아니라 상사의 평가도 천지 차이다. 선수를 두느냐, 후수를 두느냐가 회사생활의 피로와 성패를 좌우한다.

두 번째, 좋은 보고는 상사의 관점에서 말하는 것이다. 상사의 눈에 들고 싶으면 상사의 눈으로 봐야 한다. "내가 보고를 받는다면 무슨 내용이 들어가기를 바라겠는가"를 생각해야 한다. 그러나 보통은 상사에게 보고하러 들어갈 때, 자기가 할 말을 머릿속에 열심히 정리하고 들어간다. 그래서 상사는 이렇게 당부한다. "상사 방에 들어가기 전에, 본인 스스로 상사가 되어서 그 일에 대해 5분만 생각해보라. 상사가 무엇을 궁금해할 것인가를 말이다."

이유는 간단하다. 상사는 부하 직원이 말하는 것을 듣고만 있지 않는다. 그것만 궁금한 것이 아니기 때문이다. 또한 허를 찔러봄으로써 보고서의 신뢰도를 시험하고, 자신이 알고 있는 것을 과시하고 싶어 한다.

그러므로 상사에게 무언가를 말하려고 할 때는 자기가 하고 싶은 말이 아니라 상사가 듣고 싶은 말, 즉 궁금해하는 것을 찾는 노력을 해야 한다. 그것이 상사를 즐겁게 만나고, 회사생활을 기분 좋게 하는 방법이다.

보고의 기술

다음은 상사에게 제대로 못한다고 혼나면서 배운 '보고의 기술'이다.

'보고' 느낀 것을 가감 없이 하는 게 보고다.
'보고'도 못 본 체하는 것은 아무것도 안 한 것이 아니라 허위 보고를 한 것이다. 방관과 누락도 거짓 보고다.
축소와 확대의 유혹에 빠지지 마라. 더하거나 덜지 말고 있는 그대로 전해라. "귀로 들은 것과 눈으로 본 것을 빠짐없이 보고한다. 단 귀로 듣지 않았거나 눈으로 보지 않은 것은 일언반구 입 밖에 내지 않는다." 김훈의 《칼의 노래》에 나오는 이순신 장군의 지침이다.
상사가 기분 좋을 보고만 하지 말고 부정적인 보고도 해야 한다. 대신 문제점뿐 아니라 해법도 함께 제시하자. 보고할 때 분위기는 안 좋아도 나중에는 고마워한다.
하고 싶은 얘기만 하지 마라. 모든 것을 테이블 위에 올려라. 특히 잘못돼가고 있는 것, 말하기 껄끄러운 것부터 얘기해라. 숨기지 마라. 거짓말하지 마라. 돌이킬 수 없다.
상사를 건너뛰고 싶은 생각을 버리자. 일일이 보고하는 것은 상사를 번거롭게 하고, 일을 지체시키는 것이라고 말하는 사람이 있다. 자기 합리화다. 사실은 혼나는 게 두려워서,

상사와 한 번이라도 덜 대면하고 싶어서 그러는 것이다. 자기 선에서 해결할 일은 없다. 사고는 꼭 그런 데서 난다.

친절하게 설명한다고 섣불리 비유법을 남발하지 말자. "나를 뭐로 보느냐"며 짜증낸다.

상사는 간단한 보고를 최고로 친다. 간략하게 정리가 안 되면 미루는 게 좋다.

상사가 제대로 알아들었는지 확인하자. 상사라고 다 알아듣는 것은 아니다.

보고한 내용을 다른 사람에게 크로스 체크(비교 검토)한다고 마음 상하지 말자. 이중 삼중 확인은 상사의 의무다.

보고한 증거를 남기자. 나중에 딴소리한다.

보고에서 유념해야 할 것

보고하는 사람과 보고받는 사람과의 회로 연결이 신뢰인가, 불신인가? 이것이 보고 내용 자체보다 더 큰 영향을 미친다. 신뢰로 연결되기 위해서는 어떻게 해야 하나? 자주 물어보는 게 좋다. 상사가 묻기 전에 먼저 물어라. 지시받았을 때 왜 시키는지, 얼마나 중요한 일인지, 어디에 쓸 건지, 언제까지 하면 되는지, 어느 정도의 완성도를 원하는지, 협조 받을 곳은 있는지, 비용은 얼마나 써도 되는지 꼬치꼬치 물어본다. 또한 도중에 궁금한 게 있으면 다시 찾아가 물어본다. 겉으론 짜증나는 표정을 짓지만 속으로는 믿음직스러워 한다. 보고 내용이 어느 정도 정리되면 '방향이 맞는지' 물어본다. 그런 연후에 보고하면 상사는 보고 전에 이미 수용한다.

자기가 해결할 수 있다고, 자기 생각이 맞을 거라고 건너짚지 마라. 아무 문제 아니라고 스스로 판단하지 마라. 중요한 말은 되물어라. "바쁘실 텐데 이런 것까지 물어봐도 되나?" "물어보면 내가 무능해 보이지 않을까?" "심려 끼치지 않게 내가 해결해야지." 왜 스스로 책임을 떠안고 있으려고 하는가. 왜 무거운 짐을 혼자 지고 가려고 하는가. 그럴 필요 전혀 없다.

이런 보고는 상사의 불신을 키운다

다음과 같은 내용의 보고는 안 하느니만 못한 보고다. 모름지기 보고의 달인이 되고 싶다면 지금 자신의 보고에 다음과 같은 문제점은 없는지 점검해보아야 한다.

목적이 불분명한 보고 → "뭐하자는 건데?"
알맹이가 빠진 보고 → "이런 보고를 왜 하지?"
일한 티를 내는 보고 → "고생했다 이거지?"
애매모호한 보고 → "지금 뭔 소리를 하는 거야!"
사실과 느낌이 혼동되는 보고 → "당신 생각이야 뭐야!"
근거가 빈약한 보고 → "뜬금없이 뭔 소리야!"

요점 정리가 안 된 보고 → "결론이 뭔데?"

추진 일정이 없는 보고 → "어떻게 하려고?"

인적·물적 확보 방안이 없는 보고 → "이게 가능해?"

장황한 보고 → "나보고 공부 좀 하라고?"

결론부터 말하고 그 이유를 세 가지로 정리하는 게 무난하다. 세 가지 이점, 세 가지 중점 사항… 같은 식으로. 세 가지를 열거할 때는 보고받는 사람이 관심 갖는 것부터, 복잡하지 않고 간단한 것부터, 어렵지 않고 쉬운 것부터, 멀리 있지 않고 가까이 있는 것부터 머릿속에 번호를 매겨놓고 또박또박 말한다. 복잡한 것, 어려운 것, 멀리 있는 것부터 말하면 간단한 것, 쉬운 것, 가까이 있는 것을 말할 기회가 없을 수도 있다.

나아가 단순한 전달에 그치지 않고, 보고받는 사람이 무언가를 연상하고, 새로운 발상을 할 수 있게 해주면 더욱 좋다. 그러려면 그 사람이 알고 싶어 하는 것뿐만 아니라 전혀 생각해보지 못한, 모르는 것에 관해서도 "이런 게 있습니다" 하고 내밀 수 있어야 한다.

보고는 자기 세일즈와 문제 해결, 위기관리의 '보고寶庫'다. 보고만 잘해도 직장생활은 문제없다.

상사의 품에 안겨라!

아부의 심리학

나라와 백성을 위해 목숨 걸고 직언한 신하를 역사는 충신이라 했다. 왕의 귀에 거슬리는 소리도 마다치 않는 것이 충신의 첫째 조건이다. 그러나 이러한 잣대를 기업에 들이대면 맞지 않다. 정치와 경영은 충성 대상이 다르다. 정치는 국민을 위해서 한다. 그러나 기업에게 국민은 충성 대상이 아니다. 상사가 그 대상이다. 상사 귀에 거슬린 소리를 하는 것은 미덕이 아니다. 상사의 환심을 사기 위해 하는 아부 역시 나쁜 게 아니다. 상사를 추종하는 게 정상이다. 기업에는 예스맨이 필요하다. 회사 일은 "예"에서부터 시작된다.

생각을 바꾸어라

상사에게 토를 다는 사람의 심리는 무엇일까? 핑계를 찾는 것일 수 있다. 피 튀기는 경쟁에서 이길 자신은 없고, 어차피 도태될 것이니 명분이라도 쌓자는 것 아닐까. 토 달지 말고 다짜고짜 옳다고 해라. 무조건 편들어라. 직언하는 사람을 역사는 충신으로 기록하지만, 회사는 나약한 사람으로 기억한다.

25년간 직장에서 글 쓰면서 가장 힘들었던 것이 '지적질'이다. 내로라하는 글쟁이들의 지적질 허들을 통과해야 했다. 지적당하는 내용은 생각이 다른 부분이다. 옳고 그르고, 맞고 틀리고의 문제도 간혹 있지만, 대부분은 다름에서 비롯된다. 선호가 다르고 생각이 다른 것이다.

처음에는 차이를 받아들이지 못했다. 마음속으로 대들었다. 그저 혼나지 않기 위해 일했고, 하루하루가 힘들었다. 이때 생각했던 것이 세 가지다. '이 시간도 지나겠지', '내일은 내일의 태양이 뜨겠지', '이 사람과도 언젠가는 헤어지겠지'. 행복할 리 만무했다. 어느 때부턴가 조금 편안해졌다. 어차피 내 일이 아니라고 깨달은 무렵이었다. 남의 일을 할 때는 남에게 맞춰주는 게 맞다고 생각했다. 억지로 차이를 받아들였다. 하지만 늘 한구석이 허전했다. 보람과 성취가 없었다.

진정한 마음의 평화는 한참 후에 찾아왔다. 마음을 고쳐먹은 후였다. '내가 누구를 도와주고 있는 게 아니라, 누구에게 배우고 있구나. 많이 지적당할수록 많이 배우는구나.' 그때부터 지적을 달게 받아들였다. 나아가 지적하는 사람을 위하는 마음으로 글을 썼다. 그런 마음으로 한 번 더 보고, 한 번 더 생각했다. 글 쓰는 일이 비로소 즐거워졌다.

어디 글 쓰는 일뿐이겠는가. 직장은 차이 속에서 비난하고 매도하고 질시하고 상처받는 분투의 장이다. 아침형 인간은 저녁형 인간을 이해하지 못하고, 엉덩이로 승부하는 사람은 머리로 일하는 사람을 인정하려 들지 않는다. 차이가 스트레스를 부른다. 차이로 인해 불행하다. 차이를 어떤 자세로 어떻게 극복하느냐에 직장생활의 성패와 행불행이 달려 있다.

답을 프랑스 철학자 질 들뢰즈Gilles Deleuze의 '차이의 철학'에서 찾는다. 들뢰즈의 차이는 관용이 아니다. 단지 받아들이고 인내하는 게 아니다. 차이 자체를 긍정하는 것이다. 다르게 존재하는 것을 존중하는 것이다. 나아가 내가 변하는 것이다. 내가 다른 사람과 만나 새로운 존재로 거듭나는 것이다. 직장생활 성패는 차이를 어떻게 극복하느냐에 달려 있다. 방법은 내가 생각을 바꾸는 것이다.

아부는 상사를 향한 칭찬

자기 얼굴을 본 사람이 있는가. 거울을 통해서만 볼 수 있을 뿐이다. 생김새가 아닌 자신의 됨됨이는 어떻게 알 수 있을까. 남의 평가를 통해서 안다. 그래서 누구나 평판에 신경 쓴다.

아부는 윗사람에 대한 좋은 평판을 전하는 행위다. 상사를 향한 칭찬이다. 칭찬의 힘에 관해서는 모두가 이견이 없다. 그렇다면 아부에 대해서도 거부감을 가질 하등의 이유가 없다. 아부는 용기를 북돋아주는 힘이 있다. 자기암시와 플라세보 효과도 있다. 그뿐만 아니라 아부는 서먹한 관계를 원활하게 하는 윤활유 역할을 한다. 그런 점에서 아부는 부하 직원의 의무이기도 하다.

상사들이 좋아하는 아부의 유형

상사들은 세 종류의 아부를 기대한다.

첫째는 역량에 관한 칭찬이다. 일 잘하고 똑똑하단 소리를 듣고 싶어 한다. 특히 상사 스스로 자랑스러워하는 부분을 찾아서 치켜세워주면 좋아한다.

둘째는 명분으로 포장해주는 것이다. 모든 상사는 이기적이다. 그러면서도 이타적인 사람으로 보이고 싶어 한다. 존경까지 기대한다. 그러므로 상사의 이기적인 본질을 감추고 조직을 위해 불철주야 헌신하는 상사로 스스로를 착각하게 해주는 아부가 필요하다.

셋째, 외로움을 달래주는 것이다. 상사는 고독하다. 부하들이 자신을 어떻게 평가하는지 궁금하다. 왕따 시키지나 않을까 전전긍긍한다. 농담도 하고 술도 같이 마셔줄 사람이 고프다. 무엇보다 부하들이 좋아하고 따르는 상사가 되고 싶다.

효과적인 아부의 기술

고언은 쉽고 아부는 어렵다. 나는 성격상 아부를 못한다고 생각하는가. 그렇지 않다. 아부하는 역량이 부족한 것이다. 아부는 고려해야 할 것, 갖춰야 할 것이 많다. 고언은 사리 분별할 줄 알고 자기 이익을 기준으로 앞뒤 재는 것만 포기하면 된다. 한마디로 우직하기만 하면 진국 소리를 듣는다. 아부는 그렇지 않다. 아부를 잘하는 데는 기술이 필요하다.

먼저 수사와 논리에 밝아야 한다. 받아쓰기나 하고 앉아 있어서는 안 된다. 미사여구만 늘어놓는 것도 하수다. 상사가 좋아하는 말을 잡아내는 감이 있어야 한다. 아울러 이것을 아부가 아닌 것처럼 둔갑시키는 수사력을 갖춰야 한다. 이른바 마사지 능력이 있어야 한다. 또한 아부를 사실적으로 뒷받침할 수 있는 논리력이 있어야 한다. 곡학아세 역량이 있어야 하는 것이다. 입안의 혀처럼 자연스럽지 못하면 상사 얼굴이 붉어진다. 기껏 상사를 위한다고 한 말이 상사 '엿 먹이는' 결과가 될 수 있다.

뻔뻔함도 있어야 한다. 아부는 소신 없는 사람이 하는 것이라는 비아냥은 틀렸다. 줏대와 배짱 없이는 아부하기 어렵다. 회식 후에 사장이 신을 편하게 신을 수 있도록 구두 굽을 잡아주는 임원을 봤다. 그 모습을 보며 뒤에서 혀를 차는 임원들이 있다. 사실은 그들도 하고 싶지만 용기가 없어 못하는 것이다. 사장의 아들을 지칭할 때, '영식님'이라고 당당하게 말해보라. 뻔뻔함은 회사원의 생존 도구다.

하는 척하기만 하면 하수다. 실제 마음이 붉어야 한다. 마음에 없는 소리는 금세 들통 난다. 상사를 향한 일편단심이어야 한다. 상사가 없는 자리에서도 마음에서 우러나와 용비어천가를 부르는 사람이어야 한다. 그런 경우 주변 동료들은 '졌다'고 반응하다가, 나중에는 본받기 위해 노력한다.

사심이 없어야 한다. 구체적인 목적 없이 칭찬하는 아부는 '선물'이지만, 상대방을 속이고 이득을 취하려는 아부는 '뇌물'이라고 했다. 프랜시스 베이컨의 말이다. 옳은 말이다. 상사는 아첨하는 사람을 좋아하면서도 불신한다. 배신하지 않을 것이라는 확신을 줘야 한다. 특히 대가를 바라면 안 된다. 상사와 정신적인 거리가 가까운 것에 만족해야 한다. 정신적 경호실장! 그곳이 가장 좋은 자리다. 사리사욕을 채우려고 들면 그 자리는 금세 사라진다.

절제가 필요하다. 아무 때나 나대면 안 된다. 나설 때와 물러설 때를 알아야 한다. 예뻐한다고 너무 가까이 가면 안 된다. 바늘로 허벅지를 찌르며 경계해야 한다. 해바라기는 해를 바라봐야 하지만 너무 가까이 가면 타 죽는다. 거리를 두고 있는 듯 없는 듯 아첨하는 부하를 상사는 기특한 눈으로 보고 있다.

누구나 아부할 수 있는 것도 아니다. 자격 요건이 있다. 무엇보다 일을 똑 소리 나게 해야 한다. 일도 못하면서 주저리 얘기하면 들어주지 않는다. 주변 사람들에게 인기도 있어야 한다. 아부는 혼자 할 수 없다. 작당할 줄 알아야 한다. 사람을 끌어 모으는 역량이 있어야 한다. 이런 조건을 갖추지 못한 사람의 아부는 상사를 불편하게 하거나 스스로를 궁지에 몰아넣는다.

기회도 마냥 주어지는 게 아니다. 적중률이 높을 때에만 지속할 수 있다. 평상시엔 아첨하지만 결정적인 순간에는 직언도 해야 한다. 그래야 말발이 선다. 그렇지 않으면 상사도 싫어한다. 때로는 상사와 얼굴 붉히며 맞설 필요도 있다.

그렇다면 상사가 아첨꾼들에게만 둘러싸이는 것을 피하려면 어떻게 해야 할까. 마키아벨리가 이미 방법을 알려줬다. "듣기 싫은 소리를 듣더라도 결코 화를 내지 않는다는 것을 널리 알려라."

아부에 대한 편견 버리기

날 선 비판을 한다고 상사가 그것이 칭송이라고 알아듣지 못할까? 그렇지 않다. 상사는 쓴소리를 하건 달콤한 소리를 하건 무슨 소리인지 다 알아듣는다. 모르는 척 할뿐이다. 그뿐만 아니라 하고 싶은 일은 어떤 진언을 해도 하고야 만다. "아니 되옵니다"는 소용없다. 결론은 똑같다. 다만, 그 말을 한 사람에 대한 대접은 달라진다. 불쾌한 소리를 한 사람은 마음에 담아둔다. 험한 비판은 비수로 되갚는다. 공자님도 제자인 자공이 벗에 대해 묻자 "충고해서 잘 이끌어 주다가 도저히 안 되겠거든 그만두어라. 자칫 네가 욕보는 일이 생길 수 있다"고 했다. 고언은 실제로 뒷맛이 쓰다.

아부에 관한 편견을 버리자. 상사의 환심을 사기 위한 노력이 왜 나쁜가. 스스로 모난 돌이 되어 정 맞을 필요가 있는가. 회사는 입바른 소리의 경연장이 아니다. 입에 발린 소리만 해도 살아남기 힘든 각축장이다. 누군가 "당신 해도 해도 너무 하는 것 아니냐?"고 힐난하면 회사원에게 영혼이 어디 있냐고 당당하게 말할 수 있어야 한다.

오래전 회사 워크숍에서 겨울바다에 뛰어드는 벌칙을 받은 적이 있다. 가장 힘든 순간은 뛰어들까 말까 망설이며 해변을 서성일 때였다. 막상 바다에 뛰어드니 푸근했다. 따뜻하기까지 하다. 상사의 품에 뛰어들라. 눈치 보지 말고 주춤거리지 말고 화끈하게 안겨라.

상사 말할 때 입 내밀지 마라

직장생활은 재주가 아니라 태도다

회사는 고를 수 있지만, 상사는 선택할 수 없다. 그래서 회사에 다니다 보면 나이 어린 사람이 상사로 와서 직장생활이 꼬이기도 하고, 운 좋게 대학 다닐 때 절친했던 선배가 상사로 와서 회사생활이 활짝 피기도 한다. 하지만 분명한 것은 회사가 화기애애함을 추구하거나 끈끈한 정을 나누는 곳은 아니라는 점이다.

기업 현장에서 포용과 배려? 섬김의 리더십? 그런 것을 기대해선 안 된다. 경영은 당위도 아니고 도덕도 아니다. 가장 현실적인 활동 영역이다.

상사를 향한 도전은 결코 용서받지 못한다. 권위에 도전해서 성공하는 경우는 조폭 세계뿐이다. 상사에게 인간적으로 접근해서 가까워지려는 시도 역시 무모한 도전이다. 누군가 "도전은 실패해도 아름다운 추억이 남는다"고 했지만, 상사에 대한 도전은 뼈아픈 후회와 회한뿐이다. 또한 아무리 뜻이 좋아도 상사를 가르치려고 들면 안 된다. 반드시 실패한다. 상사의 선의를 기대하고 모든 것을 솔직하게 털어놓는 사람도 오래가지 못한다.

본인이 의식하건 의식하지 않건 간에 상사는 대부분 마키아벨리적인 사고에 동조하는 사람들이다. 마키아벨리는 이런 말을 남겼다. "어버이의 죽음은 쉽게 잊어도 재산의 상실은 좀처럼 잊지 못하는 게 인간이다." "인색하다는 평판에 신경 쓰지 말아야 한다." "잔인하다는 비판을 두려워해선 안 된다." 이런 상사 아래서 살아남는 길은 끊임없이 적응하는 길밖에 없다.

바람직한 직원의 태도

상사는 과거 역사드라마에 등장했던 '궁예'처럼 '관심법'을 가진 사람이다. 뭐든지 꿰뚫어본다. 하물며 겉으로 드러나는 태도는 그 자리에서 바로 스캔되어 머릿속에 저장된다. 그렇다면 상사와 만나는 자리에서 직원은 어떤 태도를 보여야 할까?

첫째, 표정 관리가 중요하다. 회의 시간에 상사가 얘기할 때 눈 맞추지 않는 사람, 무슨 불만이라도 있는 것처럼 '주둥아리'를 삐죽이 내밀고 있는 사람은 정리 1순위다. 실제로 그래서 '잘린' 사람도 봤다. 상사와 만날 때는 호기심 어린 눈빛을 보여야 한다. "당신이 궁금해서 미칠 것 같다" 또는 "당신을 배우고 싶다"

는 눈으로 봐야 한다. 받아 적기와 고개 끄덕이기, 추임새 넣기는 기본이다. 사람은 누구나 자기를 좋아하는 사람을 좋아한다.
둘째, 적극적으로 말해야 한다. 상사에게 말할 기회를 줘야 한다. 자락을 깔아주는 질문을 잘해야 한다. 그러면 상사는 권위를 인정받고 있다고 느낀다. 넌 모르지만 난 다 안다는 표정으로 우쭐한다. 다만 상사가 진짜 모르는 것은 물으면 안 된다.

상사는 그다지 바쁘지도 않다. 휴일에 전화하면 엄청 좋아한다. 부인 있을 때 전화하면 특히 반긴다. 평일에 바쁜 척했는데 휴일에 전화 한 통 안 오면 머쓱하기 때문이다.

말은 할수록 오해가 줄어들고 공감대는 넓어진다. 말을 해서 무지가 드러나고 괜한 문제가 생기는 위험보다, 말을 안 해서 잃는 손실이 더 크다.
셋째, 글로 표현하라. 휴대전화 문자나 짧은 이메일 같은 스몰토크를 잘해야 한다. 정식 보고서 아홉 번 잘 쓰는 것보다 한 번의 스몰토크가 더 기억에 남는다. 회장 생일날 축하 문자 보내는 것을 겸연쩍어하지 마라. 높은 사람일수록 사소한 것에 감동한다.

그러나 억지로는 하지 마라. 글은 마음의 표정 같은 것이다. 진심으로 상사를 좋아하지 않으면 쓰지 않는 게 좋다. 꾸며내면 다 보인다.

주인의식 가진다고 주인 안 된다

임원들만 아는 직장 처세 15훈

그날 하마터면 '잘릴' 뻔했다. 시작은 회장을 좀 쉬게 해드리는 것이 좋겠다는 충정에서였다. 조직과 회장 모두의 건강을 위해서 그래야 한다는 일념으로 말이다.

"회장님, 건강도 살피실 겸 회사에 있는 시간을 좀 줄이시죠."

"자네 지금 나보고 물러나란 소린가?"

"그런 말씀이 아니고… 회장님 건강을 위해서…."

"아니 그 소리가 그 소리 아닌가. 차라리 감방에 가라고 하지. 거기 가면 건강 잘 챙겨줘. 제때 밥 먹지, 휴식 충분히 하지, 운동까지 시켜줘. 나 감방 갈까?"

그때 알았다. 회장은 우리와 다른 '인간'이란 것을. "그 정도 돈 있으면 편히 살겠다"는 우리와 다르다. 일하는 게 즐거운 인간이다. 끝없이 욕망하는 인간이다.

똑똑하게 처신하는 법 15가지

회사생활을 처음 시작한 게 1990년 1월이다. 이후 줄곧 바른 생활 이야기만 들었다. 그러나 현실은 달랐다. 옳은 얘기이긴 한데 맞는 얘기는 아니었다. 이 사실을 미리 알았더라면 회사생활이 많이 달라졌을 텐데. 불필요하게 힘들어하지 않고 무모하게 욕심내지 않았을 텐데 말이다.

하늘은 스스로 돕는 자를 돕는다? 천만의 말씀이다. 회사에서는 노력한 만큼 돌아오지 않는다. 계획대로 되는 일은 없다. 간절히 꿈을 꾼다고 이루어지지 않는다. 결국 운칠기삼運七技三이다. 하늘은 운 좋은 사람을 돕는다. 이것을 빨리 알면 알수록 정신 선상에 좋다.

들이대면 짜증난다? 사사건건 자기 잇속 잘 챙기는 친구들이 있다. 한가한 해외 출장 있으면 악착같이 찾아 먹고, 조금이라도 불이익이 있으면 이의 제기해서 반드시 바로잡는다. 인간적으로 참 얄밉다. 그러나 조직은 똑 부러진다고 평가한다. 조직에서도 성공한다. 영악한 여자가 결혼해서 잘사는 것처럼. 실은 누구나 그런 친구같이 살고 싶어 한다. 배짱이 없어 따라 하지 못할 뿐.

인사해도 '쌩까라?' 복도에서 인사해도 잘 안 받는 사람이 있다. 이런 '자'와 부딪히면 나도 모르게 외면하게 된다. 근데 그게 패착이다. 인사는 자기가 안 받아놓고 "누구는 인사도 안 한다"며 동네방네 씹고 다닌다. 그런 사람일수록 인사에 예민하다. 또 조직 내에서 '말빨'도 세다. 인사는 치명적인 소통 수단이자 가장 손쉬운 아부다. "안녕하세요" 한마디면 된다. 자존심을 잠시 숨겨라.

우직한 게 좋다? 어느 직원이 나에 대해 안 좋은 소리를 하고 다닌다는 소리를 들었다. 그것도 한 번이 아니라 여러 번 들었다. 그런데 내 앞에서는 '짜웅'을 잘한다. 나를 들었다 놨다 한다. 나는 이 친구가 싫지만 내치지 못한다. 적이 되었을 때 감당해야 할 그 무엇이 두렵고, 언젠가 도움이 될 것 같은 기대도 있다. 아무튼 우직함보다는 존재감이 먹힌다.

준비해서 말해라? 부하 직원들이 한마디 시킬 것 같은 회식 자리가 있다. 무슨 말을 할까 열심히 준비한다. 실제로 시킨다. 갑작스런 주문에 당황하는 것처럼 일어선다. 준비된 말을 청산유수로 내지른다. 듣는 사람은 없다. 말을 길게 한 것만으로 꼰대가 됐다. 생각은 깊게, 말은 짧게 하는 게 맞다.

친절하게 코칭한다? 회사는 주일학교가 아니다. 자상함은 미덕이 아니다. 듣는 사람은 자기 유리한 대로 해석한다. 타이름을 받는다고 생각한다. 쿨한 상사가 돼라. 회사는 코칭 잘하는 상사를 좋아하지 않는다. 그럴 시간 있으면 한마디라도 더 쪼아주기를 바란다.

회사에 '몰빵'하라? 그러면 우습게 본다. 회사와 자기를 동일시하지 마라. 당신은 회장이 아니다. 회사는 당신 것이 아니다. 회사는 그런 환상을 심어주고 착각하게 만든다. 그러나 정작 그렇게 착각하는 사람을 회사는 대우해주지 않는다. 끝까지 '나는 나'라고 고집하는 직원을 우대한다. 언제든지 떠날 듯이 겉돌아야 그나마 무시당하지 않는다. 하지만 이것도 실력을 갖춘 자만이 누릴 수 있는 특권이다.

술자리 기피하면 왕따된다? 편하게 술 마시는 자리는 아무런 도움이 안 된다. 기껏해야 회사 돌아가는 뒷이야기 듣는 게 고작이다. 그런 얘기는 궁금해할 필요가 없다. 그런 것만 꿰차고 있는 친구치고 회사에서 잘되는 경우를 못 봤다. 또 그런 자리에 동참한다고 동지애가 싹 트는 것도 아니다. 시간 낭비다. 대신 상사에게 술자리를 청하라. 불편하지만 그게 남는 장사다.

진심으로 충고한다? 애정 어린 충고는 의미가 없다. 듣는 사람이 받아들이지 않기 때문이다. "두려움과 인센티브만이 사람을 움직이는 동력이다"라는 말이 있다. 충고 역시 힘으로 강제하거나 인센티브로 유혹하거나 둘 중에 하나다. 그래도 성공 가능성은 매우 희박하다. 자기는 진심을 담아 충고하지만, 그런 충고는 누구도 반기지 않는다. 충고한 사람을 두고두고 좋지 않은 감정으로 기억할 뿐이다.

농사나 짓는다고? 입버릇처럼 그만두겠다는 사람이 있다. 장사하거나 농사를 짓겠다고 한다. 그런 사람이 그만두는 것 봤는가. 제발 그만둔다는 소리 좀 하지 마라. 처량해 보인다. 그만둘 사람은 소리 없이 있다가 사표를 던진다. 장사나 농사는 아무나 하는 것인 줄 아나? 그것이 얼마나 어려운 줄 알면 그런 소리 못한다. 그리고 칼은 칼집 안에 있을 때 무서운 법이다. '사표'라는 마지막 카드 하나 가슴 속 깊은 곳에 넣어두고 다니면 든든하지 않겠는가.

학벌이 좋으면 성공한다? 좋은 학벌은 그 자체만으로는 득도 실도 아니다. 오히려 충성심 없는 학벌은 재앙이다. 충성심 있는 학벌 또한 끊임없이 의심받는다. 자칫 헛디디면 천 길 낭떠러지로 추락한다. 학벌과 실력은 비례관계도 아니다. 그럼에도 사장 중에는 좋은 학벌이 많다. 그들은 교묘하게 충성심을 내보일 줄 아는 사람들이다. 아니면 임명권자의 허세가 작용한 탓이다.

때를 기다려라? 위로할 때나 쓰는 말이다. 때는 기다린다고 오지 않는다. 자기가 만들어야 온다. 여유 있게, 고상하게 해서도 안 된다. 악착같이, 주도면밀하게 만들어야 생기는 게 기회다.

나는 욕심 없다고? 휘발유 없는 자동차다. 아무리 멋진 차라 할지라도 쓸 기회 자체가 주어지지 않는다. 욕심이 핵심 동력이다. 욕심 부리지 않고 평범하게 살겠다는 사람은 두 가지 중 하나다. 욕심 부려도 안 될 것 같으니까 지레 포기하는 것이거나, 욕심 부렸다가 안 되면 자존심 상하는 게 싫은 것이다. 회사는 욕심으로 움직이고 발전한다.

마당발이 승진한다? 흔히들 직장생활은 관계의 기술이고, 인간관계가 곧 실력이라고 말한다. 이런 말에 세뇌된 우리는 관계가 불편하면 불안해 한다. 그래서 사방팔방 좋은 관계를 유지하려고 한다. 그러나 그럴 필요 없다. 좋은 사람과 좋은 관계를, 나쁜 사람과는 나쁜 관계를 갖는 게 맞다. 또한 비주류 열 사람 만나는 시간에 주류 한 사람에게 정성을 쏟는 게 유익하다. 특히 상사가 가까이하는 사람과는 가깝게 지내야 한다. 다만 외부에 치는 관계 그물은 내부와 달리 넓으면 넓을수록 좋다.

인정에 호소하면 들어줄 것이다? 들어주는 척만 할 뿐 더 세게 내친다. 불똥이 옆에 머무는 것을 두고 볼 사람은 많지 않다. 어려움은 곪아 터질 때까지 발설하지 않는 게 상책이다. 드러나는 순간 서로 물어뜯으려고 달려든다. 회사 안에서 동정심이란 없다. 동정심이 많은 사람은 스스로 회사를 떠났거나 타의에 의해 이미 집에 갔다.

왜 상사는 허구한 날 위기라고 징징댈까?

위기관리, 어떻게 할 것인가

내가 다니던 그룹의 31주년 기념사에 이런 대목이 있었다.

"기업 수명 30년설을 단호히 거부합니다."

그 후 2년이 채 안 돼 그 회사는 역사의 이름으로 남았다.

불확실성 시대의 경영은 다른 말로 위기관리라 해도 과언이 아니다. 우리는 상시적이고 전방위적으로 위기에 노출돼 있으며, 위기로 말미암은 충격도 과거와 비교할 수 없이 크다. 그만큼 위기관리의 중요성이 커진 것이다.

위기는 관리할 수 없다

위기가 발생했을 때는 그 이전과 양상이 전혀 달라진다. 언론과 오피니언리더 중에 평소 가깝다고 생각했던 쪽이 가장 먼저 등을 돌린다. 외면하는 것에 그치지 않고 남보다 더 가혹하게 매질을 해댄다. 조만간 흘러 사라질 물에 자기는 발 담그고 있지 않았다는 걸 보여주기 위해서다. 내부 구성원도 마찬가지다. 회사에서 아끼고 대우해줬던, 그래서 누구보다 혜택을 많이 받았던 사람 가운데 '배신자'가 속출한다. 다른 직원들에 비해 속사정까지 훤히 알고 있는 그들이 비난하고 나서면 회사 입장에선 더 서운하고 더 아프다. 그런 점에서 위기관리란 말은 말 자체가 성립되지 않을지도 모른다. 이미 발생한 위기는 관리되지 않는다. 위기 발생 이전에 위험을 관리하는 게 우선이다.

위기 단계별 접근법

징조에 반응해야 한다. 위기는 말없이 온다. 위기라고 고함지르며 오면 그건 위기가 아니다. 대처할 수 있기 때문이다. 이렇듯 위기는 늘 해오던 일의 연장선에서 온다. 조금씩 천천히 오기 때문에 일상의 눈으로 보면 보이지 않는다. 따라서 위기 징후를 감지할 수 있는 시스템을 갖춰놓아야 한다. 그리고 나타나는 징후에 민감하게 반응해야 한다. 이에 따라 앉아서 위기를 당하는 기업과 사전에 피해가는 기업이 나뉜다. 그런데 여기에 역설이 하나 있다. 사전 예방을 잘해서 위기를 맞지 않게 노력한 부서보다, 사전 대응에 철저하지 못해 위기를 맞았지만 위기관리를 잘해 이를 극복한 부서가 더 대우받는 현상이 그것이다. 사후에 관리한 위기는 보이지만 사전에 막아낸 위기는 아무도 모르기 때문이다.

위기는 다양한 내외부 요인들이 복합적으로 작용하여 일어난다. 하지만 크게 보면 경영상의 문제 아니면 돌발사건으로 온다. 돌발사건은 예상할 수 없기 때문에 논외로 하고, 경영상의 문제로 인한 위기는 사전에 대응하는 게 중요하다. 이런 위기를 예방하기 위해서는 그에 맞는 의사소통 구조와 기업문화를 갖고 있어야 한다. 일종의 '자체 제보'가 활발하게 이뤄져야 한다.

허둥대지 않아야 한다. 위기일수록 더 냉정해져야 한다. 위기 상황에선 차분함이 필수 덕목이다. 마음속으로 '침착, 침착!'을 되뇌어야 한다. 특히 최고경영자가 중심을 꽉 잡아야 한다. 그러기 위해선 두 단어를 잊어야 한다. 바로 '모면'과 '봉합'이다. 모면하고 봉합하려고 흔히 저지르는 것이 임기응변의 말실수다. 결과는 회복 불능이다.

모면하려고 해선 안 된다. 정면으로 부딪혀야 한다. 피한다고 피해지는 게 아니다. 덮으려고 해서 덮이지 않는다. 기회로 활용하는 역발상을 해야 한다. 당장 세 개 잃고 장기적으로 일곱 개 얻자는 생각이 바로 그것이다. 물론 그런 생각을 하기가 쉽지 않다. 결단이 필요하다. 당장의 이익을 포기하자. 대신 장기적으로 좋은 이미지를 구축하자고 마음먹을 필요가 있다. 위기 상황에서는 이목이 집중된다. 좋지 않은 일로 쏠린 이목이지만 이 상황을 활용하는 것이다. 대처를 잘해나가면 위기 이전보다 더 좋은 회사 이미지를 만들 수도 있다. 그것이 결국 남는 장사다.

야구에서 노아웃 만루 상황이면 한 점은 내줄 생각을 해야 한다. 한 점도 안 주려고 안간힘을 쓰면 대량 실점, 재기 불능 상황에 부닥치게 된다. 줄 것은 주고 공격 기회에서 더 많은 득점을 한다는 배짱이 필요하다. 기업에서 가장 중요한 가치는 지속 가능이기 때문이다.

사태를 객관적으로 직시한다. 가장 중요한 것은 '사실'이다. 그러나 사실이 전부는 아니다. 잘못한 게 없더라도 밖에서 잘못한 것으로 보면 그것도 사실에 속한다. 그러므로 진짜 사실과 밖에서 믿는 사실, 이 두 가지를 다 봐야 한다. 그게 객관적인 관점이고, 사태를 직시하는 것이다. 마찬가지로 거짓말하지 않는 것만으로 할 일을 다한 게 아니다. 뭔가 숨기고 있다는 인상을 주는 것도 거짓말에 버금가는 잘못이다. 이 모두가 사실에 해당한다. 사실은 파악하는 것으로만 끝나지도 않는다. 받아들여야 한다. 자기 잘못으로 일어난 것이라는 사실을 인정해야 한다. 사실 인정에서는 세 가지가 중요하다. 첫째, 마지못해 해선 안 된다. 먼저 적극적으로 해야 한다. 둘째, 조건을 달면 안 된다. 쿨하게 인정해야 한다. 셋째, 내가 주어가 돼야 한다. 핑계와 책임 전가, 부인과 반발은 위기를 더 키울 뿐이다.

한마디로 규정한다. "이번 사태는 이것입니다"라고 말할 수 있는 한마디를 찾아야 한다. 말이 길면 꼬투리를 잡힌다. 해석이 구구하다. 그러므로 최대한 나에게 유리하면서도, 밖에서 인정하는 한마디를 찾아야 한다. 유리함과 인정 사이에서 절묘한 위치를 찾아 거기 서야 한다. 내게 유리할수록 좋겠지만, 그리하면 밖에서 믿어주지 않는다.

내부 목소리를 통일시킨다. 한마디가 만들어지면 구성원이 한목소리를 내도록 해야 한다. 물론 대변인부터 지정한다. 모든 소문은 안에서 만들어져 밖으로 나간다. 신속하게 일문일답 자료를 만들어 내부에 배포하는 것도 효과적인 대응이다.

입장을 밝힌다. 위기 상황이 되면 언론들이 뭔가를 쓰기 위해 안달한다. 내놓으라고 재촉한다. 하지만 사태를 파악하고 한마디를 찾기까진 말을 아껴야 한다. 물론 그 시간을 최대한 단축해야 한다. 그렇지 않으면 추측해서 쓰거나 불리한 증언을 토대로 기사를 작성하기 때문이다.

입장 표명은 사안의 경중에 따라 다르지만, 최고경영자가 직접 나서는 게 좋다. 대신 최고경영자는 평소처럼 재량권을 갖고 말해선 안 된다. 준비된 말만 해야 한다. 처음 입장 표명 자리는 경위 설명이나 간단한 사과도 곁들이지만, 사태를 규정해주는 것이 핵심이다. 사태에 관한 입장을 분명하게 밝히는 데에 초점을 맞춰야 한다. "당신은 그 얘기밖에 몰라? 다른 것 없어?"라며 도발해도 욱하지 말고, "나 잡아 잡수쇼" 하는 자세로 미련하게 대응해야 한다. 그래야 그게 사실이 되고 그 말이 신문과 방송에 나간다.

위기 극복 전략을 짠다. 최악의 경우를 상정하고 앞으로 전개될 예상 시나리오와, 위기 종료 시까지 점검해나가야 할 체크리스트를 작성한다. 예를 들어 '사과'와 관련하여 향후 전개 양상에 따른 사과 시점과 방식, 사과문에 들어갈 항목 등을 구체적으로 정한다. 그러나 계획한 대로 되는 일은 없다. 지속적으로 모니터링하면서 상황 변화에 따라 유연하게 수정과 실행을 거듭해가야 한다. 참고로, 'CAP룰'이란 게 있다. 사과문을 작성할 때 들어가야 할 내용과 각각의 비중이다. 잘못의 확인과 인정, 반성 및 사과, 피해자에 대한 미안함과 안타까움 표시Care & Concern에 30%, 원상 복구 및 피해자 보상 등 향후 처리 대책Action에 60%, 재발 방지 약속Prevention에 10%를 할애하라는 것이다.

언론과의 소통이 위기관리의 전부다. 작게는 피해 당사자, 크게는 국민들의 판단과 인식을 우호적으로 바꾸는 것이 위기관리다. 바꾸기 위해서는 커뮤니케이션해야 한다. 커뮤니케이션 통로는 언론이다. 언론보다 더 적극적으로 더 빠르게 대응해야 한다. 언론이 무슨 자료를 필요로 할지 예측하고 준비해서 먼저 제시하고 이끌어가야 한다. 그렇지 않으면 경쟁사에 가서 나쁜 얘기만 듣고 쓴다.

국면 전환은 섣불리 시도하면 안 된다. 맞을 만큼 맞아야 한다. 사태의 경중에 따라 맞아야 하는 분량이 있다. 그 양이 찰 때까지는 묵묵히 맞고 있는 게 좋다. 그런 연후에 끝내기 수순에 들어가야 한다. 그렇지 않고 끝내려는 것은 수술 가위를 배에 넣고 봉합하는 것이다. 반드시 재발하고 더 아프게 다가온다. 국면 전환에서 중요한 것은 의외성이다. 누구나 예상하는 방식, 기대하는 수준으로는 국면이 바뀌지 않는다. 예상을 뛰어넘는 파격이 있어야 한다. 그것이 사과가 됐든, 피해 보상이 됐든, 책임자 처벌이 됐든, 재발 방지책이 됐든 말이다.

위기를 대하는 잘못된 태도는 두 종류다. 하나는, 없는 위기를 만들어내 평소에 위기감을 조성하는 경우다. 상사 대부분이 이 부류에 속한다. 직원들을 들볶기 때문에 당연히 인기가 없다. 스트레스 받고 짜증난다.

다른 하나는, 닥친 위기를 위기가 아니라고 덮는 타입이다. 통도 크고 멋있다. 인기 최고다. "위기를 외면하는 상사가 어디 있느냐, 괜한 소리 하지 말라"고 한다. 이미 없어진 회사의 상사가 그런 부류였다.

상사 승낙받는 아홉 가지 방법

말은 전략이다

"대학에서는 장래의 회사원을 위해 매우 가치 있는 한 가지를 가르치고 있는데, 극소수의 학생만이 그것을 열심히 배우고 있나. 그것은 다름 아닌 아이디어나 의견을 표현하는 능력이다."

피터 드러커가 한 말이다. 안타깝게도 우리 대학에 해당하는 얘기는 아니다. 또한 이런 능력은 말재주를 의미하는 게 아니다. 말은 기술이 아니다. 전략이다.

이런 오해 절대 하지 마라

상사에게 조언해달라고 하면 귀찮아할 것이다? 이 정도도 알아서 못하느냐며 한심해할 것이다? 그렇지 않다. 상사에게 회사

일은 모두 자기 일이다. 이렇게 해보라. "전력을 다했습니다만 여전히 부족한 것 같습니다. 의견을 좀 주셨으면 합니다." 상사가 의견을 말하는 순간, 그 기획안은 상사의 안이 된다. 이 안을 발표하는 회의에서 상사는 은밀하게 내 편을 들게 된다.

과거에 상사가 시도해서 성공했던 방식으로 일을 추진하겠다고 하면 "기존 방식에 집착하지 말고 새롭게 접근해보라"며 나무랄 것이다? 그렇지 않다. 차별화보다는 동일화 전략이 맞다. 설사 상사가 했던 방식과 다른 경우에도 비슷한 것이라고 우기는 게 좋다. 그러니까 상사와 다른 차선을 타지 말고, 같은 차선에서 따라가거나 아예 상사 차에 타버리는 게 안전하다는 의미다. 이런 유대감 형성은 조개처럼 닫힌 상사의 마음을 활짝 연다. 평소에 말할 때도 '부장님이 이미 시도하신 바와 같이', '부장님께서 더 잘 아시는 것처럼' 같은 쿠션언어를 쓰면 상사의 동의를 얻어내는 데 도움이 된다.

자세하고 친절하게 보고하면 상사가 만족할 것이다? 그렇지 않다. 상사는 장황한 것으로 받아들인다. 뭔가 켕기니까 구구절절하다고 생각한다. 간결이 미덕이다. 진실은 복잡하지 않다. 명쾌하다. 성질 급한 상사의 얼굴을 떠올려보라. 저절로 간결해진다.

추진하고자 하는 안의 장점을 먼저 말해야 효과적이다? 보통은 장점을 먼저 말하라고 한다. 처음에 좋은 인상을 주는 '초두初頭 효과'를 노려야 한다는 것이다. 그러나 단점부터 말하는 게 맞다. 당연히 장점부터 말할 줄 알았던 상사의 의표를 찔러 발표의 신뢰도를 높일 수 있다. 뿐만 아니라 매는 먼저 맞는 게 낫다. 장점은 마지막까지 아껴두자.

상사에게 편지로 보고하면 뜬금없다 생각할까? 그렇지 않다. 진심을 전하기에 가장 좋은 게 편지다. 인간적으로 진솔하게, 진정성을 담아 쓰자. 편지는 1:1이다. 진심은 통한다.

전문가 견해 같은 다른 권위를 동원하면 상사가 기분 나빠 하겠지? 아마도 상사는 '그 사람 힘을 빌려 통과시켜보겠다는 속셈이지?'라고 생각할 것이다. 그러나 상사를 '그 사람'과 동급으로 치켜세우면 "그래?" 할 것이다. 물론 '그 사람'이 상사보다 몇 배는 훌륭한 사람이어야 한다. 프랭크 런츠Frank Luntz는 《먹히는 말Words that work》에서 "말을 성공적으로 구사하는 비법으로 메시지를 개인화하라"고 권유한다. 상사를 '그 사람'과 연관 짓는 것이 바로 그것이다. 마치 소비자를 주인공으로 착각하게 만드는 광고처럼 말이다. 그러면 상사는 '그 사람'과의 유유상종을 거부하지 않는다.

상사가 거절한 것을 거듭 들이밀면 "당신 나와 한번 해보자는 거야?" 하며 화를 낼 것이다? 그렇지 않다. "당신 왜 그렇게 고집이 센 거야?" 하면서 다시 얘기할 기회를 줄 것이다. 그리고 내심 '보통내기가 아니다'며 눈여겨보게 된다. 말도 끈기가 필요하다. 패기야말로 설득의 가장 강력한 무기다. 다만 조심할 것은 슬쩍 찔러보는 식이어서는 안 된다. 징계도 감수하겠다는 각오여야 한다. 독선이나 아집으로 비치는 것도 경계해야 한다. 또한 자기 이익과 조금이라도 관련되어 있어서는 안 된다.

무심한 듯 담백하게 보고하면 성의 없다고 여길까? 목숨 걸고 승부해야 하지 않을까? 그렇지 않다. 배후에 뭔가 있다고 의심한다. 더 꼼꼼하게 구석구석 따져본다. 통과시키고 싶으면 담담하게 말해야 한다. "부장님, 하려면 하고 말려면 마십시오. 안 하면 부장님 손해입니다"라는 느낌으로 말할 수 있어야 한다. 통과시키고자 하는 의욕이 강하면 강할수록 통과되지 않을 확률이 높아진다. 상사는 '내게 금지된 것을 소망'한다. 같은 맥락에서, 작은 것부터 받아내고 큰 것으로 요청 수준을 높여가라는 '풋 인 더 도어foot-in-the door 방식'보다는 오히려 세게 시작하고 수준을 낮춰가는 게 좋을 수 있다. 큰 것은 안 들어주더라도 작은 것은 미안해서, 혹은 덜 중요하게 생각해서 들어준다.

상사의 사적 관심을 이용해 보고하면 실없다고 할까? 아니다. 오히려 효과적이다. 상사에 대한 사적인 관심을 표현할 수 있는 일을 찾아, 그것을 먼저 말한 후 본론에 들어가라. "쓸데없는 데 신경 쓰고, 당신 그렇게 한가해?"라고 한소리 듣지 않을까? 그렇지 않다. 높은 사람일수록 관심받기를 원한다. 상사 생일날 아무리 좋은 보고를 한다 한들 축하 인사 한마디 없이 통과될 리 있겠는가.

지는 게 이기고, 밀지는 게 버는 길

직장인에게 필요한 네 가지 태도

직장에서 어떻게 하면 글을 잘 쓰냐고 물어본다. 나는 환경, 역량, 태도가 중요하다고 답한다. 환경은 상사와의 관계, 정보의 공유 정도 등이다. 역량은 그야말로 일처리 능력이다. 그다음 태도이다. 나는 이 가운데 단연코 태도가 더 중요하다고 생각한다. 왜냐하면 능력이 있어도 태도가 나쁜 사람은 좋은 성과를 내기 어렵다. 하지만 능력이 좀 부족해도 태도가 좋은 사람은 더 나은 결과물을 만들어낼 확률이 높다.

나는 직장생활 내내 세 가지 태도를 견지하려고 했다.
첫째, 잘 듣는 사람이 되는 것이다. 나는 누구보다 상사의 말을 잘 들었다. 잘 들어야 상사가 원하고 내게 기대하는 내용을 파악할 수 있다. 뿐만 아니라 내가 아는 것과 상사가 알고 있는 것

사이에는 지식과 정보 격차가 있기 때문에 잘 들어야 그 간극을 메울 수 있다. 무엇보다 누구나 자기 말에 귀 기울여 듣는 사람을 좋아하고 믿는다. 나는 듣기만 잘해도 직장생활을 잘할 수 있다고 생각한다.

둘째, 잘 받아들이는 사람이 되는 것이다. 일이건 사람이건 잘 받아들이려고 노력했다. 직장생활을 해보니 일과 사람을 내 마음대로 고를 수 없었다. 내게는 선택권이 없었다. 의견을 제시할 순 있지만 그게 받아들여지지 않으면 결국 따라야 한다. 맡겨진 일을 하고 주어진 사람들과 함께해야 한다. "이 일, 못 해요. 저 일 안 할래요", "나는 이 사람 싫어요. 저 사람과 할래요"가 용납되지 않는다. 그게 직장인의 숙명이다. 직장생활 내내 "싫어요"와 "못해요"는 금기어였다. 못할 것 같아도 "한번 해보겠습니다"라고 말했고, 싫어도 싫은 내색을 하지 않았다. 어차피 해야 할 일, 내가 그런 마음을 갖고 있으면 나만 힘들다. 결과물이 좋을 리도 만무하다. 일하는 보람도 없다.

셋째, 상대를 배려하고 우선하는 것이다. 직장생활에서 태도와 함께 또 하나 중요한 게 관계이다. 너무 관계에만 신경 쓰면 그것도 문제지만, 관계가 나쁘면 될 일도 되지 않는다. 조직에서 그 어떤 일도 혼자 할 수 있는 일은 없다. 상사와 함께하거나 다른 부서와 협력할 수밖에 없다. 그러므로 관계가 좋아야 한다. 그래야 남의 도움을 받을 수 있고, 남과 힘을 합해 더 좋은 성과를 낼 수 있다. 돌아보면 나는 관계의 힘으로 직장생활을 했던 것 같다. 누군가가 나를 추천하고 발탁하고 소개해주어서 직장생활을 이어갈 수 있었다. 25년 직장생활 동안 여덟 번 전직을 했다. 그때마다 누군가의 도움이 있었다.

좋은 관계를 위한 세 가지 조언

그렇다면 관계가 좋기 위해서는 어떻게 해야 하는가. 나는 세 가지를 했다.

우선, 남을 이기려고 하지 않았다. 일부러 져주는 건 아니지만 악착같이 이기려 하지 않았다. 적어도 그런 모습을 보이지 않으려고 노력했다. 학교 다닐 적에도 남들 앞에서 열심히 공부하는 모습을 보이지 않으려고 했다. 그건 직장에서도 마찬가지였다. 지겠다고 마음먹으면 내가 양보한 게 되므로 실제로 져도 기분 나쁘지 않다. 졌을 때 기분이 나쁜 것은 열등감 때문인데, 양보는 그런 열패감을 자극하지 않는다. 그렇다고 무조건 지는 게 능사는 아니다. 이길 수 있으면 이겨야 한다. 그러나 이기려는 욕심만으로는 이길 수 없다. 적어도 관계라는 측면에서는 그렇다. 누구나 자신이 가장 소중하다. 내가 이기면 누군가는 지게 되고, 진 사람과의 관계가 좋을 리 없다.

남을 이기려고 말하는 사람의 특징이 있다. 우선 말의 점유율이 높다. 말의 승부는 양의 많고 적음에 있지 않다는 사실을 모른다. 말을 많이 하는 것이 남보다 말을 잘하는 것이라고 믿는다. 짧게 할 수 있는 얘기를 엿가락처럼 길게 늘이고, 정리되지 않은 생각을 의식의 흐름대로 꼬리에 꼬리를 물고 말한다.

군더더기와 중복이 많다. 한마디로 장황하다. 나쁜 사람은 아니다. 순진할 뿐이다.

또한 남을 이기려는 사람은 모르는 것도 아는 체한다. 박학다식을 뽐낸다. 멋있게 말하려고 한다. 그럼으로써 느끼하다. 마치 조미료 많이 넣은 음식처럼.

남을 이기려는 사람은 부지불식간에 참견하고 충고한다. 의도는 나쁘지 않다. 가르침을 주기 위해 이래라저래라 끼어드는 것이다. 문제는 듣는 사람의 느낌이다. 듣는 사람이 "당신이 왜 내게 그런 소리를 해. 당신이 뭔데?" 이런 반응이 나오면 주제넘은 것이다. 과도한 친절은 간섭이고 참견이다.

관계는 이기고 지는 승부가 아니다. 주고받음이다. 거래를 통해 서로 원하는 것을 얻는 흥정이다. 이기려 말고 함께 성공하려고 해야 한다. 독식하려 말고 교환해야 한다. 이런 소통을 잘하는 사람의 특징이 있다. ▲상대 얘기를 겸손하게 듣는다. ▲들은 다음 궁금한 것을 묻고, 납득되지 않는 부분에 관해서는 의문을 제기한다. ▲자기주장을 할 때는 이유와 근거를 갖고 말한다. ▲독선적이지 않고 다름을 인정한다. ▲소수 의견도 존중한다. ▲극단에 치우치지 않고 균형감이 있다. ▲오류 지적을 겸허히 수용하고 과오는 곧장 사과한다. ▲반대만 하지 않고 대안을 제시한다. 사실 이런 데 서툰 사람이 무조건 이기려고 든다.

나는 이기려고 할 때 늘 졌다. 그럴 수밖에 없다. 내가 이기려는 사람은 나보다 잘난 사람이다. 승률이 낮을 수밖에 없다.

회사에서 임원을 할 때도 그랬다. 부하 직원 중에 도드라지게 똑똑한 친구가 있었다. 그 친구가 보고한 문서는 고칠 게 없었다. 처음에는 그 친구가 고마웠다. 아랫사람을 잘 둬서 편하다고 생각했다. 그런데 어느 순간부터 그 친구가 부담스럽기 시작했다. 내가 이 친구보다 월급도 더 받고 더 좋은 대접을 받는데, 나보다 더 많은 역할을 하는 이 친구가 불편했다. 그러다 어느새 내가 이 친구와 경쟁하고 있다는 것을 알았다. '네가 그렇게 잘났어? 보자보자 하니까. 아주 기어오르네?' 급기야 이런 생각을 하면서 내 존재 의미에 회의가 들 무렵, 이 친구를 다른 부서로 보냈다.

모든 불행은 비교에서 비롯된다. 이런 사실을 알고부턴 남과 견주지 않는다. 남을 이기려고 하지 않는다. 나는 나의 과거와 비교한다. 그러면 늘 이전보다 나아진 자신을 발견한다. 또한 내가 아는 나는 남들에게 보이는 것보다 낫다는 자부심이 있다. 나는 속으로 말한다. '나를 잘 모르는구먼. 내가 당신들이 생각하는 것만큼 그렇게 형편없진 않거든?'

내가 조금 손해 보겠다는 마음도 관계를 좋게 만든다. 지는 것과 매한가지로 손해 보고 기분 좋을 사람 없다. 내가 이익을 보면 누군가는 손해를 본다. 대부분은 제로섬게임이기에 그렇다. 내가 더 이익을 보겠다고 달려들면 결국 소탐대실이다. 앞으로 조금 남고 뒤로 크게 밑지는 장사다. 내 경험으로 이익을 볼 수 있는 기회가 왔는데, 이를 사양하면 그게 다른 데로 가거나 사라지지 않는다. 내게로 다시 온다. 더 크게 온다. 어떤 기회가 왔을 때 모두가 그 기회를 갖겠다고 "저요! 저요! 내가 할래요. 내게 주세요" 아우성을 친다. 그때 나는 뒷전으로 밀려나 조용히 있곤 했다. 그러면 상사가 그랬다. "너는 왜 아무 말도 안 해? 바보야? 네가 해."

세상은 바보를 좋아한다. 사람들은 모두 측은지심을 갖고 있다. 사람에게는 약자를 도우려는 마음이 있다. 잘난 사람, 이기는 사람보다는 못난 사람, 지는 사람 편에 서고 싶다. 따라서 거만해 보이기보다는 안쓰러워 보이는 게 유리하다. 남들이 다 가지려고 하는 걸 사양하면 거꾸로 남의 도움을 받을 수 있다. 그리하여 결국은 가지려고 발버둥 쳤던 사람들보다 더 갖게 된다. 내가 그랬다.

기대에 부응하는 사람이 되는 것이다. 직장에는 나같이 기대에 부응하려는 사람과 그렇지 않은 사람이 있다. 직장의 기대에 반발하고 저항하는 사람도 있고, 무감각하거나 무관심한 사람도 있다. 상사나 조직이 그러건 말건 나는 관심 없다. 나는 내 길을 가련다. 나는 그런 사람들이 부러웠다. 멋있게 보이기도 했다. 하지만 정작 나는 그러지 못했다. 그런 배포가 없었다. 어떻게든 기대에 부응하고 기대 이상의 성과를 내서 인정받고 싶었다. 아니 내쳐지는 게 두려웠다.

기대에 부응하는 건 결코 쉽지 않다. 남들의 기대는 늘 나 이상이기 때문이다. 내 역량을 초과하는 수준을 기대한다. 내가 갖고 있는 역량으로는 늘 역부족이다. 내가 할 수 있는 만큼, 있는 그대로를 보여주는 건 쉽다. 힘이 들지 않는다. 하지만 기대에 부응하려면 기대치와 실제 내 역량 사이의 간극을 좁혀야 한다. 그걸 좁히기 위해 걱정하고 스트레스를 받고 밤을 새워야 한다. 나를 나 이상으로 포장하고 위장해야 한다. 내가 만든 결과물은 나보다 나아야 한다. 그것이 기대에 부응하는 길이고, 내가 아닌 남이 원하는 사람으로 사는 길이다.

직장에서 인간적인 것을 기대하는 건 무의미하다. 인간적인 건 그냥 나답게 사는 것이다. 나란 인간을 있는 그대로 보여주며 사는 것이다. 하지만 직장은 그걸 용납하지 않는다. 어쩌면 상사들도 나의 실제 역량과 수준을 알고 있었을지 모른다. 모른 체했을 뿐. 그래야 내게 주문하고 기대할 수 있으니까. 그런 기대를 받는 나 자신도 싫지는 않았으니 서로 상부상조했다고도 할 수 있다. 조직은 조직대로 실제 나와 기대치의 갭만큼 이익을 본다.

돌아보니 열심히 일했다. 청와대에서 8년, 기업에서 17년 버틴 세월이 대견하다. 가진 역량은 80인데, 100을 가진 것처럼 보이면서 일했다. "제 능력으로는 안 됩니다. 못하겠습니다"는 말을 못하고 살았다. 오히려 내 실력이 드러날까 전전긍긍했다. 부족한 20을 몸으로, 눈치로, 때로는 아부로 때웠다. 그렇게 과자 뻥튀기 포장하듯 나를 꾸미면서 직장생활을 했다. 사는 게 행복하지 않았다.

직장인은 누구나 탈을 쓰고 산다

상사는 상사의 가면을 쓰고, 부하는 부하의 가면이 있다. 그렇게 봐주기를 원하는 모습으로, 조직과 상사가 기대하고 요구하는 모습으로 산다. 살아남기 위해, 또는 원만한 관계를 위해, 혹은 상대를 배려한다는 명목으로 페르소나 뒤에 맨얼굴을 숨긴다. 회사가 원하는 모습으로 '탈춤'을 추며 20~30년 살아보라. 뒤집어 쓴 위선과 가식의 탈이 어느새 내 얼굴로 굳어버린다. 급기야 내가 아는 내가 나인지, 상사가 인정하는 내가 진짜인지 헷갈린다.

조직은 우리의 맨얼굴을 잘 알고 있다. 그러나 말하지 않는다. 가면을 쓰고 안간힘을 다하는 모습을 통해 이익을 만들어낸다. 용쓰기를 권장하고 부추긴다. 안 되는 일을 되게 하라고 응원한다. "해봤어? 당신은 무한한 능력이 있어. 우리는 당신을 믿어. 당신은 틀림없이 해낼 거야."

조직이 가장 무서워하는 사람, 껄끄러운 존재는 탈을 벗고 덤비는 사람이다. 스스로가 자기 얼굴로 사는 사람이다. 그런 사람은 이렇게 말한다. "최선을 다해보겠지만 제 능력 이상은 자신 없습니다." 자신이 갖고 있는 것만큼 보여준다는 마음으로 생활한다. 남들의 평가가 나쁜들 그것이 나인데 어쩌겠냐고 생각한다. 그런 사람은 적어도 직장생활이 불행하진 않다.

상사에게 보여주고 싶은 가면을 벗자. 상사가 붙여준 그림자를 떼어버리자. 그렇다고 어느 날 갑자기 솔직해지면, 꾸미지 않은 맨얼굴을 드러내면 상사가 당황한다. "저 사실은 능력이 이것밖에 안 되거든요? 못하겠어요." 이렇게 맨얼굴로 악을 쓰면 속은 후련하겠지만 자리는 보장이 안 된다.

방법은 한 가지다. 본시 나와 남이 보는 내가 가까워지는 것이다. 차이를 줄이는 것이다. 그러기 위해서는 둘 중의 하나를 선택해야 한다. 내 수준을 높이거나 포장지를 뜯어내거나. 그래야 내가 나다워지고 내가 나로 살 수 있다. 분칠하고 사는 삶이 어찌 행복하겠는가.

그런데 말이다. 이 글을 쓰는 나는 지금 이 순간에도 탈을 쓰고 있다. 마치 글을 잘 쓰는 것처럼, 생각이 깊은 것처럼.

4부

마음을 놓친 달필은 졸필보다 못하다

상사는 인정하고
동료는 부러워하는
글쓰기 필살기

상사가 궁금해하는 일곱 가지

직장인의 흥망성쇠가 보고서에 달렸다

상사가 무릎을 탁 쳤다.

"바로 이거야. 모름지기 보고서는 이래야지."

더 넣을 것도, 그렇다고 뺄 것도 없는 보고서였다. 상사의 가려운 곳을 구석구석 박박 긁어줬다. 무엇을 긁어주었을까?

첫째, '근본적인 문제의식'이다. 고민의 깊이가 보여야 한다. '뿌리를 캐려고 달려들었구나', '생각할 수 있는 것은 다 쑤셨구나'라는 느낌을 줘야 한다. 이게 가장 어려우면서 가장 중요하다. 그랬을 때 상사는 안심한다. 다른 데에 뭐가 더 좋은 게 없나 기웃거리지 않는다. 이것 하나로 충분하다고 생각한다. 그러면 '끝'이다.

둘째, '전제'가 중요하다. 모든 일은 전제 위에 서 있다. '~라면'

혹은 '~한 상태에서'로 시작한다. 조건이 붙는다. 이걸 먼저 파악해야 한다. 깔아둔 바탕이 무엇이냐에 따라서 가는 방향이 달라지기 때문이다. 전제야말로 상사의 의중이다. 어설픈 추측은 금물이다.

셋째, '이익과 혜택'이다. 상사는 늘 묻는다. "그래서 내게 돌아오는 게 뭔데?" 기대하는 효과가 뭔지, 뭐가 이롭고 좋은지 답해야 한다. 이게 없으면 꽝이나 다름없다. 베니핏benefit, 어드밴티지advantage 같은 영어로 쓰면 더 그럴싸하다. 대놓고 이익이라고 하면 장사꾼 같으니까.

역으로 손해를 강조할 수도 있다. 상사는 손실에 민감하다. 상사뿐만 아니라 대부분 사람에게 손해는 이익보다 두 배 이상의 심리적 충격을 준다. 이렇게 하지 않으면 이런 손실이 발생할 수 있다고 보고해보라.

넷째, '근거'를 대야 한다. 보고서란 별 게 아니다. 윗분이 원하는 것을 파악해서 잘 긁어주는 게 보고서의 본질이다. 그런데 마냥 긁어주면 두 가지 문제가 생긴다. 하나는 윗분이 무안하다. 이유를 대서 긁어줘야 한다. 윗분 생각이 옳다는 근거를 만들어줘야 한다. 다른 하나는 윗분 자신도 자기 생각이 괜찮은 방향인지 걱정한다. 괜찮다는 것을 증명해야 안도한다. 그런 점에서 보고서는 "왜?"라는 물음에 집중해야 한다. "왜?"를 세 번만 물어도 대부분 답이 나온다.

다섯째, '쟁점'을 넣어줘야 한다. 내 얘기만 하면 신뢰가 덜하다. 매수만 권유하는 증권사 보고서는 속 보인다. 매도 의견도 과감하게 내놓는 증권사가 믿음이 간다. 그러므로 나와 다른 생각, 다른 의견을 넣어줘서 내 주장의 객관성을 높여야 한다. 물론 결론은 내가 이긴다. 갑론을박을 치열한 고민의 증거로만 활용하는 것이다. 그러면 신뢰는 기본이고, 덤으로 긴장감과 재미도 있다.

여섯째, '선택지'를 줘라. 고를 수 있도록 해줘야 한다. 옵션option이다. 그러나 실제 고르는 것은 보고하는 사람이다. 판단의 기준과 근거를 갖고 답을 내야 한다. 그럴 자신이 없다면 보고하지 말아야 한다. 굳이 보고하는 이유는 형식을 취하기 위해서다. 상사 대접을 해주는 것이다. 책임은 윗분이 지라는 의미다. 선택지마다 성공 확률을 넣어줘라. 그래야 내가 정한 답을 고를 테니까.

일곱째, '대비책과 해결책'이다. 문제가 없는 문제는 없다. 늘 걸림돌이 있다. 이에 대비하고 문제가 생겼을 때 해결 방법을 제시해야 한다. 예를 들자면 이런 것이다. 문제의 심각성을 얘기한다. 심각성의 본질을 정의한다. 해법을 제시한다. 해법의 실현 가능성을 말한다. 혹시라도 있을 해법의 부작용이나 부정적인 결과도 언급한다. 물론 부작용이나 부정적 결과 언급은 구색 맞추기일 뿐이다.

한 가지 빠진 것이 있다. 상사는 그 보고서가 어떤 과정을 거쳐 만들어졌는지에 관심이 있다. 구두나 포스트잇만으로 보고서가 어떻게 만들어졌는지 넌지시 말하라. 혼자 만들었다고 하지 마

라. 설사 그렇더라도 많은 사람의 머리를 쥐어짠 결과라고 말하라. 그래도 상사는 당신을 기억한다. 더 좋은 이미지로 기억한다. 그리고 기본적인 믿음을 갖고 보고서를 읽기 시작한다.

요약과 정리에 답이 있다

보고서 작성 비법

"많이 써라. 그리고 줄여라."

진화론의 창시자 찰스 다윈이 《종의 기원》에서 한 말이다. 나는 이 구절을 책에서 보고 놀라고 기뻤다. 내가 터득한 보고서 쓰는 방법과 일치했기 때문이다. 이미 그 시대에 다윈은 글을 어떻게 써야 하는지 간파한 것이다.

회사생활을 해본 사람은 안다. 사원, 대리 때까지는 구두 보고가 됐건 서면 보고가 됐건 보고하는 게 일의 전부다. 보고 전 단계로서의 기획이나 후속 조치로서의 실행도 보고의 연장선이다. 사원, 대리는 보고서로 평가받는다. 나도 직장생활 시작하면서부터 보고서 작성에 애를 먹었다. 혼나지 않기 위해, 혹은 인정받기 위해 고민했다. 오랜 시간이 지나고 나서야 보고서의 본질을 파악했다.

보고서 작성의 본질

보고서 작성의 본질은 요약하고 정리하는 것이다. 자료를 몽땅 찾아놓고 줄이면 된다. 그러므로 두 가지만 갖추면 좋은 보고서를 쓸 수 있다. 자료와 자신의 필터다. 자료가 하나일 때는 그것을 자신의 시각으로 압축하고 요약하면 된다. 두 가지 이상일 때는 종합하고 정리하면 된다. 그러다 보면 자기도 모르게 자료 안에서 답을 발견하게 된다. 나아가 자료에 없는 새로운 생각이 떠오른다.

자료는 다양하다. 기존 보고서, 회사 내에 있는 이전 자료, 신문을 비롯한 언론 보도 내용, 아는 사람을 만나 조사한 내용, 상사의 지시 사항, 회장이나 사장이 해온 얘기, 책에서 본 것, 시장에서 유통되는 사실, 인터넷 검색 정보 등. 이 가운데 가장 중요한 것은 상사의 지시 사항이다. 아무튼 부지런하기만 하면 자료가 부족해서 보고서를 못 쓰는 일은 없다.

문제는 취사선택이다. 많은 내용 중에 보고서에 써먹음 직한 내용을 선별해야 한다. 가장 중요한 것은 보고의 목적이다. 보고의 목적이 단순히 설명을 하기 위함인지, 무언가를 결정하기 위한 보고인지, 새로운 무엇을 해보자고 제안하기 위함인지, 보고받는 사람의 행동을 요청하는 보고인지를 생각해보고, 그 취지에 맞는 내용을 골라내야 한다.

그다음 할 일은 정리다. 사실 우리의 일상이 정리의 연속이다. 집과 사무실의 정리, 생각의 정리, 일의 정리 등 정리 아닌

게 없다. '정리를 잘해야 회사에서 정리되지 않는다'는 우스갯소리도 있을 정도다. 그런데 우리는 알게 모르게 정리 과정에서 사용하는 방식이 하나 있다. 바로 범주화다. 카테고리를 나누는 것이다. 선별한 자료를 카테고리별로 분류하는 게 정리 과정이다.

카테고리란 무엇인가

쉽게 얘기해서 보고서에 들어갈 메뉴다. 보고서 작성 배경, 보고 목적과 필요성, 개요, 현황, 해결 방안, 기본 전략, 전제, 현상, 사안의 본질, 문제점, 대비책, 근거, 실현 가능성, 실행 계획, 기대 효과, 예상되는 부작용, 쟁점, 경쟁 상황, 강점과 약점, 홍보 방안, 추진 방향, 추진 일정, 수익성 분석, 수익 창출 방안, 향후 전망, 해외 사례, 통계 분석 등 이 모든 게 카테고리에 해당한다.

여기서 말하는 카테고리는 그것의 본뜻과는 좀 다르다. 카테고리는 본래 성질이 같은 것들의 존재 형식을 의미한다. 아리스토텔레스는 실체, 성질, 분량, 장소, 시간, 위치 등을 존재 형식, 즉 카테고리로 제시했다. 무슨 말인지 정확히는 모르겠지만, 생각을 일목요연하게 정리하고 체계화하는 수단으로 카테고리라는 개념을 사용한 것 같다.

카테고리는 많을수록 좋다. 세분화할수록 정밀하고 친절한 보고서를 만들 수 있기 때문이다. 그러면 보고받는 사람의 가려운 곳을 놓치지 않을 확률이 높아진다. 카테고리를 많이 나눴다고 해서 이것을 모두 보고서에 담는 것은 아니다. 보고의 성격과 목적에 따라 이 가운데 몇 개의 카테고리를 골라 쓰면 된다.

예를 들어 가장 많이 쓰는 방식이 '현상-문제점-해법-기대 효과'다. 여기서는 네 가지의 카테고리가 쓰였다. 무언가 결정을 해야 하는 보고서는 '문제점-판단 기준-(판단 기준에 맞는) 대안-(대안의) 타당성'을 갖추어야 한다. 여기서도 문제점, 판단 기준, 대안, 타당성이라는 네 개의 카테고리를 사용했다.

이 밖에도 ▲보고서의 목적과 배경-상황 및 문제점-해법-추진 전략-기대 효과 ▲배경-목적-콘셉트-전략-실행 계획-기대 효과 ▲상황-분석-제안 ▲가설-조사-결과-분석 ▲주장-근거-예시-주장 ▲목표-전략-실행 방안 ▲배경-필요성-추진 전략-실행 방안 등을 변형해서 쓰면 된다.

카테고리를 먼저 정해놓고 자료를 검토할 수도 있고, 자료를 죽 읽어가면서 카테고리를 만들 수도 있다. 전자는 개요와 뼈대를 잡아놓고 쓰기 때문에 좀 더 빠르게 체계적인 보고서를 쓸 수 있다는 장점이 있는 반면, 카테고리를 채울 수 있는 내용이 자료에 없을 때는 난감해지는 단점이 있다. 후자는 반대다. 보고서 내용이 다소 빈약할 수는 있지만, 자료에 있는 내용으로 카테고리를 만들기 때문에 추가로 자료를 찾아야 하는 번거로움은 없다.

보고서 작성 과정

실제로 보고서 쓰는 과정을 정리하면 이렇다.

첫 번째, 보고서를 작성하는 이유를 파악한다. 보고서의 목적은 주어진 주제에 대한 답을 찾는 게 첫째고, 둘째는 찾은 답을 알기 쉽게 써서 보고받는 사람에게 기대하는 반응을 얻어내는 것이다. 따라서 목적에 부합하지 않는 내용, 목적을 이루지 못하는 보고서는 아무런 쓸모가 없다. 당신은 보고받는 사람에게 무엇을 기대하는가?

두 번째, 보고서를 읽게 될 상사의 취향에 맞춘다. 좋은 보고서란 무엇인가. 보고받는 사람을 만족시키는 보고서다. 만족시키기 위해서는 보고받는 처지에서 질문해봐야 한다. 큰 흐름만 알고 싶나, 상세히 알고 싶나? 두괄식과 미괄식 중 무엇을 좋아하나? 선호하는 용어나 표현 방식은?

또한 상사가 분량이 많고 충실한 보고서를 좋아하나, 간략하고 핵심만 요약한 보고서를 좋아하나? 전체를 파악하는 데 중점을 두는 상사인가, 조목조목 따지는 것을 좋아하는 상사인가? 긍정적 결론과 비판적 시각 중에 어느 쪽을 선호하나? 듣는 것을 즐기는 청각형인가, 보는 것으로 내용을 잘 파악하는 시각형인가? 끝으로, 보고받는 사람은 주제에 대해 어느 정도 깊이 있게 알고 있나? 등을 파악해야 한다.

세 번째, 회사 실정에 맞는 자료를 찾는다. 자료는 최근 것일수록 좋다. 권위 있는 소스일수록 힘이 있다. 기업에서는 수치 자료를 좋아한다. 출처는 반드시 밝힌다.

네 번째, 보고서에 담을 만한 내용을 고른다. 잘 버리는 것이 중요하다. 가장 좋은 보고서는 제목만으로 할 말을 다하는 보고서다. 한마디로 짧은 보고서다. 드와이트 아이젠하워Dwight Eisenhower는 "보고서가 한 장으로 정리되지 않으면, 아직 보고할 때가 아니다"라고 했다. 보고할 만큼 생각이 정리되지 않았다는 것이다. 찾아놓은 자료가 아까워서 구석구석 쑤셔넣는 우를 범해서는 안 된다. 또한, 필요 없는 내용을 버릴 때 무 자르듯 잘라내선 안 된다. 버리는 이것과 저것을 합해서 새로운 것을 만들 수 없나 생각해봐야 한다. 버려야 하는 것 중에도 남아 있는 것에 도움을 줄 것이 반드시 있다. 또한 버리는 것을 자신의 관점으로 재해석해서 살려낼 수도 있다.

다섯 번째, 선택한 내용을 범주화한다. 즉 비슷한 성질의 것끼리 묶는 것이다. 소위 정보의 진화 단계, '데이터(단순한 사실) - 정보(의미 있는 데이터) - 지식(가치 있는 정보) - 지혜(패턴화된 지식)' 가운데 지식을 지혜로 만들어가는 과정이다.

여섯 번째, 카테고리(중간제목)를 정한다. 가장 중요한 카테고리는 '결론'과 '근거'다. 또는 '원인'과 '결과', '문제점'과 '해결책'이다. 중간제목은 이런 카테고리로 붙일 수도 있고, 핵심 내용으로 할 수도 있다. 예를 들어 '원인'이나 '문제점'이라고 하지 않고, 원인과 문제점의 내용을 함축해서 표현하는 것이다.

일곱 번째, 카테고리 우선순위를 정하고 분량을 안배한다. 중요한 내용을 앞에 배치한다. 앞에 핵심 메시지를 넣고 이에 대한 근거나 설명은 뒤에 넣는 게 좋다. 고등학교 때 배운 '서론-본론-결론'이나, '기-승-전-결'에 얽매일 필요는 없다. 분량은 중요도와 관계없다. 즉, 중요하다고 해서 분량이 많을 필요는 없다.

여덟 번째, 카테고리별로 내용을 넣는다. 한 문장에는 하나의 메시지만 들어가는 게 바람직하다. 또한 서술식보다는 개조식으로 작성하는 게 좋다. 개조식은 보고서를 읽는 사람이 한눈에 파악하기 쉽고, 수정할 때 넣고 빼기가 용이하다.

아홉 번째, 전체적으로 다시 본다. 점검할 것은 한둘이 아니다. 가장 중요한 오탈자부터 시작해서 지시받은 목적에 충실한지, 분량이 많지는 않은지, 이해가 안 되는 것은 없는지, 논점이 분산되어 산만하지 않은지, 추상적이거나 모호한 내용은 없는지, 전개는 매끄러운지 살펴봐야 한다.

또한 중복되는 부분은 없는지, 다양한 관점을 반영했는지, 한쪽에 치우쳐 균형을 잃지는 않았는지, 근거는 충분한지, 추측성 표현은 없는지, 수치는 정확한지, 보고받는 사람이 무엇을 해야 하는지가 제시되어 있는지, 표나 그래프로 표현할 수 있는 내용은 없는지, 전문용어나 약어를 남발하지는 않았는지 확인한다. 긴 보고서는 별도로 요약하고 목차를 만들어야 한다.

열 번째, 제목을 단다. 보고받는 사람은 우선 제목으로 판단한다. 이 보고서가 내게 무슨 의미인지. 그러므로 제목에서 꼭 읽어야 하고, 매우 유익한 보고서란 확신을 줘야 한다. 그러기 위해선 제목에 핵심 메시지가 드러나야 한다. 또한 내용과 동떨어지지 않는 범위 안에서 파격적일수록 좋다. 그래야 호기심이 생긴다. 부제까지 달면 더 끌어들일 수 있다.

열한 번째, 편집한다. 보기 좋은 떡이 먹기도 좋다. 보고자의 섬세한 배려가 느껴지는 보고서가 읽기도 좋고 채택될 확률도 높다. 제목과 중간제목은 보기 좋은가. 여백, 글자 크기, 글씨체는 적절한가. 중요한 내용의 밑줄 긋기나 굵게 표시는 잘되어 있는가. 색깔로 강조할 곳은 없나. 기호 사용은 적절한가. 보고자와 보고 일자는 적정한 위치에 잘 들어가 있는가. 쪽 번호, 보고서 마지막의 '끝'자는 빠지지 않았나.

어디서 들은 얘기인데 의미심장하다. 보고서를 잘 쓰지 못하면 대리 시절엔 퇴근이 늦고, 과장 때는 승진이 늦어진다. 그런데 임원 때는 퇴직이 빨라진다.

포기하지 않으면 반드시 길이 열린다

알아두면 쓸 데 많은 보고서에 관한 모든 것

직장인이 만들어내는 유일한 제품은 보고서다. 직장인은 보고서로 평가받는다. 보고서를 쓰기 전 생각해야 할 세 가지가 있다. 첫째, 한 줄로 요약해서 무슨 말을 하려고 하는가. 둘째, 상사에게 무엇을 주려고 쓰는가. 셋째, 보고서를 읽은 상사가 무슨 행동을 하길 기대하는가.

보고서의 다섯 가지 유형

첫째, 상황이나 사실을 파악해서 보고하는 경우다. 사실관계를 정확히 파악하는 것이 글을 쓰는 목적이다. 이 경우 자신의 의견을 섞거나 사실이 아닌 내용을 넣어서는 안 된다. 자신이 확인한 내용만 써야 한다. 객관적 사실에 충실하게 쓰는 게 중요하고,

신속성과 정확성이 핵심이다.

둘째, 조사와 연구 보고서다. 사실을 깊이 파고드는 글이다. 공부가 필요하고 깊이가 있어야 한다. 앞서 언급한 사실 보고서가 묘사에 해당한다면, 이 보고서는 설명이 필요하다. 설명하기 위해서 잘 알아야 하고, 알기 위해 공부해야 한다. 그래야 이런 글을 잘 쓸 수 있다.

셋째, 의사 결정을 돕는 보고서다. 이것을 할지 말지, 혹은 이것으로 할지 저것으로 할지 결정하는 데 도움을 주기 위해 비교 분석하거나 평가하는 글이다. 이런 보고서는 선택지를 다양하게 주고, 장단점 분석을 잘해야 한다. 그렇다고 덜컥 자기가 결론을 내서는 안 된다. 결론을 내는 것은 상사의 몫이다. 상사가 결정하는 데, 추가로 물어볼 일이 없도록 써야 한다.

직장에서 보고서 쓸 때마다 딜레마였다. 상사에게 답을 알려주면 상사는 이렇게 반응한다. "건방지게 나를 가르치려고 드네. 나는 보고했으니 잘못되면 당신이 책임지란 소리지?" 반대로 상사에게 선택권을 주면 이런 소리를 듣는다. "나보고 다 알아서 하라고? 자기는 뭐하는 사람인데. 무책임하게 말이야." 따라서 보고하는 사람의 의견을 담으면서도 보고받는 사람에게 선택권을 줘야 한다. 방법은 사실 안에 의견을 묻어 넣는 것이다. 그럼으로써 보고받는 사람이 사실을 듣고 스스로 깨우쳐 결정하게 해야 한다. 어떤 사실을 넣을지는 보고하는 사람이 선택할 수 있고, 선택한 사실 안에 보고자의 의견이 들어가므로 가능한 일이다.

넷째, 문제 해결 보고서다. 모든 조직에서 가장 중요한 보고서다. 일어난 문제에 대해 해결책을 제시하고, 진행되고 있는 문제에 대해 개선책을 내놓고, 일어날 문제에 관해 대비책을 마련하는 게 이 보고서의 역할이다. 문제의식이 필요하며, 문제의 원인, 영향, 해법을 찾아내야 한다. 문제 제기, 문제 분석, 문제 해결 세 가지 가운데 당신은 어느 쪽에 강한가. 물론 세 가지 모두 해야 하지만, 자신이 잘하는 쪽을 더욱 발전시키는 것이 좋다. 문제 제기를 잘하면 냉철한 사람이 되고, 분석을 잘하면 똑똑한 사람이 되고, 해결을 잘하면 유능한 사람이 된다. 선택은 자신의 몫이다.

다섯째, 기획 보고서다. 무언가를 계획하고 도모하는 보고서다. 참신한 아이디어가 들어가야 한다. 창의성이 승부처다. 이와 비슷한 게 제안이나 건의하는 보고서다. 핵심은 아이디어다. 아이디어는 두 가지를 충족해야 한다. 성사 가능성과 성공 가능성이다. 아이디어는 기발한데 막상 해보려면 실현 가능하지 않은 게 있다. 또 실현 가능하더라도 성공 확률이 낮은 아이디어가 있다. 그래서 이 두 가지를 갖춘 아이디어, 그런 기획서가 필요하다. 이런 보고서를 쓰려면 균형 감각이 필요하다. 이상적이어서도 현실적이기만 해서도 곤란하다. 명분에 치우쳐서도 실익만 따져서도 안 된다 그 중간 어느 지점에 자리 잡아야 한다. 결코 중립은 아니다. 기계적 중립이어선 곤란하다. 합리적인 타협지점을 찾아야 한다.

보고서 쓰기 전 해야 할 일이 세 가지 있다. 그 하나는 말해보는 것이고, 다른 하나는 그려보는 것이며, 세 번째는 물어보는 것이다. 쓰기 전에 말해보라. 브레인스토밍 방식으로 말해보고, 말할 수 있는 것만 쓰자. 그래야 상사가 보고를 들은 듯 읽는다. 쓰기 전에 그려보자. A4 용지 한 장에 그려보자. 그래야 상사가 읽지 않고 보는 것만으로 파악할 수 있다. 무엇보다 보고 내용을 한 줄로 정리해보자. 그리고 상사의 이 질문에 답할 수 있어야 한다. "그래서 결론이 뭔데?", "왜 그래야 하는데?"

보고서의 주인은 상사

상사가 보고서에 공통적으로 요구하는 세 가지가 있다.

첫째, 사실이다. 육하원칙에 충실해야 한다. 빠진 것도, 궁금한 것도 없어야 한다. 묘사와 서사, 설명 능력이 필요하다.

둘째, 관점이다. 고정관념, 통념, 기득권 논리에서 벗어나야 한다. 비판적 입장을 취해야 한다. 다각도로 봐야 한다. 반론을 염두에 둬야 한다. 대부분의 사안에는 어느 것이 맞느냐의 쟁점이 있다. 내가 생각하는 것만 맞다 우기면 설득력이 없다. 내가 아는 사실과 다른 내용도 넣어줘야 한다. 모든 것은 이렇게도 저렇게도 볼 수 있다. 맞고 틀림이 아니고 다름의 문제다. 다른 해석도 소개해줘야 한다. 누구에게나 입장이 있고, 사용자와 근로자, 대기업과 중소기업 등 서로 다른 입장을 보고서에 포함해야 한다.

셋째, 아이디어다. 진부하거나 상투적이지 않아야 한다. 실현 가능성이 높아야 한다. 이익은 크고 부작용은 작아야 한다. 창의적 역량이 필요하다.

보고서의 주인은 내가 아니라 그것을 읽는 상사다. 보고서 작성자는 보고서를 읽는 사람에게 세 가지를 맞춰야 한다.

우선, 눈높이를 맞춰야 한다. 사람은 누구나 다르다. 내가 아니라 상대의 수준(눈높이)에 맞춰야 한다.

둘째, 상대의 관심(주파수)에 맞춰야 한다. 상대가 알고 싶어 하는 것, 상대가 궁금해하는 것을 써야 한다.

셋째, 상대에게 도움이 돼야 한다. 영향을 끼치고 반응과 결과를 만들어내야 한다. 자신이 만들고 싶은 것이 아니라, 상대가 원하고, 자신이 그 자리에 있으면서 만들어야 할 것을 만들어야 한다.

상사는 성격이 급하고, 의심이 많고, 꼼꼼하다. 이런 상사를 만족시키기 위해 세 가지를 검토해보라.

> 첫째, 보고서를 읽고 상사는 무슨 생각, 어떤 느낌이 들까.
> 둘째, 제목과 첫 문장은 적절한가.
> 셋째, 오류는 없는가.

좋은 보고서를 쓰려면 상사와 관계가 좋아야 한다. 관계가 좋으면 세 가지를 얻는다. 첫째, 상사가 알고 있는 것을 알 수 있다. 둘째. 내 의견을 말할 수 있는 기회가 생긴다. 셋째, 좋아하는 사람을 위해 일하는 성취감이 있다.

상사와의 관계를 좋게 만드는 세 가지 방법이 있다. 첫째, 상사에게 배운다고 생각하자. 둘째, 내가 강자라고 생각하자. 강자이므로 상사를 돕겠다고 마음먹으면 편하다. 셋째, 언젠가는 헤어진다고 생각하자. 헤어진다고 생각하면 있을 때 잘하게 된다.

보고서 잘 쓰는 네 가지 팁

첫째, 자신 있게 쓴다. 실력이 없으면 없는 대로, 포장하지 않고 가진 것을 있는 그대로 보여준다는 자세로 쓴다. 그렇지 않으면 보고서 쓸 때마다 힘들고 괴롭고 지친다.

둘째, 상사를 파악한다. 특히 상사가 늘 지적하는 허들을 피해서 써라. 한 번 지적당한 것을 또다시 지적당하지 않는 것은 쉬운 일인데, 그것을 안 한다. 상사 심리 파악이 보고서 쓰기의 알파요 오메가다.

셋째, 많이 보여준다. 지적당하는 것을 두려워말고 고마워하자. 지적은 혼내는 게 아니라 가르쳐주는 것이라고 생각해야 속이 편하다. 지적은 불문율이 아니다. 취향일 뿐이다. 그러니 내 자존심 문제도 아니다. 그렇게 생각하고 글을 여러 사람에게 보여주자. 그래야 글이 좋아진다.

넷째, 거듭거듭 고친다. 글쓰기와 마찬가지로 보고서도 퇴고를 할수록 좋아진다. 앞서 지적받은 내용을 빠르게 반영해서 고칠

수록 보고서의 완성도는 높아진다.

보고서 작성을 돕는 일곱 가지 질문

보고서 작성 시 반드시 물어야 할 일곱 가지 질문이 있다. 이를 체크리스트처럼 활용하면 좋다.

첫째, 문서 작성의 목적은 무엇인가?
둘째, 보고서대로 했을 때 얻을 수 있는 이익이나 혜택은 무엇인가?
셋째, 설득의 근거는 풍부한가?
넷째, 전하고자 하는 핵심 메시지가 드러나는가?
다섯째, 해법, 대안, 해석 같은 내 의견이 담겨 있는가?
여섯째, 읽는 사람이 궁금해할 것은 없는가?
일곱째, 이해 안 되는 것은 없는가?

보고서 수준을 높이는 3단계

기업 강의를 나가면 조직마다 글쓰기 수준이 다른 것을 확인할 수 있다. 보고서에도 있고, 사내 게시판이나 사보에도 있다. 집단의 글쓰기 수준이 높으면 개개인의 사원 또한 영향을 받게 된다. 글을 못 쓰던 사람도 글쓰기 수준이 높은 직장에 들어가면 실력이 올라간다. 따라서 관건은 집단 수준을 높이는 일이다. 집단의 보고서 수준을 높이는 3단계가 있다.

첫째, 개개인의 개성을 존중한다. 그래야 서로 다른 것들이 만들어진다. 그러다 별종이 생겨난다. 일종의 변이다.
둘째, 다른 것 중에 우성을 가려내야 한다. 보다 나은 것을 선별할 줄 아는 역량을 갖춘 상사가 필요하다. 선별하는 조직을 따로 두는 것도 방법이다. 기획실이나 홍보실이 그 역할을 할 수 있다.
셋째, 선별된 것을 보존, 계승해야 한다. 보고서 포맷을 만들어 기록으로 남겨야 한다. 그래야 신입사원들도 글쓰기 역량을 키울 수 있다.

보고서 작성 시 슬럼프를 극복하는 비법

글쓰기는 슬럼프의 연속이다. 보고서를 쓸 때도 마찬가지다. 보고서의 질은 슬럼프를 얼마나 잘 극복하고 꾸준히 글을 쓸 수 있느냐에 달렸다. 글쓰기 슬럼프를 극복하는 나만의 방법 아홉 가지가 있다.

첫째, 슬럼프를 인정하고 받아들인다. 슬럼프는 누구에게나 있는 것이고, 언제나 오는 것으로 당연한 과정이다. 어떤 상황이 슬럼프를 불러왔는지 가만히 들여다봤다. 어쩔 수 없이 받아들이되 기간을 조금만 줄여보자고 마음먹었다.

둘째, 반드시 극복할 것으로 믿는다. 지금 겪고 있는 건 고비일 뿐, 나는 분명히 예정한 분량을 다 쓰게 될 것이라고 굳게 믿었다. 내 인생에서 가장 힘들었던 순간들을 생각하고, 그때마다 포기하지 않고 지나온 걸 되새겼다.

셋째, 작은 변화를 시도한다. 같은 환경에서는 그 환경에서 만들어진 슬럼프가 지속된다. 글 쓰는 장소를 바꿔보고, 시간대도 변경해보라. 국면 전환을 꾀하자.

넷째, 초심으로 돌아간다. 처음엔 지금보다 상황이 더 열악했다. 그걸 극복하고 여기까지 왔다. 그런 자신을 대견하다 여기면, 자신감이 생긴다.

다섯째, 다시 시작한다. 전자제품이 고장 나면 전원을 껐다 켜듯이, 리셋한다. 지금 이 시각부터 다시 시작하는 것이다.

여섯째, 일상의 고마움에 관해 생각한다. 고3 시절 가출해서 고생하다 돌아왔을 때, 회사를 그만두고 방황하다 다시 취직했을 때, 공부가 가장 편한 일이고, 매일 출근할 데가 있다는 게 얼마나 감사한 일인지 깨달았다. 아무 일 없이 글 쓰고 있는 지금의 현실에 감사하자. 건강하니 쓸 수 있고, 일이 있으니 쓴다. 쓸 수 있다는 것만으로도 감사하고 행복한 일이다.

일곱째, 글을 잘 쓰고 못 쓰고 기준은 내가 정한다. 상사의 지적은 참고사항일 뿐 내 글은 내가 평가한다. 나는 글쓰기에 관한 나만의 가치관과 신념이 있다. 그것은 누구도 건드리지 못한다. 뭐 이런 생각으로 버틴다.

여덟째, 쓰면서 배운다. 글을 쓰려면 공부해야 하고, 쓰면서 또 배운다. 글쓰기는 공부이고, 나를 살찌우는 일이다. 정말 좋지 아니한가.

아홉째, 언제든지 떠날 수 있다고 생각한다. 너무 힘들면 그만두면 된다. 그리고 결국은 떠난다. 내일 당장 떠날 수도 있다. 떠나고 나면 모든 게 아쉽고 아름다운 추억이다.

포기하지 않으면 반드시 길이 열린다. 이런 믿음은 학창 시절에서 비롯됐다. 늦잠을 자고 일어난 날, 뛰어봤자 지각이라는 생각이 들 때도 최선을 다해 달렸다. 뛰어가는 도중에 친구 아버지가 차를 태워주거나, 교문에 지각 단속하는 선생님이 없었다. 끝까지 최선을 다해 뛰어갔을 때 단 한 번도 지각생이 되지 않았다. 늘 돕는 사람이 나오고 문제가 해결됐다. 나는 지금도 이런 믿음으로 글을 쓴다.

심장은 머리를 이긴다

보고서 내용보다 더 중요한 것들

"회장님 지금 어떠세요?"

비서실에서 일하면 많이 받는 질문이다. 평소에도 많이 물어오지만 주로 보고할 일이 있으면 묻는다. 보고하기 전에 회장님의 심기를 묻는 것이다.

보고는 타이밍이다

완벽한 보고보다 약간 미흡하더라도 반 박자 빠른 보고가 낫다. "보고 준비는 어찌 돼가나?"라며 상사가 물어보면 때는 늦었다.

중간중간에 "이게 맞는지요?"라고 물어보는 게 좋다. 틀렸으면 수정할 기회가 주어지고, 맞았더라도 상사에게 "역시 내가 도와줘야 해"라는 뿌듯함을 안겨준다. 처음 지시받았을 때와 상황이 달라졌을 때, 또는 작성 방향을 크게 바꾸고자 할 때 등 중간보고는 많이 할수록 좋다.

기한 내 보고를 못할 것 같으면 반드시 사전에 이실직고해야 한다. 보고가 늦어진 이유와 보고 가능한 날짜를 말하고, 현재까지 준비된 내용에 관해 얘기한다.

보고하기로 한 날짜보다 일찍 마쳤을 때는 갖고 있다가 약속한 날짜 하루 전쯤 보고하는 게 좋다. 본인은 밤을 새워 일찍 마쳤기 때문에 '성실하다', '고생했다'는 소리를 기대하지만, 정작 보고받는 사람은 '최선을 다하지 않았다'고 오해할 수 있다. 최후의 일각까지 고민하지 않고 '툭 던진다'는 느낌을 받는 것이다. 다 작성했더라도 "하루만 더 주시면 좀 더 고민해보겠다" 하는 게 나을 수도 있다.

부득불 일정보다 일찍 보고한 경우는 해당 날짜가 됐을 때 다시 환기시켜야 한다. '보고했으니까 됐겠지' 하는 생각은 위험천만하다. 상사도 잊어버릴 수 있기 때문이다. 기껏 보고해 놓고 써먹지 못하면 그 책임 역시 보고한 사람에게 돌아온다. 그냥 물어보기 멋쩍으면 "그때 올린 보고서에 이게 빠졌네요" 하면서 넌지시 얘기한다.

보고 시한을 넘기면 큰 낭패다. 때를 놓친 보고서는 휴지통으로 직행한다. 중요한 보고가 늦으면 본인이 집으로 직행할 수 있다. 그러나 늦은 보고라 해도 안 하는 것보다는 낫다.

보고서에도 표정이 있다

구두로 대면 보고할 때는 보고하는 사람의 표정이나 자세, 열의를 볼 수 있다. 서면 보고도 마찬가지다. 보고서를 읽어보면 보고하는 사람의 마음을 읽을 수 있다. 보고한 사람이 그 건에 관해서 자신을 방관자로 여기는지, 주인이라고 생각하는지 다 보인다. 방관자의 경우는 간절하지 않다. 평론가나 컨설턴트같이 쓴다. 주인에게는 간절함이 있다. 자기 의견이 반드시 실행에 옮겨져야 한다는 확신과 긍정적 에너지, 이것을 꼭 해야 한다는 절박함이 묻어난다. 그야말로 책임감과 열정이 읽힌다.

아무리 풍부한 정보와 정확한 판단을 담고 있어도 이런 열의가 안 보이는 보고서는 영혼 없는 사람과 같다. 상사에게 팔아야 할 것은 머릿속에 있는 콘텐츠가 아니라 가슴속에 있는 열정이다. 심장은 머리를 이긴다.

보고의 형식도 중요하다

노래에도 장르가 있다. 가곡도 있고, 트로트, 발라드도 있다. 노래방에 가서 가곡 부르면 왕따 되기 십상이다. 번지수에 맞게 불러야 한다. 마찬가지로 모든 보고를 정식으로 할 필요는 없다. 경중을 따져 거기에 맞는 보고 방식을 선택해야 한다. 그것이 상사의 스케줄을 효율적으로 관리해주는 일이다.

먼저, 구두 보고다. 매우 경미한 사안은 상사와 걸어가며 선걸음에 한다. 10초 엘리베이터 브리핑이 장문의 보고서보다 효과적일 때가 분명 있다. 조금 더 비중 있는 보고는 식사 시간과 같이 좀 더 차분한 기회에 건넨다. 다음으로 중요한 것은 회의 시간을 활용한다. 긴요한 사안은 상사를 찾아가 정식으로 보고한다. 중요도가 매우 높은 보고는 정식으로 보고 자리를 마련해 관련 직원들을 모두 참여시킨 가운데 한다.

서면 보고도 단계가 있다. 가벼운 사안이나 긴급한 보고는 휴대전화 문자 메시지로 간략하게 한다. 그다음은 이메일이다. 회장의 빠른 피드백이 필요하거나 중요한 사안은 문서를 출력해서 갖고 들어가 대면 보고를 한다.

이메일 보고할 때 유의점

이메일 보고에서 가장 중요한 건 제목이다. 어떤 내용인지 변별력 있게 제목을 붙여야 수많은 이메일에 파묻히는 일이 없다.

이메일 보고서인 경우 파일 첨부도 하지만, 메일 내용에 붙여 상사가 별첨 문서를 열어야 하는 수고를 덜어줘야 한다. 별첨한 문건의 파일명도 신경 쓴다. 첨부된 문서를 열었을 때 보고서의 맨 처음이 나오게 저장해야 한다. 보고서의 중간이나 끝부분이 뜨게 하는 건 예의가 아니다.

메일에 인사말과 함께 쓰는 한 줄이 보고서에 관한 신뢰를 좌우한다. 한 줄에 이 보고서가 얼마나 신중하고 빈틈없이 작성되었는지를 함축적으로 표현해야 한다. 좋은 보고서를 쓰고도 이 한 줄을 잘 쓰지 못하면, 일을 잘하고도 업무일지를 제대로 못 쓰는 것과 같다. 직접 대면 보고를 할 때도 상사에게 건네는 한마디는 보고서 내용보다 강력하다.

사노라면 본질보다 형식이 더 중요한 경우가 많다. 거절당했을 때, 거절 그 자체보다 거절하는 방식 때문에 상처받고, 사과할 때도 사과의 내용보다 형식에 발목이 잡혀 진정성을 의심받기도 한다. 곁가지를 잘 챙겨봐야 한다.

기획의 달인 되는 법

기획서 작성 십계명과 플러스 알파

기획서 작성! '기획'이란 단어가 들어가니 거창하다. 지레 겁을 먹게 된다. '기획 = 독창성'이란 가짜 등식에 기죽지 말자. 쉽게 생각하자. 기획은 계획을 짜보는 것이다. 이렇게 해보자고 제안하는 게 기획서다. 어딘가에 있는 자료를 모아서 재구성하면 된다. 기획의 목적은 설득이다. 채택이 목표다. 모로 가도 서울만 가면 된다. 기획서 십계명대로 해보자.

1계명: 자신감이 묻어나야 한다

기획서에 확신이 배어 있다고 느끼도록 해야 한다. 이 일을 잘 해낼 수 있다는 자신감이 읽혀야 한다. '~ 같다', '~할 듯'같이 자신 없는 표현은 절대 금지다. 그렇다고 자랑이나 건방으로 비쳐도 곤란하다. 안달복달해도 안 된다. 그러면 도망간다.

2계명: 의문 사항이 없어야 한다

이해시키는 게 기본이다. 두 번 읽어야 이해되는 기획서는 짜증난다. 죽 넘겨만 보고도 전체 내용이 파악되어야 한다. 목차와 중간제목만으로 파악할 수 있으면 더욱 좋다. 미심쩍은 내용은 Q&A를 첨부해주는 것도 방법이다.

3계명: 흥미를 끌어야 한다

튀거나 참신한 것은 흥미를 유발한다. 하지만 그보다 더 중요한 것은 읽는 사람이 알고자 하는 것을 정확히 찌르는 것이다. 알고 싶은 것은 이익, 효과, 비용 같은 것이다. 또한 강조하는 것이 분명해야 흥미를 놓치지 않는다. 핵심 제안 사항은 먼저 써야 하는 것도 그런 이유다.

4계명: 진실하게 보여야 한다

과장은 안 된다. 과장일 것이라는 선입견을 품고 보기 때문에 과장은 과장되기 십상이다. 특히 실현 가능성이나 기대 효과를 부풀리면 안 된다. 주관보다는 객관, 의견보다는 사실에 바탕을 두는 게 좋다. 과다한 수식어도 진정성을 해친다. 반대로 단점, 우려 사항, 부작용 등을 언급하면 신뢰도가 높아진다. 예산 관련 내용은 최대한 세세하고 정확해야 한다.

5계명: 명료해야 한다

하고자 하는 것이 무엇인지 분명하게 드러나야 한다. "명료하면 독자들이 모이고, 모호하면 비평가들만 몰려든다"고 했다. 특히 핵심을 잘 짚어줘야 한다. 하고자 하는 일의 방향은 무엇이고, 이익은 무엇인지 한 줄로 요약할 수 있어야 한다.

6계명: 논리적이어야 한다

기획은 가설을 입증하는 것이다. 입증하기 위해서는 일관된 논리가 있어야 한다. 앞뒤 말이 논리 정연해야 한다. 그래야 설득시킬 수 있다.

7계명: 중복과 누락이 없어야 한다

맥킨지 문제 해결 기법인 MECEMutually Exclusive and Collectively Exhaustive를 원용해서 서로 겹치지 않으면서 전체적으로 누락이 없는 기획서가 돼야 한다. 그래야 중언부언한다는 느낌이 없다. 연암 박지원의 말대로 "상세하되 비만하지 않고 간결하되 뼈가 드러나지 않은" 기획서여야 한다.

8계명: 쉬워야 한다

전문용어나 고급스런 표현이 자신의 전문성을 돋보이게 하지 않는다. 상대가 전문가니까 상관없다고 생각하면 오산이다. 전문가일수록 더 쉽게 써야 한다. 어려운 것을 쉽게 표현하면, 아마추어는 모르지만 고수는 안다. 어려운 것을 쉽게 쓰는 게 진짜 선수다.

9계명: 강력할수록 좋다

읽는 사람의 뇌리에 박히는 한 문장이 있어야 한다. 채택해야 하는 이유를 한마디로 보여줘야 한다. 한번 보고도 잊히지 않을 만큼 단순해야 한다. 광고 카피를 벤치마킹할 필요가 있다.

10계명: 친절은 덤이다

굵은 글씨나 밑줄 긋기로 강조하고, 글자체를 달리해서 읽기 편하게 한다. 복잡한 내용은 도표로 깔끔하게 정리해준다. 이것은 시간만 들이면 할 수 있다.

기획서 작성 십계명을 10개의 알파벳 C로 정리해보면 이렇다. 기획서는 발상Concept이 창의적Creative이고 특색Color이 있으며, 읽는 사람을 배려Consideration하고, 내용Content이 정확Correct,

분명Clear, 간결Concise해야 한다. 쓰는 사람이 호기심Curiosity과 자신감Confidence에 차 있어야 가능한 일이다.

기획안 작성할 때의 플러스 알파

나는 기획안을 작성할 때 열 가지를 참조했다.

첫째, 노래 가사다. 가사를 읊조려보라. 오래전 좋아했던 노래는 더욱 좋다. 노래는 정취를 불러일으킨다. 정서를 자극해야 기획안이 설득될 확률이 높다.

둘째, 드라마나 영화 대사다. 기막힌 대사들이 많다. 대사를 읽어보면 아이디어가 떠오른다. 드라마 〈폭싹 속았수다〉같이 유행하는 대사는 더 그렇다.

셋째, 댓글이다. 기획해야 하는 분야에서 고객이나 소비자가 달아놓은 댓글을 읽어보라. 그곳이 바로 현장이다. 현장에 답이 있다.

넷째, 잡담이다. 친한 친구들과 혹은 동료들과 잡담을 나눠보라. 뜻밖의 대어를 낚을 수 있다. 잡담은 낭비가 아니다. 가성비 좋은 생산 활동이다.

다섯째, 유튜브 섬네일을 보자. 낚는 문구들이 많다. 표현 양식을 빌려오자. 그 안에 진실한 내용을 채우자.

여섯째, 책 제목이다. 편집자가 어떻게 하면 책을 팔 수 있을까 고심에 고심을 거듭해 나온 것들이다. 그 안에 마케팅 노하우가 담겨 있다. 그것을 훔쳐오자.

일곱째, 광고 카피다. 이것이야말로 기획의 보물창고다.

여덟째, 시집도 유용하다. 특히 그 시기에 독자들이 사랑하는 시집을 참고해보라.

아홉째, 명언이다. 명언은 세월의 두께를 이겨내고 검증받은 아이디어들이다. 또 명언을 읽다 보면 아이디어가 떠오른다.

열째, 기사 제목이다. 나는 아이디어가 필요할 때 관련 기사를 검색해 기사 제목을 본다. 편집자들의 영감이 더해진 기사 제목을 보면 나의 직관이 작동한다.

내가 기획할 때 염두에 뒀던 것들이 있다.

첫째, 의심을 잠재우려 했다. 내가 기획안을 제출했을 때 상사가 의심할 게 무엇인지 생각해보고 그걸 극복하려고 했다.

둘째, 거절을 거절했다. 고객사에 기획안을 제안했을 때, 고객은 무슨 이유로 이 기획안을 거절할지 생각해보고, 어떻게든 이에 대한 나의 답변을 만들고자 했다.

셋째, 반론에 대비했다. 내 기획안대로 시행했는데 반론이 있을 수 있다. 뭐가 문제이고, 이것은 도움이 안 되고, 왜 이런 기획을 했는지 모르겠다는 등의 반발이 있을 수 있다.

이를 감안한 내용을 기획안에 포함했다.

넷째, 이유다. 상품이나 서비스를 출시하고, 새로운 제도나 정책을 기획했을 때, 이를 소비하고 활용하는 사람들이 왜 그것을 써야 하는지 이유와 명분이 필요하다.

다섯째, 차별점이다. 모든 기획은 완전히 새로울 수 없다. 그 이전에 이와 유사한 무엇인가가 있다. 이들과 다른 점이 무엇인지 밝혀야 한다.

여섯째, 공포심을 자극했다. 사람들은 유익이나 혜택보다는 손해나 피해에 민감하다.

일곱째, 유익이다. 내가 기획하는 내용이 어떤 도움을 주는지 생각해본다. 문제를 해결하는지, 욕구를 해소해주는지, 방법을 제시하는지, 재미있는지 등 어떤 가치를 제공하는지 생각해본다.

마케팅은 예술처럼

마케팅 글쓰기 접근법 12가지

마케팅 글쓰기 재료는 사방에 널려 있다. 신문 칼럼과 사설에도 있고 방송 뉴스에도 있으며, 유튜브에도 있다. 유행이나 트렌드에도 있고, 주변에서 접하는 대화 내용과 이야기 안에도 있다. 우리의 경험과 감정 속에 진짜배기 소재가 녹아 있다. 눈을 부릅뜨고 귀를 쫑긋 세우면 마케팅 재료를 구하는 것은 어렵지 않다.

마케팅 글쓰기 재료를 찾았으면 이제 고객이나 소비자에게 다가가야 한다. 바로 어프로치approach 방법이다. 오래된 마케팅 이론 가운데 '마케팅 깔때기Marketing funnel 전략'이 있다. 일반 소비자를 고객으로 끌어들이는 과정을 5단계로 정리한 이론이다. 점점 좁혀진다는 뜻으로 '깔때기'라는 표현이 붙었다. 브랜드 인지Awareness → 제품에 대한 친숙Familiarity → 구매 고려Consideration → 구매Purchase → 충성Loyalty, 이렇게 5단계다.

하지만 내가 생각할 때 이것은 구닥다리 이론이다. 이론을 위한 이론에 불과하다. 어떻게 사람의 인식이 순서를 밟는가. 즉흥적으로 구매하기도 하고, 첫눈에 충성을 맹세하기도 하는 것 아닌가. 마케팅은 순서에 따라 진행되지 않는다. 과학이 아니라 예술이다.

이런 얘기를 들은 적이 있다. 손으로 일하는 사람은 노동자, 손과 머리로 일하는 사람은 기술자, 손과 머리와 마음으로 일하는 사람은 예술가, 그리고 손과 머리와 마음과 발로 일하는 사람은 세일즈맨이다.

예술과 마케팅의 공통점

예술가와 세일즈맨은 공통점이 많다. 두 분야 모두 땀과 열정이 필요하다. 아울러 창의적이어야 한다. 예술의 창의성에 관해서는 굳이 설명이 필요 없다. 물건을 파는 일 역시 판매 포인트를 어떻게 잡고, 고객에게 어떻게 어필할 것인가란 측면에서 보면 어느 분야보다 창의성이 필요하다. 남과 다른 시각에서 다르게 접근하는 것, 이러한 창의성 유무에 따라 영업의 성패가 결판난다.

예술가와 세일즈맨은 땀과 열정, 창의성 외에 결정적인 공통점이 있다. 그것은 바로 사람의 마음을 움직여야 한다는 점이다. 그런데 세일즈의 연장선상에 마케팅이 있다. 무언가를 판다는 측면에서 세일즈와 마케팅은 다르지 않다.

마케팅 글쓰기에서 염두에 둬야 할 것들

상사는 예술가가 되어야 한다. 마케팅 소재를 창조해야 하고, 그것을 알리는 예술을 해야 한다. 적어도 마케팅 예술을 어떻게 하는지 알기라도 해야 한다. '상사 노릇 = 마케팅 리더십'이다. 그렇다면 마케팅 글쓰기에서 염두에 둬야 할 것은 무엇인가.

'단순함'이 최상의 전략이다. 복잡하면 보지 않는다. 간결할수록 핵심이 두드러진다. 나이키 광고의 '저스트 두 잇Just Do It'과 코카콜라의 '오직 그것뿐'은 단순해서 기억한다.
'참신함'이 있는지 자문해야 한다. 진부한 것이야말로 마케팅의 최대 적이다. 클리셰(판에 박힌 문구)에 사로잡힐 고객은 없다. 단 진부함에 예외는 있다. 'I love You' 같은 것이다.
'근거'가 분명해야 한다. 고객 스스로 자기 판단이 옳다고 믿게 만드는 게 중요하다. '내 것을 사려는 사람은 무엇 때문에 찾을까?'에 관한 답만 확실하면 팥으로도 메주를 만들 수 있다. 내부 직원들부터 그것을 인정해야 한다.
'본능'을 건드려라. 인간은 누구에게나 본능이 있다. 구매는 여기서 비롯된 무의식적 반응에 의해 이뤄진다. 예쁜 것, 맛있게 보이는 것 등이 그 대상이다. 제목에서 승부를 봐야 한다. 제목에서 낚지 못하면 끝이다.
단도직입은 하수다. 통쾌함은 있지만 남는 게 없다. '내밀'하게 찌르는 게 좋다. 인상적인 비유가 동원되면 더 좋다. 읽는 사람이 자신만 이해했다고 신나게 만들어야 한다.

'대의명분'을 만들어라. 같은 값이면 의미 있는 일에 참여하고 싶은 심리를 활용하자. 공익과 연계한 마케팅이 효과적이다. 윤리적 소비, 애국심 마케팅이 그것이다.

'긍정'을 강조하라. 실패율이 20%밖에 안 된다는 말보다는 성공률이 80%나 된다는 말이 좀 더 먹힌다.

'발상의 전환'이다. 프레임만 바꾸어도 약점을 강점으로, 위기를 기회로 둔갑시킬 수 있다. 교통사고 주범인 자동차 회사의 교통안전 캠페인, 담배회사의 금연 캠페인이 그런 것 아닐까.

'협력'할 것을 찾아라. 소비자나 고객은 한 가지 효용으로 만족하지 않는다. 다른 것과 결합해 시너지 효과를 내는 콜라보레이션Collaboration 마케팅을 펼쳐라.

'통념을 역이용'하라. 머릿속에는 통념과 고정관념이 있다. '소주는 싸고 맥주는 비싸다'는 생각 같은 것이다. '소주보다 싼 맥주'같이 통념을 뒤집어라.

'모호'하게 접근하는 것도 방법이다. 분명하게 보여줄 게 없으면 신비주의 마케팅으로 포장하라. 뭔가 있기는 한데 감추고 있는 것처럼 보여라.

'결과'를 만들어낼 수 있느냐가 관건이다. 최종 목적은 행동이다. 구매하게 하는 것이다. 멋있는 말은 필요 없다. 유치찬란해도 구매와 연결되는 게 장땡이다.

마케팅 글을 쓸 때 염두에 뒀던 내용이 있다. 첫째, 검색에 잘 노출될 수 있도록 태그에 신경 썼다. 둘째, 인플루언서를 어떻게 활용할지 고심했다. 셋째, 캐치카피로 후킹hooking하는 데 전심전력했다. 넷째, 반복함으로써 기억에 남도록 했다. 다섯째, 긴가민가하지 않고 단언함으로써 신뢰감을 주고자 했다. 여섯째, 점층과 반전으로 메시지를 강조했다. 일곱째, 운율과 라임을 맞춰 술술 읽히도록 했다. 여덟째, 제공자 시점보다는 수요자 시점으로 썼다. 아홉째, 피동과 부정 문장보다는 긍정과 능동 문장을 사용했다. 열째, 그림이나 도표 등 시각자료를 활용할 수 없는지 따져봤다.

마케팅 글쓰기를 하는 데 금기시해야 할 것들도 많다. 진부하면 안 된다. 이미 있던 것이라도 참신하게 포장해야 한다. 장황하면 안 된다. 소비자에게 인내심을 요구해선 안 된다. 그들이 끈기를 발휘할 이유가 없다. 중언부언하지 마라. 메시지를 분명히 해야 한다. 소비자가 그것을 찾아내주길 기대해선 안 된다. 과장이나 과도한 수식은 금물이다. '대단히', '굉장히', '진짜', '정말로', '아주' 등 정도부사를 남발하지 마라. 오탈자나 띄어쓰기의 오류, 비문은 신뢰를 저하시킨다. 성인지 감수성을 저해하거나 인권을 침해하고 명예를 훼손하는 표현을 주의하라. 사실에 위배되는 내용이나 표절은 범죄 행위가 될 수 있다.

사람 마음이 그리 쉽게 움직이나요?

마케팅 글쓰기 소재 아홉 가지

홍보부서에서 일할 때다. 상사가 불러서 얘기한다. "이거 홍보 좀 잘해봐." 이 얼마나 어려운 얘기를 쉽게 하는 것인가. "소비자의 마음을 움직여서 이걸 사게 만들어봐"라는 말이 아닌가.

마케팅 글쓰기의 재료

마케팅에 관한 책 가운데 유명한 것은 모조리 쓴 미국의 필립 코틀러Philip Kotler 교수. '현대 마케팅의 아버지'라 불리는 그는 "이제는 단순히 소비자의 마음을 잡는 수준이 아니라, 소비자 마음의 핵심인 사랑과 신념에까지 이르러야 한다"면서 "고객의 마음으로 들어가는 열쇠를 만들 줄 아는 기업만 살아남는다"고 주장한다.

소비자의 마음을 움직이기 위해 가장 필수적인 것이 재료다. 맨땅에 헤딩할 수는 없다. 소재가 필요하다. 하지만 글 쓰는 사람이 재료를 만들 필요는 없다. 대신 무엇이 재료가 되는 줄은 알고 있어야 한다. 그리고 재료를 만드는 부서에 요구해야 한다. 없으면 만들어서라도 가져오라고 해야 한다.

그렇다면 어떤 것이 마케팅 글쓰기의 재료가 되는가.

'이익'이 무엇인가. '혜택'이 있는가. 이게 없으면 사지 않는다. 당신에게만 제공되는 특별한 혜택이면 더욱 좋다. 숨겨져 있는 욕구까지 건드리면 더할 나위 없다.

'처음'에 해당하는 게 있는가. 선도 이미지는 매력적이다. 포지셔닝positioning이 수월하다. 상투적이긴 하지만 최대, 최강 등과 같은 최고도 괜찮은 소재다.

'감성'을 자극하는 그 무엇이 있나. 향수도 그 가운데 하나다. 노스텔지어nostalgia는 사람의 마음을 들뜨게 한다. 학창 시절, 첫사랑, 고향 등 무엇이든 상관없다. 아련한 추억이 떠오르면 된다.

'일관성'이다. 일관되게 해오고 일관되게 보여준 것을 찾아라. 일관성은 그 기업의 진정성이다. 일관성을 팔면 고객은 믿고 산다.

'희귀성'이다. 누구나 가질 수 없고, 지금 아니면 살 수 없다는 것을 강조한다. 충동적인 구매를 유발할 수 있다.

'인물'을 내세운다. 조직 안팎의 사람을 모티브로 한다. 무미건조한 것보다는 사람 냄새 나는 게 좋다. 평범한 사람도 괜찮고 영웅이나 특별한 인물이면 더 좋다.

'차별점'을 찾아내라. 다른 제품과 다른 게 무엇인지 밝혀라. 차별화는 "내가 왜 그걸 사야 하는데?"에 대한 대답이다.

'숫자'로 보여줘라. 회사가 갖고 있는 수치 중에 의미 있는 것을 찾아내라. 그 수치를 잘 갈고닦아서 보여줘라. 치약 이름이나 비타민 음료를 생각해보면, 뇌는 의외로 숫자를 잘 기억한다.

'화제'를 일으킬 수 있는가. 이른바 얘깃거리를 만들어야 한다. 입소문만 날 수 있다면 노이즈 마케팅도 굳이 마다할 이유가 없다.

요즘 아이돌 가수를 보면 각자 맡고 있는 '담당'이 있다. 가창력, 춤, 외모, 유머감각 등. 이 모든 것을 다 잘할 수는 없다. 자신만의 강점을 최대한 살리면 된다. 마케팅 글쓰기도 마찬가지다. 여러 재료 가운데 가장 두드러진 강점 한두 가지를 활용하면 된다. 모든 걸 잘하는 가수는 특징도 없고 매력도 없다.

상사를 난감하게 하지 않으려면

프레젠테이션 달인 되기

학창 시절은 물론 사회생활을 시작하고도 무대 공포증에 시달렸다. 다섯 사람만 넘어가면 얼굴이 붉어지고 목소리가 떨렸다. "준비한 얘기가 생각나지 않으면 어쩌지?", "망신당하지 않을까?" 이런저런 걱정으로 사람들 앞에 서는 것을 피했다. 남 앞에서 말 못하는 이유를 누구에게도 말할 수 없었다. 직장생활 10여 년 동안 어려움이 이만저만이 아니었다.

직장생활은 크고 작은 프레젠테이션의 연속이다. 자기소개를 하는 것에서부터 회의에서의 발표, 면접, 업무 브리핑, 사업 제안 등에 이르기까지 일상이 프레젠테이션이다. 얼마나 고충이 많았겠는가. 특히 GE 전 CEO인 잭 웰치의 이 말은 결정적으로 나를 낙담하게 했다. "내가 제프리 이멜트Jeffrey Immelt를 후계자로 정한 중요한 이유 중 하나는 그의 탁월한 프레젠테이션 능력 때문이다."

7, 8년 전에 이 병을 고쳤다. 죽었다 깨나도 피할 수 없는 상황에 맞닥뜨리면서 극복했다. 방법은 간단하다. 최선을 다해 준비하는 것과 주제에 빠져드는 것이다. 준비와 연습만이 살길이었다. 실전과 같은 예행연습을 반복했다. 실전에서는 사람보다 주제에 집중했다. 열과 성을 다해 몰입했다. 사람은 안중에 두지 않았다. 그래도 긴장이 가라앉지 않으면 떨린다고 고백했다. 그러면 한결 편안해졌다. 그렇게라도 한 번의 성공이 필요했다. 한 번을 무사히 넘기는 경험이 중요했다. 그다음에는 조금씩 사람도 보였다. 떨리지 않았다. 거듭되면서 두근거림을 즐기는 여유까지 생겼다. 이것은 누구나 가능하다.

프레젠테이션은 키맨이 중요하다

프레젠테이션은 동의를 얻는 데 목적이 있다. 그러기 위해 상대를 잘 알아야 한다. 특히 키맨이 중요하다. 대부분의 경우, 키맨은 이미 마음을 정해놓고 있다. 그것을 바꾸려면 몇 배의 노력이 필요하다. 무엇보다 그가 어떤 생각을 하고, 무엇을 필요로 하는지, 나는 무엇을 줄 수 있는지에 대한 답을 갖고 접근해야 한다. 그런 점에서 로마시대 웅변가 키케로의 말은 새겨볼 만하다. "나를 설득하려거든 나의 생각을 생각하고, 나의 느낌을 느끼고, 나의 말로 말하라."

지루함은 최대 경계 대상이다

어느 때 지루한가. 재미가 없을 때, 궁금해 하는 것을 말해주지 않을 때, 너무 많은 정보를 담아 장황할 때, 단조로운 어투와 문어체로 말할 때, 교감을 형성하지 못하고 발표자 혼자 따로 놀 때 등이다.

어떤 내용이 지루한가. 모두가 아는 일반론이나 말하는 사람도 잘 모르는 내용일 때가 그렇다. 그렇다면 어떻게 해야 지루하지 않나. 관심 있는 내용을 말할 때, 나와 대화하듯이 얘기할 때, 내용이 구체적일 때, 전문가처럼 느껴질 때, 한 편의 드라마나 쇼같이 구성이 탄탄할 때다.

시작부터 관심을 끌어야 한다. 일화, 개인적 경험, 인용, 질문, 유머 무엇이든 좋다. 당당하게 기선을 제압하면서 시선을 모으는 게 중요하다. 그에 반해 마무리는 기억을 남기는 데 주안점을 둬야 한다. TV 프로그램 〈불후의 명곡〉에서 심사 점수는 마지막 10초 동안에 결정된다. 핵심을 강조하건, 양괄식으로 시작 부분을 다시 언급하건, 행동을 촉구하건 간에 뒷맛과 기억을 남기는 데 주력해야 한다.

시각 자료는 지루함을 달랜다

영상, 사진, 그림, 애니메이션, 도표, 그래프가 그것이다. 글씨도 넓은 의미에서 시각 자료다. 이러한 볼거리는 흥미를 유발하고 이해를 돕는다. 설명 시간을 단축한다. 각인 효과도 있다. 그러나 시각 자료를 너무 많이 써도 안 좋다. 주의 산만이라는 역효과를 불러온다. 인상적이면서 단순 명쾌해야 한다. 한눈에 쉽게 이해되어야 한다.

지루함을 피할 수 있는 가장 좋은 방법은 간결함이다. 뇌는 과다한 정보가 들어오면 자동 거부함으로써 스스로를 보호한다. 발표자는 주어진 시간을 다 채우려고 굳이 노력할 필요 없다. 정보의 양이 많을수록 기억되는 정보는 줄어든다. 불성실하게만 보이지 않는다면 평가자는 의외로 짧은 것에 후한 점수를 준다. 지루한 것은 누구도 좋아하지 않기 때문이다.

말하는 순서가 정해져 있는 것은 아니다

핵심은 두 가지다. 하나는 논점을 분명히 하는 것이다. 상대가 알고 싶은 초점, 즉 상대의 판단에 영향을 미치는 결정적인 사안에서 벗어나지 않는 것이다. 다른 하나는 입증하는 것이다. 믿게 하려면 입증해야 한다. 입증하지 못하는 것은 사실이 아니다. 사례, 통계, 증언, 검증을 통해 믿게 만들어야 한다.

일반적인 방식은 발표 주제 - 발표 목차 - 본론 - 요약 - 결론 순이다. 가장 단순한 방법은 결론을 말하고, 그 이유를 설명한 후, 다시 결론을 말하는 것이다. 결론을 숨겨뒀다가 마지막에 내놓는 것도 방법이다. 다 끝난 듯하다가 "하나 더 있다"고 덤을 주는 방식도 재미있다. 널리 쓰이는 PREP 방법도 있다. 요점Point -

이유Reason - 사례Example - 결론Point 순으로 설명하는 것이다.

다이앤 디레스터Diane Diresta는 자신의 책 《MBA에서도 가르쳐주지 않는 프레젠테이션》에서 '관심 끌기 - 논점 파악하기 - 제안하기 - 이점 설명 - 근거 제시 - 마무리'할 것을 권유한다. 야하타 히로시八幡紕芦史도 《완벽한 프레젠테이션》에서 '주의(이게 뭐지?) - 흥미(이거 재밌겠는데?) - 이해(아하, 그렇군!) - 동의(맞는 말이야!) - 행동(자, 그렇게 하자!)' 순으로 반응을 이끌어내야 한다고 제안한다.

진심이 통한다

내용도 충실해야 하고 포장도 잘해야 한다. 말하는 스킬도 중요하다. 그런데 더 중요한 것은 진심이다. 진심을 열정적으로 전달하는 노력이다. 전달하는 것에 그치지 않고 상대의 마음에 꽂히도록 애써야 한다. 비록 내용에 빈틈이 있고 표현이 어눌해도 확신에 찬 표정으로 적극적으로 어필하면 반드시 좋은 결과가 있을 것이다.

상사는 프레젠테이션을 듣고 자주 난감해한다. 내용도 알쏭달쏭하고, 어떻게 결론을 내야 할지 망설여진다. 이런 때 상사는 스스로를 설득할 수 있는 뭔가가 있으면 좋겠다는 생각을 한다. "나는 이것을 믿고 이렇게 결정한다"는 그 무엇이 필요하다. 그게 바로 발표자의 열의와 간절함이다. 상사는 이것에 의지해서 안심하고 결정한다.

상사가 모르는 협상의 법칙

협상의 성공 조건

허브 코헨Herb Cohen은 지미 카터와 로널드 레이건 대통령 재임 당시 협상 자문을 맡은 세계적인 협상가로, 세상의 8할이 협상이라고 했다. 그렇다. 주고받는 모든 것은 협상 대상이다. 가정, 학교, 회사 등 모든 곳이 협상 테이블이다. 이익을 중심으로 모인 회사 조직은 특히 그렇다.

상사는 협상의 규칙을 만들어가는 사람이다. 상사와 부하 간에, 부서와 부서 간에, 우리 회사와 다른 회사 간에 지금 이 시간에도 이뤄지고 있는 협상의 룰을 만들고, 협상 지침을 주는 이가 바로 상사다. 이것이 상사 역할 가운데 중요한 부분이다. 협상이 상사에게만 중요한 것은 아니다. 말하고 읽고 셈하고 쓰는 능력도 협상에서 배울 수 있다. 협상에는 상대를 파악하는 능력, 설득, 경청, 논박의 기술이 모두 동원된다.

협상의 고수답게 상사는 어떻게 해야 협상을 잘할 수 있는지 수시로 얘기한다. 그렇다고 상사의 말이 모두 옳은 것은 아니다.

상사는 감정을 앞세우지 말라고 한다

이성적으로 냉정하게 접근해야 한다고 가르친다. 그런데 그래서는 큰 것을 얻을 수 없다. 이성적 기교는 한계가 있다. 자기 꾀에 자기가 빠진다. 진정성으로 승부하는 게 맞다. 세계적인 베스트셀러 작가 말콤 글래드웰Malcolm Gladwell은 《블링크: 첫 2초의 힘》에서 의료사고가 났을 때 법적 다툼을 벌일 확률을 밝혔다. 즉, 의사 과실의 경중보다는 진료 시간이 얼마나 충분했는지에 더 큰 영향을 받는다는 것이다. 제대로 설명을 들으면서 신뢰를 쌓은 환자는 똑같은 결과에도 소송을 제기하지 않는다고 한다. 이성보다는 인간적 신뢰가 협상의 관건이다.

상사는 쉬운 것부터 협상하라고 한다

소위 선이후난先易後難 전략이 실용적이라는 것이다. 그렇지 않다. 껄끄럽고 타결이 어려운 사안을 뒤로 미뤄두면 대부분 타협을 하고도 협상 마무리에 가서 어려움에 봉착한다. 그렇게 되면 모든 게 물거품이 된다. 시간과 에너지만 낭비한 꼴이 된다. 그런데 어려운 것을 먼저 해결하면 거기에 들인 노력이 아까워서라도 쉬운 것은 서로 양보하며 결론을 내게 돼 있다.

상사는 입장을 바꿔 생각하라고 한다

흔히 말하듯이 역지사지하라는 것이다. 그러나 많은 전문가는 입장 말고 이해관계를 중심으로 협상하라고 한다. 입장을 가지고 거래하게 되면 입장이 자존심이 되어 난항을 겪게 되기 때문이다. 자신의 이해를 분명히 하고, 상대의 숨겨진 이해를 찾는 데 집중하는 게 맞다.

상사는 히든카드를 준비하라고 한다

'밀당'과 포커페이스가 필요하다는 것이다. '예스'를 받아내기 위해 '노'를 연발하라고 한다. 양파 껍질 벗기듯 하나씩 하나씩 내놓아야 한다고 주문한다. 상대에 따라 다르겠지만, 꼭 그렇지 않다. 툭 까놓고 말하는 게 낫다. 이쪽에서 비밀을 가지면 저쪽도 비밀을 만든다. 감춤의 상승작용은 협상의 장애물이다. 내 카드를 보여줘야 한다. 그래야 본격적인 협상이 가능하다. 협상이 결렬되었을 때 취할 수 있는 대안, 즉 배트나BATNA, Best Alternative To Negotiated Agreement(차선책) 역시 공개하는 게 좋다.

상사는 비장함을 강조한다

배수진을 치라고 한다. 이 말에는 협상 당사자 간의 이해가 상충할 것이라는 전제와 함께, 협상은 승부를 겨루는 것이라는 인식이 깔려 있다. 그렇지 않다. 협상은 이기고 지는 게임이 아니다. 거래를 통해 서로 원하는 것을 얻는 게임이다. 고려시대 서희 장군의 담판이 그 예다. 거란은 국교 회복을, 고려는 강동 6주를 얻었다. 서희 장군이 이기고 소손녕이 진 담판이 아니다. 윈-윈 게임이었다.

연예인 매니저라 생각하고 헌신적으로

글쓰기 참모의 역할과 책무

글쓰기 강연이 끝나면 상담을 신청하는 사람이 간혹 있다. 상사의 연설문, 기고문을 작성하는 일을 하는 사람이다. 중압감이 말할 수 없이 크다고 고충을 토로한다. 어떻게 하면 '윗분' 비위를 맞출 수 있느냐고 묻는다. 남의 일 같지 않다. 글쓰기 참모가 갖추고 감당해야 할 일이 참으로 많기 때문이다.

상사가 한 말을 상사보다 더 잘 정리하고 있어야 한다

말은 상사가 하지만 상사는 자신이 한 말을 일일이 기억하지 않는다. 체계적으로 정리해놓지도 않는다. 그래서 참모가 필요하다. 상사의 말을 키워드 중심으로 정리해서 지속적으로 축적해가야 한다. 일종의 어록집 같은 것이다.

어록집은 용도가 다양하다. ▲상사 연설문이나 기고문을 작성할 때 수시로 찾아보고 기초자료로 쓴다. ▲상사가 일관성 있게 발언할 수 있도록 유사한 행사나 회의가 있을 때 참고자료로 보고한다. ▲회사 안에서 의사결정의 판단 자료로 쓸 수 있도록 다른 부서에 제공한다. ▲상사가 말로 인해 구설에 올랐을 때 반박 자료로 활용한다. ▲사사나 상사 저서를 저술할 때 귀중한 자료가 된다.

상사의 말과 관련한 조언 기능을 담당해야 한다

상사의 발언과 그 반응을 면밀히 분석하여 수정 또는 추가했으면 하는 내용을 수시로 제안한다. ▲문제되는 내용을 짚고, 대안을 제시한다. ▲상사의 발언에 대한 언론의 반응이나 시네 여론을 파악해 보고한다. ▲발언 내용에 보완했으면 하는 사례나 통계 자료를 제공한다. ▲상사가 공·사석에서 활용할 수 있는 얘깃거리를 주기적으로 공급한다. ▲핵심 오피니언 리더의 발언을 취합하여 보고한다. 이를 위해 신경을 곤두세우고 상사의 말과 글 속에 빠져 살아야 한다.

주제넘은 일이 아닐까? '지적질'하다가 한 소리 듣는 것 아니야? 기껏 제안했는데 채택되지 않으면 어쩌지? 염려할 필요 없다. 채택되지 않아도 상사에게 분명 도움이 된다. 모든 보고는 상사의 생각 자료가 된다. 과감하게 지적하고 기탄없이 제안할수록 상사는 좋아한다.

상사의 이미지 메이커라는 책임감을 가져야 한다

이미지는 상사가 하는 '일'과 '말'을 통해 만들어진다. 이 가운데 '일'은 어찌할 수 없다. 상사 스스로 감당할 몫이다. 하지만 '말'은 글쓰기 참모의 역할이 크다.

우선 만들어가야 할 이미지의 목표를 세워야 한다. 단기적·장기적으로 상사를 어떤 사람으로 비치게 할 것인가를 구체적으로 정의한다. 연설문이나 기고문을 작성할 때마다 여러 각도에서 관련 내용을 반복적으로 언급하여 목표 이미지를 강화시킨다. 예를 들어 '세계적으로 인정받는 경영인'이란 이미지 목표를 세웠다면 ▲1년 중 해외 체류 기간 ▲세계경제 동향에 관한 전문적 식견 ▲상사가 추진하는 기업의 해외 활약상 등을 지속적으로 언급하고, 홍보 파트와 협력하여 해외 유수 언론과의 인터뷰나 기고를 적극 추진한다.

상사에게 용기와 믿음을 줘야 한다

상사는 자기가 잘하고 있는지 궁금하다. 그래서 내심 초조하다. 직원들이 자신을 잘 보좌하고 있는지에 대해서도 의문을 가진다.

상사를 안심시켜라. 지금 잘하고 있다는 신호를 보내줌으로써 상사가 자신감을 갖도록 해줘라. 상사의 말과 글에 관한 좀 더 나은 보좌를 위해 불철주야 준비하고 꼼꼼히 찾아보고 있으며, 상사가 우려하는 것도 잘 챙기고 있다는 믿음을 줘야 한다. 그렇지 않으면 혹시라도 잘못되지 않을까 불안해한다.

이것은 비단 상사에게만 해당되는 것이 아니다. 회사 조직의 모든 사람은 누군가의 참모다. 상사도 명심할 게 있다. 좋은 참모를 만드는 것은 전적으로 상사에게 달려 있다는 사실이다.

잘 쓰면 대박, 못 쓰면 쪽박

연설문 작성의 기초

회사에서 연설문 쓸 일은 그리 많지 않다. 있다 해도 홍보실, 기획실에서 담당하기 때문에 그들만의 일이다. 하지만 누구나 연설을 할 수는 있다. 특히 직급이 올라갈수록 '한마디' 해야 하는 자리가 많아진다.

아무래도 연설을 가장 많이 하는 사람은 회장이나 사장일 것이다. 회장이 회사 밖 행사에서 하는 연설문을 기준으로 그 작성 방법을 알아보자.

가장 먼저 할 일은 행사 개요를 파악하는 것이다. 회장에게 보고해서 참석 여부를 확정 지어야 하기 때문이다. 참석이 확정된 행사라면 개요를 보고하면서 회장이 무슨 말을 하고 싶은지 간략히 듣는다. 개요에 들어가야 할 내용은 ▲행사 제목 ▲행사 주제 ▲행사 일시 및 장소 ▲행사 식순 ▲참석자 현황이다.

행사 장소가 생소한 곳이면 직접 가서 보고, 행사장 안에서의 회장 동선까지 그려서 개요에 넣는다. 현장을 가보면 연설문 작성할 때 그 느낌을 살릴 수 있다. 또한 개요 안에는 회장 외에 연설하는 사람이 누구이며, 회장은 몇 번째로 연설하는지, 연설 시간은 얼마나 주어지는지 밝힌다.

두 번째는 행사 주최 측에 관해 파악한다. 직접 찾아가서 주최 측 인사들을 만난다. 불순한 의도를 갖고 초청하진 않았는지, 행사 준비는 잘되고 있는지, 믿을 만한 단체인지 등은 만나봐야 알 수 있다. 또 만나면 의외의 사실을 알 수도 있다. 모든 것은 직접 만나서 듣고 눈으로 확인하는 게 안전하다. 만나서 들으면 연설문을 작성하는 데도 많은 도움이 된다. 확인해야 할 것은 ▲단체의 성격과 성향 ▲그동안 해온 일과 현안 ▲행사 개최 목적 ▲행사 개최를 통해 기대하는 효과 ▲회장이 언급해줬으면 하는 내용 등이다.

세 번째, 연설을 듣게 될 청중에 관한 연구다. 연설은 청중과의 교감이다. 청중의 반응이 중요하다. 청중 수준에 맞게, 청중이 듣고 싶은 얘기를 해야 한다. 청중 한 사람 한 사람 모두가 자기에게 해당되는 내용이라고 생각하는 게 최상이다. 누구에게도 해당되지 않는, 주인이 없는 내용은 최악이다. '봉창 두드리는 소리'가 되는 것이다. 아울러 연설문을 쓸 때는 청중이 앞에 앉아 있다 생각하고, 아니면 내가 청중이라고 생각하고 써야 한다.

청중 밖의 청중까지 고려하면 더욱 좋다. 회장 연설을 듣는 사람은 눈앞에 앉아 있는 사람뿐만이 아니라 기자를 통해 기사로, 혹은 청중의 입을 통해 제2, 제3의 청중에게 전파된다. 소비자, 주주, 일반 국민까지 모두 보이지 않는 청중이다. 큰 행사라면 다음 날 신문에서 어떤 제목으로 회장 연설을 기사화할 것인지 등을 고민해봐야 한다.

파악해야 할 것은 ▲청중의 규모 및 수준, 성별, 연령대 ▲청중의 관심사 ▲청중에게 줄 선심거리 등이다. 선심거리는 단순한 칭찬에서부터 물적 지원 약속까지 다양하다. 한 가지 염두에 둬야 할 게 있다. 최초 청중인 상사들의 '태클'에 대비하는 것이다. 상사들의 지적질 '허들'을 모두 뛰어넘어야 회장에게 연설문 초안이 갈 수 있다.

네 번째, 연설문을 쓰기 위한 자료 조사다. 먼저 챙겨야 할 자료는 회장의 코멘트다. 어떤 내용을 연설문에 담으라고 지시한 내용이다. 그게 없으면 회장이 비슷한 계기에 했던 발언을 조사해야 한다. 이를 바탕으로 핵심 메시지를 뽑고, 추가적으로 필요한 자료는 관련 부서에 요청하거나 기사, 책, 온라인 검색 등을 통해 수집한다.

다섯 번째, 연설문 작성이다. 가장 중요한 것은 회장의 어투로 쓰는 것이다. 회장이 자주 쓰는 단어를 사용하고, 회장의 논리 전개 방식과 말 습관까지 따라 해야 한다. 사진사가 사진을 찍듯이 그대로 그려내야 한다. 그래서 누가 봐도 회장이 쓴 글로 보여야 한다. 그러기 위해서는 연설문을 쓰기 전에 실제로 회장이 한 연설을 한두 개 정도 들어보는 게 좋다. 회장의 말에 푹 빠진 상태에서 연설문을 쓰기 시작해야 한다.

연설문을 쓸 때는 유의해야 할 것이 많다. ▲처음 시작이 청중을 집중하게 하는가. ▲연설 끝에 여운이 남는가. ▲전하고자 하는 핵심 메시지가 드러나는가. ▲청중이 연설을 들으면서 골자를 정리할 수 있겠는가. ▲회장 지시 사항 중 반영되지 않은 것은 없는가. ▲회장 이미지 제고에 도움이 되는가. ▲"연설하고 있네!"란 반응은 나오지 않겠는가.

여섯 번째는 고쳐 쓰기, 즉 퇴고다. 처음부터 잘 쓴 글은 없다. 잘 고친 글이 있을 뿐. 얼마나 많은 시간을 들여 여러 번 고쳤느냐에 따라 좋은 글과 나쁜 글로 나뉜다. 퇴고는 '333'으로 하는 게 좋다. 최소한 세 번은 봐야 한다. 한 번은 전체적인 맥락을 보고, 다른 한 번은 단어와 문장 하나하나를 꼬치꼬치 보고, 마지막 한 번은 독자의 호흡으로 봐야 한다. 또한 원고는 컴퓨터로 보지 말고 종이에 출력해서 눈으로 보고, 입으로 읽고, 귀로 들어봐야 한다. 나아가 적어도 세 사람 이상에게 보여줘야 한다. 옆에 앉은 동료, 상사, 연설할 사람이다.

고칠 때 눈여겨봐야 할 것은 이런 것이다. ▲예정된 연설 시간에 맞는 분량인가. ▲문제가 될 만한 대목은 없는가. ▲연설 서두에 거명해야 할 주요 인사를 빠뜨리지는 않았는가. ▲통계 및 사실관계의 오류는 없는가. ▲소리 내어 읽었을 때 리듬을 잘 타는가. ▲자연스럽게 박수가 나올 수 있는 클라이맥스는 어디인가. ▲인명, 외래어 표기는 정확한가. ▲맞춤법에 어긋나는 것은 없는가. 참고로, 맞춤법 확인은 '국립국어원' 사이트와 '한국어 맞춤법·문법 검사기'(부산대와 나라인포테크 공동제작)가 매우 유용하다.

일곱 번째, 최종 점검이다. 다된 밥에 코 빠뜨린다는 말이 있다. 퇴고까지 완벽하게 마쳤는데, 그 이후 절차에 문제가 생겨 일을 그르치는 경우가 종종 있다. 그래서 챙겨봐야 할 것이 있다. ▲연설문 작성 이후 주제와 관련한 최근 흐름이나 상황이 변화된 것은 없는가. ▲앞서 연설하는 사람의 연설 내용과 중복되지는 않는가. ▲연설하는 현장의 연단과 마이크 상태, 낭독본이 제 위치에 있는가 등이다.

연설 후 관리도 중요하다. 현장에 참석하여 청중의 반응을 살피고, 회장이 현장에서 수정하여 읽은 부분, 읽을 때 부자연스러운 부분 등을 확인한다. 주요 연설의 경우에는 언론 보도와 여론 반응 등을 종합적으로 평가하여 잘된 부분이나 미진한 부분을 회장에게 보고하고, 다음 연설문 작성에 반영한다.

연설문을 작성할 때 회장이 주문한 사항도 버전 별로 꼼꼼히 챙겨둬야 한다. 고친 이력을 알아야 회장이 무슨 말을 강조했는지, 무슨 말에 대해 꺼렸는지 알 수 있다. 이후 연설문을 쓸 때 같은 수정 요구가 나오면 안 된다.

'연설은 마음을 사는 장사'라고 한다. 회장 연설문 작성은 회장의 마음을 사는 장사다. 잘하면 대박이요, 못하면 쪽박이다.

누굴 만나건 상사 앞에 놓이는 몇 장의 종이

대화자료 만들기

상사의 대화자료를 쓰는 일은 매번 힘이 든다. 상사가 대화에서 하고 싶은 얘기를 알아야 하고, 상대방이 할 얘기를 예측해야 한다. 대화 자리의 핵심 의제를 파악해야 하고, 그 해답까지 제시해야 한다. 대화가 끝나면 점수가 곧바로 나오는 참 어려운 시험이다. 대화자료는 회장이나 사장에게만 필요한 것이 아니다. 팀장이나 부장 등 상사의 중요한 미팅이 있을 때 간단하게 메모해서 주면 당신을 다시 볼 것이다.

서두는 상대에 대한 관심 표명으로 한다

상대방의 근황을 소재로 하는 게 좋다. 대화 상대가 최근에 겪은 일 가운데 축하하거나 위로할 일을 찾는다. 수상이나 학위 수여, 책 출간, 회사 경사 등은 축하할 일에 속한다. 가까운 사람이 상을 당했는데 애도를 표하지 않는 것은 큰 결례가 된다. 인터넷 검색을 통해 파악이 안 되면 상대 조직이나 비서실에 탐문해서라도 알아내야 한다. 궂은일이건 경사건 간에 상대방의 개인적인 일일수록, 잘 알려지지 않은 것일수록 더 큰 친밀감을 형성할 수 있다. 상대가 책을 썼다면 목차 정도는 읽어보고 만나는 성의를 보여야 한다. 대화의 성패는 서두에서 대부분 판가름 난다.

대화 상대와 관련 있는 내용으로 국한한다

대화하는 사람과 관계없는 얘기는 삼가는 게 바람직하다. 일반론이나 다른 사람 얘기를 장황하게 늘어놓으면 집중도가 떨어질 뿐만 아니라 자칫하면 일장 연설이 될 수 있다. 두 사람 간의 대화는 양자 관계에, 세 사람 간 대화는 삼자 관계에 해당하는 소재만 다룬다.

대화 목적에 충실한다

단지 친분을 쌓기 위한 만남이 아니라면 어느 경우나 만나는 목적이 있다. 이 목적에 충실해야 한다. 목적을 모르면 상사에게 물어야 한다. 상사에게 듣는 그 내용이 바로 현안이다. 대화를 통해 이루고자 하는 내용 말이다. 현안은 우선순위가 높은 순으로 정리한다. 우선순위는 중요도와 성사 가능성이 기준이다. 당연히 두 기준 모두 높은 게 우선순위가 높다. 중요도가 높아도 성사 가능성이 크지 않으면 우선순위는 낮다.

예상 시나리오를 작성한다

모든 대화 자리에 만들 필요는 없다. 대화 결과가 회사에 큰 영향을 미치는 경우에만 상대방의 답변을 예상하여 만들어본다. 상대가 A로 반응할 때와 B로 반응하는 경우를 가정하여 각각에 맞는 대화자료를 만들 필요가 있다. 가장 희망하는 대화 방향을 원안으로 하고 한두 개의 대안을 제시한다.

시나리오는 정교할수록 좋지만 과도하게 세밀하면 의미를 잃을 수도 있다. 너무 세세하면 시나리오대로 안 될 가능성이 크기 때문이다. 실제 대화에서 두세 개의 흐름이 나올 수 있다는 것을 상사가 사전에 인지할 수 있는 수준이면 훌륭하다.

상대방의 관심사를 파악한다

대화는 일방적일 수 없다. 상대의 이슈를 들어줘야 하고, 그에 잘 대응해야 한다. 얘기를 잘 듣는 것이 대화를 성공으로 이끄는 길일 수 있다. 상사가 상대방의 관심사에 관해 충분히 파악하고 대화에 임할 수 있도록 깊이 있게 조사해야 한다. 공식적이고 중요한 대화는 사전에 상호 관심사를 교환하자고 제안할 수도 있다. 실무자끼리 의제와 타협점을 어느 정도 조율한 상태에서 만나게 하는 것도 방법이다. 어쨌든 대화자료는 말하는 준비인 동시에 듣는 준비라는 점을 염두에 둘 필요가 있다.

양념을 준비한다

상사의 여유를 보여줄 수 있는 유머, 상사가 대화 주제에 정통하다는 것을 보여주는 통계나 사례를 준비해서 작은 글씨로 넣는다. 그 가운데 하나라도 사용하게 되면 상사가 무척 고마워할 것이다.

대화자료 작성 시 유의할 점이 있다. 처음 만나는 사람인 경우, 상사는 자료를 보면서 대화할 사람에 관한 선입견을 갖게 된다. 이때 잘못된 선입견이 만들어지지 않도록 조심해야 한다. 또한 대화자료는 정보만 주는 것이 아니라 대화 자리에 임하는 태도에도 영향을 미친다. 대화자료가 부정적이고 단호하면, 결연하고 대결적인 자세로 대화에 임할 수밖에 없다. 치켜세우는 말과 스스로를 낮추는 느낌을 살리고, 단정적이고 부정적인 표현은 삼가도록 한다.

누구든지 대화할 일이 있을 때는 머릿속에 대화자료를 정리하는 습관을 들이면 좋다. 잘 준비할수록 원활하고 성과 있는 대화를 이룰 수 있다.

강연에서 자기 자랑하지 마세요

강연, 연설, 발표의 기술

회장은 강연이나 연설을 하고 나면 물어본다.

"오늘 어땠어?"

내 대답은 늘 같다.

"매우 좋았습니다."

그러나 결코 지적할 게 없었던 건 아니다.

《대통령의 글쓰기》를 내고 강연을 3,000회 넘게 했다. 강연을 끝내고 나면 이런저런 평가를 한다. 그중에는 나를 위하는 마음으로 쓴소리를 어렵게 꺼내는 분도 있다. 그럴 때마다 이런 생각이 든다. '그때 회장에게 아무 말도 하지 않은 건 잘한 거야.' 아무리 진심이 담긴 충고도 쓴소리는 늘 듣기 싫은 게 사실이다.

연설이나 강연, 발표 모두 다섯 가지 방식 중의 하나로 진행된다. 첫째, 준비된 원고를 낭독한다. 둘째, 내용을 암기해서 말한다. 셋째, 키워드 중심으로 메모한 내용을 참고해서 말한다. 넷째, 파워포인트 화면을 띄워놓고 청중들과 함께 보며 말한다. 다섯째, 준비 없이 즉석에서 생각나는 대로 말한다. 자기가 편하고 자신에게 맞는 방식을 선택하면 된다.

자신 있게 말하자

말하는 사람이 긴장하면 듣는 사람이 불편하다. 배짱이 두둑해야 한다. "듣고 싶으면 듣고, 듣기 싫으면 듣지 마라"와 같은 자신있는 자세가 필요하다. 들어달라고 애걸복걸하면 청중은 오히려 떠나간다.

현장에 익숙해져야 한다

현장과 청중이 낯설지 않도록 시작 시간보다 1시간 정도 일찍 가서 행사장을 둘러봐야 한다. 현장 분위기에 익숙해질수록 편안하게 말할 수 있다. 행사 관계자를 만나 대화하라. 모르던 내용, 그러나 청중에게 반드시 언급해야 할 내용을 찾을 것이다. 청중석에 앉아 청중의 입장에서 단상을 쳐다보라. 긴장이 풀릴 것이다. 왜냐하면 청중은 단상에서 벌어지는 일에 그다지 관심이 없다는 것을 알게 되기 때문이다.

자기 모습 그대로를 보이는 것이 좋다

청중 앞에 설 때의 연출은 득보다 실이 많다. 큰 소리로 말하라, 제스처를 잘해라, 유머를 섞어라. 이런 말에 현혹될 필요 없다. 자기 스타일대로 하는 게 가장 좋다. 연출하지 말고 자기를 있는 그대로 노출해라.

자연스럽게 시작해야 한다

원고를 준비해온 경우라 할지라도 처음 시작은 그 자리에서 생각난 것을 즉흥적으로 말한다. 현장에 모인 사람들의 면면이나 행사 규모, 시설의 우수함을 소재로 삼는 것이 가장 무난하다. 빈틈없는 행사 준비에 대해 놀라움을 표시하거나 행사와의 개인적인 인연으로 시작할 수도 있다. 어떤 얘기로 시작하건 간에 중요한 것은 준비한 것 같지 않은 자연스러움이다. 그래도 자신이 없으면 원고에 이런 내용을 넣어서 즉석에서 생각난 것처럼 말하면 된다.

자기 말에 푹 빠져야 한다

스스로 빠지지 않으면 아무도 빠뜨릴 수 없다. 내용의 좋고 나쁨과 상관없다. 내 말이 맞고 재미있고 유익하고 감동적이라고 굳게 믿고 말해야 한다. 일종의 마인드컨트롤이 필요하다. 확신을 갖고 열정적으로 말해라. 청중은 자기 말에 빠진 사람에게서 진심을 본다.

카리스마도 필요하다

청중은 늘 우호적이지 않다. 호응을 잘해주는 아군은 많지 않다. 대부분은 "어디 잘하나 보자"며 팔짱 끼고 있는 관전자들이다. 그들에게 "이제 꼼짝없이 내 얘기를 들어야 할 테니, 기왕 들을 바에는 열심히, 마음을 열고 들어라"라는 무언의 메시지를 줘야 한다. 질문 같은 공세적인 방식을 통해서라도 그들을 장악해야 한다. 행동도 단호해야 한다. 청중들에게 무엇을 해달라고 요청했으면, 응해주는 사람이 없다고 흐지부지 중단하지 말고 끝까지 마무리해야 한다. 우회적으로 경고할 필요도 있다. 적어도 휴대전화를 마음 놓고 받게 해서는 안 된다.

이제야 하는 얘기지만, 회장은 다섯 가지 문제점이 있었다. 첫째, 자기 자랑이 많다. 둘째, 이것저것 많은 것을 얘기하려고 한다. 셋째, 듣고 싶은 얘기가 아니라 자기가 하고 싶은 얘기를 한다. 넷째, 누구나 아는 얘기를 한다. 다섯째, 나름 조크를 던지는데 안 웃긴다. 그래서 지루하다.

상사는 메모 예찬론자

메모의 힘

상사는 메모광이다. 작은 메모지에 친필로 써서 임원들에게 준다. 일종의 친서다. 내용은 칭찬 혹은 질책이다. 전달받은 사람은 감읍 또는 공포를 느낀다. 직접 만나 겄보다 효과가 크다. 게다가 만나는 수고도 덜고 시간도 절약된다.

상사는 아침 회의 시간마다 안주머니에서 꼬깃꼬깃한 메모지를 꺼낸다. 누군가에게 들은 얘기를 적어둔 것이다. 혹은 어젯밤에 생각난 것을 메모한 것이다. 밤에도 쉬지 않고 일했다는 걸 말없이 보여주고 있다. 순간 회의장은 긴장한다. 무슨 얘기가 나올까.

회의 도중 누군가 미심쩍게 얘기하면 메모한 수첩을 뒤적인다. 확인하는 것이다. 온갖 수치가 다 적혀 있다. 지난번 보고와 다른 수치가 나오면 그냥 넘어가지 않는다. 허튼소리는 통하지 않는다. 가히 '메모 경영'이라 할 만하다.

메모의 다양한 용도

생각하게 한다. 손으로 글을 쓰면 뇌가 깨어난다. 손을 제2의 뇌라고 말하는 이유다. 기억하기 위해 메모한다고 한다. 틀렸다. 기억하지 않기 위해 메모한다. 기억으로부터 자유로워지기 위해 메모한다. 아인슈타인의 말이다. 기억 대신에 생각한다. 생각을 만들고, 막연하던 생각을 명료하게 한다. 메모를 잘하면 머리 좋은 사람이 된다.

자기 성찰의 기회가 된다. 메모는 자기에게 내리는 명령이다. 자신과의 약속이다. 메모하면서, 그리고 메모를 보면서 스스로를 돌아보고 반성하고 권면한다. 내일을 계획하고 실행하게 된다. 한마디로 자기관리가 된다.

글쓰기 실력이 좋아진다. 메모하는 습관은 글쓰기와 직접적인 관련이 있다. 메모 자체가 글쓰기다. 메모 내용은 글쓰기의 재료가 된다. 느낌까지 얼려뒀다가 글을 쓸 때 녹여내면 생생함이 살아난다. 이래저래 글솜씨가 좋아지는 것은 틀림없다.

시간 활용을 잘할 수 있다. 메모하면 일을 빠뜨리지 않는다. 약속도 놓치지 않는다. 무엇보다 우선순위를 정해 일하게 된다. 생활이 여유로워진다.

좋은 아이디어가 나온다. 메모 한 줄이 실마리가 되어 골치 아픈 문제를 해결하는 경우가 뜻밖에 많다. "다시 생각나겠지" 또는 "조금 뒤에 메모해야지" 했다가는 낭패를 본다. 아이디어는 휘발성이 강하다. 발상과 영감은 쉽게 증발한다. 머리에 머무는 시간은 순간에 불과하다. 메모해야 내 것이 된다. 아이디어는 머리에서 나오는 게 아니라 메모에서 나온다.

일 처리는 메모의 연속이다. 아침 회의할 때, 상사의 지시를 들을 때, 퇴근 전 다음 날 할 일을 정리할 때 시시때때로 메모한다. 보고서를 작성할 때 개요를 짜는 것도 메모다. 학창 시절에 필기가 전부였듯, 회사생활은 메모로 시작해서 메모로 끝난다. 메모를 잘하면 일의 효율이 올라간다.

인맥 관리에 도움이 된다. 상대방의 생일만 메모해둬도 관계가 좋아진다. 약속을 메모해두지 않으면 관계에 금이 간다. 메모하면서 들으면 상대를 존중한다는 표현이 된다.

말하는 수준이 달라진다. 메모해둔 게 있으면 든든하다. 실수하지 않는다. 격언, 속담, 건배사, 유머 등을 적어두면 갑작스럽게 말해야 할 자리에서 당황하지 않는다. 발표, 회의, 보고, 통화, 대화, 연설 등을 할 때마다 메모를 준비하라.

메모의 진정한 힘, 글쓰기

무엇보다 메모의 가장 큰 효용은 글을 쓰게 한다는 점이다. 사람들이 글쓰기 요령을 자주 묻는데, 나는 일단 쓰고, 끝까지 쓰고, 자주 쓰고, 지속적으로 쓰라고 말한다. 이 네 가지 조건을 가능케 하는 것이 메모다. 메모를 한다는 것은 언젠가 이것을 써먹겠다는 의지의 표현이자 자신과의 약속이다. 그리고 실제 글쓰기에 써먹어야 한다. 그래야 메모한 이유를 뇌가 분명히 알게 되고 메모하려고 한다. 나는 글감이 생각나지 않을 때 메모해둔 것을 본다. 지금까지 메모해둔 것은 거의 글로 써먹었다.

독서, 토론, 학습을 아무리 열심히 해도 메모하지 않으면 아무 소용이 없다. 메모하지 않은 것은 모두 잊힌다. 메모는 그 자체가 글쓰기이고 생각하는 과정이다. 메모하면 기억에 더 오래 남는다. 메모해둔 것은 훌륭한 글감이 된다.

무엇보다 메모를 해야 하는 이유는 메모를 해야 뇌가 자꾸 새로운 생각을 하기 때문이다. 뇌는 가급적 생각하지 않으려고 한다. 생각을 받아 써주는 메모는 뇌를 격려해주는 것이다. 잘했다고 칭찬해주는 일이다. 뇌가 무언가를 생각해냈는데 그냥 흘려보내면 그다음부터는 뇌가 생각하지 않는다. 생각해봤자 주인이 중요하게 생각하지 않는다고 느끼기 때문이다. 그러나 생각난 것을 열심히 메모하면 뇌가 신이 나서 생각을 자꾸 길어 올린다. 주인을 기쁘게 해주기 위해서 시도 때도 없이 생각을 해낸다.

메모는 완전한 게 아니다. 생각의 조각을 키워드 중심으로 써놓은 것이다. 그러나 그렇기 때문에 글쓰기를 더욱 돕는다. 과거에 한 생각을 낯설게 봄으로써 객관적으로 재평가해볼 수 있고, 당시 설익은 감정을 정화해서 표현하게 된다. 이런 보완 과정에서 다시 한번 생각하게 된다. 메모가 생각을 숙성시킨다.

글쓰기가 어려운 가장 결정적인 이유는 쓸 말이 없어서다. 글을 쓰려면 자기 생각이 있어야 하는데, 글 쓰는 시간에 생각하려고 하면 늦다. 이미 해놓은 생각을 써먹는 게 글쓰기다. 공부는 평소에 해둬야 한다. 공부해둔 것을 써먹는 게 시험이다. 시험 볼 땐 문제를 풀어야지 시험 잘 볼 욕심에 그때 공부하려고 해서 되겠는가? 글쓰기도 마찬가지다. 없는 것을 만들어 쓸 수 없다. 있는 것을 불러내 문자로 적는 게 글쓰기다. 글을 잘 쓰려면 쓸 말을 평소에 만들어두어야 한다.

평소에 쓸거리를 만들어두는 방법이 메모다. 메모 하나하나가 글쓰기 조각들이니 메모를 일상화해야 한다. 느낌까지 얼려두었다가 글을 쓸 때 녹여내면 생생함이 살아난다. 글쓰기는 아이들 블록놀이와 같다. 다양한 모양의 블록 조각을 얼마나 갖고 있느냐가 관건이다. 블록 조각만 많으면 집도 짓고 자동차도 만든다. 이것은 평소 만들어둬야 한다. 이렇게 만들어둔 것을 써먹는 게 글쓰기다.

일을 하는 유형에는 두 가지가 있다. 일을 해야만 해서 어쩔 수 없이 하는 유형과 미리미리 준비했다가 적기에 써먹는 유형이다. 해야만 할 때 하는 일은 즐겁지 않다. 내가 하고 싶어서 하는 일이 아니라 누군가 하라고 해서 하는 일이다. 시킨 사람이 잘했는지 검사도 한다. 이렇게 일하는 것은 짜증도 나고 두렵기도 하다. 일을 시킬까봐 불안하고, 내가 잘할 수 있을지 초조하다. 그러나 내가 하고 싶어서 하는 건 다르다. 자기가 주도적으로 하는 일은 덜 힘들다. 미리 해둔 게 있으면 그것을 자랑하고 싶고 써먹고 싶어진다. 누군가 그 일을 하라고 하면 기꺼이 반긴다. '끌고 가느냐?', '끌려가느냐?'의 차이다. 어차피 해야 할 일, 선수를 치는 게 좋다.

나만의 메모 노하우

내게도 나만의 메모 노하우가 있다.

가장 중요한 것은 습관적으로 하는 것이다. 메모하는 일은 어려운 일이 아니다. 누가 하라고 해서 하는 일도 아니다. 자청해서 하는 일이다. 하다 보면 재미있다. 나는 운전을 하다가 메모거리가 떠오르면 신호 대기하다 메모한다. 잠들기 전 메모할 게 생각나면 귀찮더라도 일어나 휴대전화를 찾아 더듬더듬 메모한다. 그렇게 하는 이유가 있다. 메모거리가 생각났다는 것은 내 뇌가 '착한 일'을 한 것이니, 즉시 칭찬해줘야 한다. "어떻게 그런 생각을 다했어? 아주 좋은 생각이야." 고마움을 표현해야 한다. 그래야 메모거리를 더 던져주려고 한다.

즉각 해야 한다. '나중에 해야지' 하면 이미 늦다. 반드시 잊는다. 그런 적이 부지기수다. 즉시 메모할 수 있도록 휴대전화를 항상 소지한다. 잘 때는 머리맡에, 반신욕을 할 때도 목욕탕 문 앞에 가져다놓는다. 즉시 할 뿐만 아니라 뭐든지 메모한다. 내가 메모하는 내용은 지식, 정보, 생각, 느낌, 의견, 주장, 기억 등 일곱 가지다. 어제는 몰랐는데 오늘 새롭게 안 것이 있으면 메모한다. 어디서 새로운 정보를 들어도 메모한다. 불현듯 떠오르는 생각도 메모한다. 또한 내 느낌과 감정도 메모한다. 무엇에 관한 내 의견과 주장도 적는다. 아무튼 머릿속에 생각난

건 거의 메모한다. 그래 봤자 많지 않다. 그만큼 우리는 생각을 하지 않고 산다. '어록'이란 게 있다. 어떤 현안이나 현상에 대한 한두 문장의 짧은 의견이다. 유명한 사람은 이런 어록을 남긴다. 우리 같은 보통 사람도 얼마든지 가능하다. 자신의 어록이 될 말을 미리 메모로 준비하면 된다.

한곳에 모은다. 메모를 이곳저곳에 하지 않는다. 수첩이면 수첩, 휴대전화면 휴대전화, 누적되는 한곳을 정해야 한다. 휴대전화에 공짜 메모 애플리케이션이 많다. 수첩에 직접 쓰는 것도 나름대로 장점이 많다.

키워드로 메모한다. 모두 적으려면 힘들다. 단어만으로 전체 상황이 떠오를 수 있도록 한다. 간혹 이 단어를 왜 적어놓았는지 모를 때가 있다. 중요한 것은 이렇게까지 상세할 필요가 있을까 싶을 정도로 써놓는다.

시간 순으로 적는다. 메모하는 것이 '일'이 되면 오래가지 못한다. 단순하고 편해야 한다. 시간 순으로 적는 게 쉽고 편하다. 2025년 7월 1일에 메모한 것은 '250701'식으로 적어두면 검색에 유용하다.

색인을 만든다. 검색을 위한 나만의 메모 리스트다. '글#', '강연#', '책#', '사람#', '일#'을 저마다 해당하는 메모 내용 마지막에 붙여놓는다. 글쓰기에 참고가 될 만한 것은 '글#', 독서하다가 생각난 것은 '책#', 만난 사람의 인상이나 기억해둬야 할 것은 '사람#', 약속이나 해야 할 일은 '일#'이다. #을 붙여놓는 것은 색인이란 의미다. 그렇지 않으면 검색했을 때 색인이 아닌 단어들도 마구 뜬다.

중요도를 표시한다. 잊어선 안 될 것이나 중요한 것은 밑줄, 굵은 글씨 등 나만의 방법으로 중요도를 표시해둔다. 레오나르도 다 빈치는 그림까지 동원해 자신의 생각을 꼼꼼하게 기록했다.

첨단기기를 활용한다. 메모하기 복잡한 것은 디지털카메라로 찍어서 보관한다. 장시간 인터뷰는 녹음해서 음성파일로 저장해둔다. 오래된 얘기지만, 삼성 이건희 회장은 "고려청자 기술이 후대에 전해지지 않은 것은 기록 문화의 부재 때문이다"라며 임원들에게 녹음기를 지급했다고 한다. 그의 선친 이병철 회장도 메모광이었다.

메모 내용을 수시로 본다. 메모 자체가 목적이 아니다. 메모는 메모일 뿐이다. 보지 않으면 의미가 없다. 가까이 놓고 자주 봐야 한다. 자주 보면 메모에서 새로운 생각이 만들어진다.

메모 생활의 즐거움

나는 메모를 생활화하면서 세 가지 현상을 경험했다.

첫째, 공부하는 게 즐겁다. 무언가를 읽거나 들을 때 메모거리가 잘 보이기 때문이다. 자연스럽게 그런 환경에 자신을 갖다놓고 싶어진다. 이런 이유로 메모하는 사람은 공부중독자가 된다.

둘째, 메모한 걸 써먹고 싶어서 말할 기회를 기다린다. 할 말이 있는데 말할 기회를 주지 않으면 서운하다. 메모와 쓰기 사이에 다리를 놓는 것이 말하기다. 말해본 것, 말할 수 있는 것만 쓸 수 있다. 그러면 기억도 잘 난다. 또한 말로 써먹어보면 공부도 하고 싶다. 공부와 메모와 말하기가 선순환한다.

셋째, 메모가 일정 정도 쌓이면 메모에 이자가 붙는다. 메모가 메모를 불러오고 새끼를 친다. 글쓰기에 관해 메모하면 그에 관한 새로운 뉴런이 만들어지고, 뉴런을 연결하는 시냅스가 굵어진다. 이렇게 뇌도 일에 맞게 바뀐다. 글쓰기에 관해 쓸거리가 무시로 떠오르게 되는 것이다.

메모의 쓸모와 기쁨은 대단하다. 모르던 걸 알았을 때, 잊고 지냈던 기억이 떠올랐을 때, 새로운 깨달음을 얻었을 때, 그때그때마다 희열에 가까운 기쁨을 누린다. 또한 때때로 과거에 상처받았던 기억이나 현재 느끼는 감정에서 벗어나게 해주기도 한다. 혼자 생각하는 시간도 공부 못지않게 즐거워졌다. 그 무엇에 관해 생각을 정리하는 일은 안온하고 충만한 시간을 내게 선사한다.

메모하는 습관 없이 사는 것은 휴대전화 없이 사는 것과 같다. 메모는 만병통치약이다. 메모는 명석함보다 힘이 있다. 기록이 기억을 이긴다. 메모의 용도는 또 있다. 부부싸움 후 냉장고에 '미안하다'는 포스트잇을 붙여놔봐라. 효과 만점이다. 이래도 메모하지 않을 것인가.

기자가 베껴 쓰는 보도자료 쓰기

모든 직장인은 너나없이 홍보맨

1990년 1월 첫 직장, 처음으로 일하게 된 곳이 대우증권 홍보실이었다. 그곳에서 7년 가까이 기자 상대하는 일을 했다. 엄밀히 얘기하면 '기자님 모시는' 일을 했다. 기자 문의에 응하고 취재 편의를 제공하는 것은 물론, 함께 밥 먹고 술 마시는 게 나의 주된 일이었다. 보도자료를 들고 가서 기사화해줄 것을 부탁하고, 안 좋은 기사는 빼달라고 애면글면 통사정도 했다.

2000년부터는 청와대에서 일했다. 공보수석 아래 있는 연설담당비서관실 행정관이었다. 주로 경제 관련 연설문을 썼지만, 부수적으로 청와대 보도자료와 김대중 대통령 회견 답변자료 작성 업무도 했다. 노무현 대통령 연설비서관이 됐을 때는 대통령 직속으로 바뀌었지만 기자들과 접촉할 기회는 더 많아졌다. 해외순방 기간 중에는 청와대 출입기자와 함께 먹고 자고했다. 대통령 연설의 취지와 배경에 관해 설명해야 하는 일도 잦았다.

청와대를 나와서는 기자 그늘에서 좀 벗어나나 싶었다. 아니 그럴 줄 알았다. 그런데 어찌어찌 해서 가게 된 데가 유수의 온라인 언론을 가지고 있는 그룹의 임원 자리였다. 1년 반가량 내부자로서 언론의 속살을 경험했다. 책 쓰고 강연하면서 살게 된 후부터는 신문, 방송 기자들에게 직접적인 도움을 받고 산다. 신간이 나올 때마다 소개해주고 인터뷰도 잡아주니 말이다. 30년 가까이 언론과 떼려야 뗄 수 없는 관계 속에서 살았다.

그동안 홍보 환경이 크게 바뀌었다. 이제는 개별 기업이 독자적인 미디어 기능을 수행한다. 회사 홍보를 신문이나 방송 매체에 부탁하거나 의존하는 비중을 줄이고, 스스로 매체가 되어야 하는 시대이다. 그러기 위해서는 두 가지가 필요하다. 먼저, 자체적으로 글 쓰는 사람이 있어야 한다. 기자가 쓰던 글을 직원들이 써야 한다. 둘째, 기사 발굴 안목과 가공 능력이 필요하다. 이 또한 언론이 하던 일이다. 홍보 아이템을 개발, 가공하여 새로운 가치와 생명력을 불어넣고 이를 전파하는 일을 자체적으로 해야 한다.

직장인에게 꼭 필요한 홍보 마인드

내 경험으로 직장인에게는 세 가지 마인드가 필요하다. 홍보 마인드, 법적 마인드, 수치 마인드. 그중 가장 필요한 것은 홍보 마인드다. 홍보 마인드를 가진 사람은 조직 안에서 다음과 같은 역할을 한다.

첫째, 대변인 역할이다. 조직의 입장 설명 및 기자 문의 응대, 오보 대응, 보도자료 작성 등에 참여한다.
둘째, 정보의 허브 역할이다. 조직 내 정보의 집적지로서 회사 역사와 최고경영자의 말과 글을 꿰고 있다.
셋째, 센서 역할이다. 기업 활동의 이해 관계자는 물론 오피니언리더 등의 여론 동향에 민감하게 반응하며, 조직 내 악마의 변호인 역할을 자임한다.
넷째, 사내 소통 활성화다. 정보의 공개와 공유, 구성원 간 소통의 매개 및 촉매 역할을 한다.
다섯째, PI President Identity업무다. 회사 경영진에 홍보 관련 업무를 조언하는 스핀닥터 직분을 수행한다. 최고경영자의 인터뷰 및 기자간담회 주선, 기고, 연설문 작성 등에도 관여한다.
여섯째, 메시지관리다. 어젠다를 설정하고 의제를 관리한다.
일곱째, 위기관리다. 위기 대책과 위기 시 극복 방안을 주도적으로 제안한다.
여덟째, 홍보 기획이다. 홍보 방안을 마련하고 실행한다.
아홉째, 정책 제안이다. 기자들과의 교류를 통해 정보를 수집해 조직에 공유하거나, 기자들에게 회사 정책을 설명한다.

여기에 더해 기자 응대, 오보 대응, 보도자료 작성 등도 함께 해야 한다. 이런 일은 홍보부서만의 일이 아니다. 모든 구성원이 담당해야 할 일이다. 그중 보도자료 작성은 가장 기본적인 업무다. 그렇다면 보도자료는 어떻게 작성해야 할까?

제목이 생명이다. 가급적 자극적으로 달아라. 제목에서 홍미를 끌지 못하면 쓰레기통 행이다. 자신이 쓴 제목을 언론에서 그대로 받아썼다면 100점이다.

첫 문장(리드문)에 승부를 걸어라. 첫 문장은 보도자료 전체의 내용을 함축하고 있어야 하며, 기자로 하여금 기사를 쓸 만한 가치가 있다고 판단하도록 해야 한다.

두괄식으로 작성해라. 보도자료를 써서 보냈다고 그대로 기사가 되지 않는다. 대부분은 잘리고 극히 일부만 기사에 반영될 공산이 크다. 그러므로 하고 싶은 얘기 중에 중요한 내용, 기사에 꼭 반영됐으면 하는 내용을 앞에 배치해야 한다.

최대한 짧게 써라. 기자는 시간이 없다. 인내심도 없다. 핵심적인 내용을 중심으로 압축해서 작성하라. 한 장을 넘기지 마라. 그렇다고 기자가 궁금해하는 내용이 빠져서도 안 된다. 이태준 선생은 《문장강화》에서 기사문을 이렇게 쓰라고 권고한다. "과장 없이, 장식 없이, 빠짐없이, 분명하고 정확하게 알려라."

육하원칙은 다 들어가야 한다. 육하원칙은 기사 작성의 기본이다. 이 중에 빠져 있는 게 있으면 기자는 짜증난다. 보도자료를 쓴 사람에게 되묻는 수고를 감수하는 기자는 흔치 않다.

쉽게 써라. 기자가 아무것도 모른다고 가정하고 써라. 실제로도 모른다. 읽다가 갸우뚱하는 대목이 있으면 안 된다. 전문용어를 많이 쓰면 욕 나온다.

가급적 단문으로 써라. 문장이 길어지면 어려워진다. 주어와 서술어를 최대한 붙여라. 마침표는 많을수록 좋다. 문장을 쪼갤 수 있는 데까지 쪼개라. 그렇지 않으면 기자가 쪼개는 수고까지 해야 한다.

군더더기가 없는지 확인해라. 불필요한 말은 과감히 삭제해라.

정직이 최선이다. 과장하거나 거짓말을 하려거든 보도자료를 내지 않는 게 좋다.

수식어도 자제해라. 미사여구나 형용사, 부사의 사용은 최소화하는 게 좋다. 수식어 과다 사용이 오히려 신뢰를 떨어뜨린다. 사실 중심으로 담백하게 써라. 언론 홍보는 광고가 아니다.

벤치마킹해라. 가장 좋은 벤치마킹 대상은 기존에 나와 있는 기사다. 보도자료에서 쓰고자 하는 내용과 유사한 기사를 찾아봐라.

트렌드를 넣어주면 좋다. 자기가 개발한 제품에 국한하지 말고 업계·경쟁사 동향이나 최근 트렌드를 넣어주면 기사가 커질 수 있다.

업계 동향을 파악하여 추가해라. 단독 기사보다는 업계 공동 기사가 되면 기사 크기가 달라진다. 그리고 그렇게 커진 기사의 주인공 자리는 보도자료를 제공한 회사가 차지한다.

비하인드 스토리도 좋다. 딱딱한 제품 얘기 이외에 개발 과정에서 있었던 재미있는 비화 같은 것을 넣어주면 기사에 들어가진 않더라도 보도자료를 이해하는 데 도움이 된다. 그만큼 기사화될 가능성도 커진다.

Q&A를 추가하는 것도 방법이다. 쉽게 쓸 자신이 없으면 기자나 독자가 궁금해할 만한 내용으로 Q&A를 만들어 달아줘라. 잘하면 Q&A까지 기사에 들어갈 수 있다.

제품에 대한 소비자 반응까지 서비스하면 금상첨화다. 기자의 수고를 덜어주는 차원에서 반응 같은 것을 인용으로 달아줘라. 그러나 기자의 영역에 너무 깊게 들어가진 마라. 역효과 난다.

사회 현상이나 핫이슈에 묻어가라. 자신의 제품을 최근 벌어지고 있는 사회 현상이나 핫이슈와 잘 연관 지으면 기사로 채택될 확률이 그만큼 높아진다.

사진도 중요한 기사다. 가능하면 사진도 함께 준비하라. 방송사는 동영상까지 염두에 둬야 한다.

읽는 사람의 입장에서 생각하라. 보도자료를 읽는 기자나, 기사를 읽게 될 독자가 무엇을 궁금해할까를 생각하고, 그것을 시원하게 긁어줘라. 자기가 하고 싶은 얘기는 당신의 얘기일 뿐이다.

인터넷 검색도 염두에 둬라. 기사화됐을 때 온라인에서 검색이 잘될 수 있도록 보도자료에 핵심 키워드를 잘 삽입하라.

기사의 종류를 한정하지 말라. 스트레이트 기사만 고려하지 말고, 기획 기사, 특집 기사, 가십 기사, 인터뷰 기사, 기자 칼럼 등까지 생각하면서 보도자료를 작성하라.

작성자의 이름과 연락처를 넣어라. 잘하면 기자와 친구도 될 수 있다.

보도자료는 작성하는 것보다 배포가 중요하다. 보도자료가 나오기 사나흘 전부터 사전 브리핑을 해라. "며칠 후 우리 회사에서 중요한 게 하나 나온다"고 예고하는 것이다. 배포도 무작위로 살포하지 말고 기사 내용에 따라 종합지, 경제지, 전문지, 주간지, 월간지, 방송 등을 차별화하여 전략적으로 배포하라. 어떤 기사는 경제지만 배포할 수 있고, 방송에만 내보낼 수 있다. 단, 언론을 차별하지는 마라. 종합지에 배포하면서 어느 신문은 빼거나 특정 신문에만 제공하는 일은 없어야 한다.

보도자료를 배포하는 데 그치지 말고 기사거리를 만들어 제공하라. 기자들이 가장 목말라 하는 건 밥이나 술이 아니라 기사거리이다. 홍보맨이라고 기자처럼 기사를 못 만들 이유가 없다. 오히려 기자들보다 조직 안 소식에 정통하고 내부인 대상의 취재도 쉽다. 기사를 만들어 제공하면 홍보맨이 기자들과 대등한 위치에서 서로 도우면서 일할 수 있다. 홍보성 보도자료를 낼 때도 좀 더 당당하게 기사화해줄 것을 요청할 수 있다.

내가 홍보 일을 하던 당시는 인터넷도 컴퓨터도 없는 시대였다. 기자들은 데스크에 보고할 기사거리가 궁했다. 아침마다 "오늘은 무엇을 취재해보겠다"고 데스크에 보고해야 했다.

나는 매일 아침 일찍 회사 도서관에 갔다. 그곳에 지난 신문이 나무막대에 한 달 단위로 철해져 있었다. 어느 날은 1년 전 오늘 신문을, 또 어느 날은 2년 전 오늘 신문을 봤다. 기사는 돌고 돌았다. 1~2년 전 오늘 신문을 참고해 기사거리를 만들었다. 관련 내용을 취재하는 일은 기자들보다 더 수월했다. 입사 동기나 친한 선배들에게 물어보면 배경과 의미, 속사정까지 얘기해줬다. 기자들에겐 얘기하지 않는 것까지 속속들이 말해줬다. 매일 기사거리를 한두 개 들고 있다가 "기사거리 없느냐"고 묻는 기자에게 풀었다. 소문은 금세 퍼졌다. 내 기사거리를 찾는 단골(?)이 생겼다. 기사거리를 찾는 일 자체가 재미있었고, 기사거리 제공을 통해 홍보 일도 잘 풀렸다. 무엇보다 내가 제공한 내용이 실제 기사화될 때 무엇과 비교할 수 없을 정도로 짜릿했다.

나는 이 일을 하면서 알게 된 기자가 100여 명 정도 된다.

당시에는 힘들었지만 그때 쌓아둔 기자 인맥이 평생 도움이 됐다. 지금 쓰고 있는 이 책도 나오게 되면 가장 먼저 만나야 할 사람이 기자다.

이야기로 풀자

스토리텔링 시대에 살아남기

상사가 지나가는 말로 한마디 한다.

"강 상무, 요즘 한가한가봐."

회사 블로그에 글을 쓰고 있는 나에게 그럴 시간이 있느냐는 말이다. "짬짬이 합니다" 하고 말았지만 개운치가 않다. 그럴 시간 있으면 다른 데 더 신경 쓰라는 지적으로 들렸기 때문이다. 사실 블로그 글을 쓰는 데 들이는 시간은 많지 않다. 그것 때문에 할 일을 못하진 않는다. 중요한 것은 블로그에 글을 쓰는 것이 얼마만큼의 가치가 있느냐 하는 것이다. 결론부터 얘기하면 그 가치는 무궁무진하다.

이야기는 힘이 세다

누구나 어렸을 적 할머니 무릎에 앉아 "옛날이야기 해주세요"

하고 졸랐던 기억이 있을 것이다. 초등학교, 중학교에 들어가서도 선생님들께 밑도 끝도 없이 "첫사랑 얘기 해주세요" 하고 떼쓰던 추억이 있다. 요즘엔 더하다. 이곳저곳에서 '이야기'를 이야기한다. "스토리텔링 시대다", "기업경영은 물론 정치, 관광, 심지어 농업에도 스토리텔링 마케팅이 필요하다", '성공 스토리', '인간 승리 스토리' 등등 온통 스토리 천지다.

《드림 소사이어티》의 저자 롤프 옌센Rolf Jensen은 "이제 정보가 아니라 이야기가 있는 자가 시장을 지배한다"고 했다. 그의 말처럼 이미 우리는 '꿈을 팔고 감성이 상품이 되는 사회'를 살고 있고, 그 중심에 스토리가 있다. 이야기의 가치를 얘기할 때마다 나오는 대표적인 예가 하나 있다. 60cm 청동으로 만들어진 벨기에의 '오줌싸개 소년'이다. 볼품없는 이 동상이 한 해 천만 명 가까운 관광객을 불러들인다. 막상 가보면 썰렁하다. 그저 이야기의 힘이다.

과거 광고에 나왔던 정주영 회장의 조선소 이야기도 마찬가지다. 허허벌판 백사장 지도와 거북선 그림이 그려진 500원짜리 지폐를 가지고 영국 은행에서 돈을 빌리고 그리스 선주에게 주문을 받아냈다는 이야기. "선주께서 배를 발주하면 그 증명서로 은행에서 돈을 빌려 조선소를 지은 후 배를 만들어주겠다." 언젠가 들은 이야기인데도 광고로 보면서 다시금 뭉클했던 기억이 있다.

이야기는 장점이 많다. 우선 이야기는 기억하기 쉽다. 학창 시절 선생님이 수업 시간에 해주셨던 첫사랑 얘기는 지금도 잊히지 않는다. 이야기는 또한 재미있다. 우리 뇌가 에너지를 많이 쓰는데, 이야기를 들을 때 가장 적게 부하가 걸린다고 한다. 그만큼 이야기는 부담이 없고 흥미롭게 들린다. 나아가 이야기에서는 진정성이 느껴진다. 이야기는 개연성을 넘어 필연성, 필연성을 넘어 핍진逼眞성을 담고 있어 진실해 보인다는 강점이 있다.

이야기는 어디에나 있다

이제 기업들도 말랑말랑한 이야기를 찾아 나서야 한다. 어느 회사나 얘깃거리는 얼마든지 있다. 단지 그것이 얘깃거리가 되는지 신경조차 쓰지 않거나, 찾아보지 않을 뿐이다. 사람이 있는 곳에는 반드시 이야기가 있다.

이야기는 사실을 바탕으로 하지만 사실과는 다르다. 사실은 결과로 나타난 것이다. 사람들은 과정이 궁금하다. 과정에 해당하는 것이 바로 이야기다. 도표나 숫자, 사진은 사실을 전달할 뿐, 감동까지 전해줄 수는 없다. 제품 사진과 대차대조표보다는 그것이 나오기까지 얽혀 있는 이야기를 찾아 거기에 느낌을 불어넣어 전달해야 한다. 스토리가 만들어질수록 기업과 소비자의 관계는 가까워진다. 사람들은 이야기에 웃고 운다. 한 가지 주의할 점은 있다. 사실에 스토리를 입히는 과정에서 진실이 훼손되어선 안 된다는 점이다. 그래서는 신뢰가 깎인다.

기업의 대외 관계에서만 스토리가 필요한 것은 아니다. 사내 문서를 작성할 때에도 이야기는 유효하다. '누가, 언제, 어디서,

무엇을, 어떻게, 왜'는 기본이다. 음식 만드는 것에 비유하면 '레시피' 같은 것이다. 규격화된 것은 재미없다. '비하인드 스토리'가 요리사의 '손맛'처럼 들어가야 한다. 그래야 보고받는 사람의 시선을 사로잡을 수 있다. 신문 기사도 스트레이트보다는 박스나 가십 기사에 눈이 더 가는 것과 같은 이치다.

스토리가 경쟁력인 시대다. 이제 기업에도 CSOChief Story Office(이야기 담당 최고책임자)가 필요하다고 말한다. CSO까지는 과하다 해도 기업의 영업 방식이나 기술, 제품, 즉 기업이 가진 가치를 친근한 이야기로 전달하는 일은 '꿈과 감성의 스토리텔링 시대'에 반드시 필요한 일이 아닐까 싶다.

"이야기 좋아하면 가난해진다"는 말이 있다. 틀렸다. 잘 만든 스토리 하나가 회사를 먹여 살린다. 그리고 회사는 죽어서 이름을 남기는 게 아니라 이야기를 남긴다.

욕하면서 보는 막장 드라마의 매력

빠져드는 이야기 만들기

"경주에 가면 성덕대왕신종과 에밀레종이 유명합니다. 여러분은 어느 종을 먼저 보고 싶은가요?"

대부분은 '에밀레종'을 먼저 보고 싶다고 말한다. 사실 성덕대왕신종과 에밀레종은 같은 종이다. 홍사종의 책 《이야기가 세상을 바꾼다》에 나오는 이야기다.

이야기는 힘이 세다. 이제 그건 다 안다. 문제는 어떻게 만들 것인가이다. 인물, 사건, 배경이라는 '스토리 3요소'에 충실해라, 진심을 담아라, 감성에 호소하라, 뭐 이런 주문을 한다. 그런데 이건 교과서에나 나오는 내용이다. 이것만으로는 안 된다. 빠져드는 이야기, 먹히는 스토리가 되기에는 부족하다. 그렇다면 어떤 스토리여야 할까?

빠져드는 스토리의 조건

자기 이야기가 좋다. 그것이 가장 생생하다. 이야기가 없는 사람은 없다. '말을 안 해서 그렇지, 책으로 만들면 몇 권을 쓰고도 남는' 인생 이야기는 누구에게나 있다. 없다면 어쩔 수 없다. 남의 이야기라도 빌려 와라. 개그맨들이 토크 프로그램에 나와서 하는 얘기가 모두 자기 이야기는 아니지 않은가. 실제 이야기의 주인공보다 더 재미있게 이야기하면 된다. 영화를 보고 나서 그 영화보다 더 재미있게 이야기하는 사람이 많다. 흘러간 노래를 리메이크해서 더 맛깔나게 부르는 가수도 많다. 줄거리만 빌려 와서 더 보태고 빼면 그 이야기의 주인은 바로 당신이 된다. 물론 그것을 자기 이야기인 것처럼 믿게 하는 책임은 당신에게 있다.

맵고 짜고 독해야 한다. 음식은 싱거운 게 건강에 좋지만 이야기는 그렇지 않다. 조미료가 많이 들어갈수록 좋다. 자극적이어야 한다. 충격적이면 더 좋다. '막장 드라마'를 욕하면서도 보는 것은 독하기 때문이다. 희로애락 모두가 그 대상이다. 그중에서도 실패하고 좌절한 이야기가 좋다. 성공담은 넘쳐난다. 사람들은 잘난 체하는 이야기는 싫어한다. 갈등도 좋은 소재다. 사랑하고 행복한 이야기보다는 미워하고 헐뜯고 치부를 드러내는 이야기에 더 잘 빠져든다.

은밀할수록 좋다. 사람들은 무대 뒤를 궁금해한다. 우리나라 사람은 특히 그렇다. 누구나 아는 이야기는 흥미 없다. 남들은 모르는 이야기, 남들이 잘못 알고 있는 이야기에 귀를 쫑긋 세운다. 기자들도 그렇다. 공식 브리핑에는 시큰둥한 반응을 보인다. 들어달라고 사정하면 마지못해 들어준다. 하지만 백그라운드 브리핑에 자기를 빼면 노발대발한다. 그 내용이 별것 아닌데도 과민 반응한다. 은밀한 이야기로 포장할 필요가 있다. 공식이 아니라 비공식임을 표방해야 한다.

정석보다는 변칙이 통한다. 흔히들 이야기의 조건으로 개연성과 인과관계, 탄탄한 구조 등을 강조한다. 나는 아니라고 본다. 정석은 예상이 가능하다. 해피엔딩은 재미없다. 권선징악도 상투적이다. 누구나 예상할 수 있는 이야기 말고, 어디로 튈지 모르는 스토리를 만들자. 기승전결, 서론-본론-결론의 뻔한 전개 말고, 한 치 앞이 안 보이는 이야기를 짜보자. 반전이 있는 스토리나, 웃기는 이야기와 슬픈 이야기를 결합한 '웃픈 이야기' 등은 어떤가.

찔끔찔끔 보여주자. 내용이 좋아도 보여주는 방식이 잘못되면 실패한다. 화끈하게 보여주면 재미없다. 추리소설같이, 일일드라마 다음 편 예고하듯이, 호기심을 유발하는 티저 광고처럼 감질나게 보여줘야 한다. 이야기가 힘이 있는 건 호기심 때문이다. 보여달라고 채근하다가도 막상 보여주면 떠나는 게 구경꾼이다. 보여줄 듯 말 듯 끈적끈적하게 끌고 가야 한다. 뒤에 나오는 얘기가 더 재밌을 것 같은 기대를 하게 해야 한다.

좋은 이야기에만 있는 것들

이 밖에 좋은 이야기에만 있는 것들이 있다.

첫째, 등장인물이 있다. 주인공과 후원자, 적대자가 나온다. 후원자는 주인공을 돕고 적대자는 괴롭힌다.
둘째, 교훈이 있다. 교훈이 없는 이야기는 수다에 불과하다.
셋째, 낚아채는 게 있다. 도입에서 낚아채지 못하면 읽히지 않는다.
넷째, 속 시원한 결말이 있다. 시작은 우연이지만 결말은 필연이다.
다섯째, 주제의식이 있다. 주제의식은 한 줄로 정리할 수 있어야 한다.
여섯째, 예상 밖의 전개가 있다. 뜻밖이고 의외이거나 느닷없는 이야기로 긴장감을 유지한다.
일곱째, 복선이나 반전이 있다. 복선과 반전이 없으면 지루하다.
여덟째, 절정이 있다. 이야기가 점점 수위를 높여가 클라이맥스에 이른다.
아홉째, 갈등이 있다. 주인공 스스로의 내적 갈등과 적대자와의 갈등 등이 첨예할수록 좋다.
열째, 위기가 있다. 고난, 시련, 역경이 있고 그걸 극복한다.

열한 번째, 구체성이 있다. 추상적이거나 모호하지 않다.
열두 번째, 변화가 있다. 이야기가 예상대로 전개되지 않는다.
열세 번째, 얻어가는 게 있다. 정보건 지식이건 방법이건 해법이건 통찰이건 감동이건. 이런 게 아무것도 없으면 잔소리일 뿐이다.
열네 번째, 감동이 있다. 독자의 감정을 자극하고 공감을 불러일으킨다.

자, 이제 이야기를 구성해보자. 스토리Story, 플롯Plot, 내러티브Narrative가 있다. 모두 이야기지만 미묘한 차이가 있다. 시간의 흐름에 따라 나열한 것은 스토리, 이야기를 필연적인 인과관계로 엮어놓은 것이 플롯, 영화적 기법을 동원해 말 이외의 것까지를 포함한 것이 내러티브다. 복잡하다면 그냥 육하원칙에 따라 빠진 것 없이 써보자. 그저 재미있으면 된다.

회사의 수준만큼 쓴다

글이 품격을 좌우한다

글쓰기에 관한 공자 말씀이다. 내용이 되는 바탕(質)이 꾸미는 형식(文)보다 앞서면 거칠어진다(질승문즉야質勝文則野). 즉 꾸밀 필요도 있다는 말씀이다. 또한 형식(文)이 바탕(質)보다 앞서면 공허해진다(문승질즉사文勝質則史). 즉 내실이 있어야 한다는 말씀이다. 결국 촌스럽지도, 겉만 화사하지도 않아야 하며, 그러려면 바탕과 형식, 내용과 꾸밈이 조화를 이뤄야한다(문질빈빈文質彬彬)는 얘기다.

사람에게 인품이란 게 있듯이, 조직이나 집단에도 품격이란 게 있다. 사람의 인격이 배운 것, 가진 것과 무관하듯이, 조직의 품격 또한 규모나 부의 크기와 무관하게 존재한다. 그렇다면 집단이나 조직의 수준은 무엇으로 평가하며, 무엇을 보면 알 수 있을까?

어떤 사람은 화장실에 가보면 알 수 있다고 하고, 또 어떤 사람은 구성원들의 표정이나 옷차림새를 보면 알 수 있다고 한다. 그 밖에도 조직의 품격을 보여주는 징표는 많다.

글쓰기 수준이 조직 수준을 대변한다

하이데거의 말에 빗대어 얘기하면 '언어가 존재의 집'이듯이 '글은 회사의 얼굴'이다. 회사에서 쓰는 글이 곧 그 회사다. 글은 그 사람의 생각이고, 생각이 있는 사람들의 집합이 회사이기 때문이다. 회사의 깊이는 그 회사가 쓰는 글의 깊이로 나타난다. '글격'이 회사의 품격이다.

복도나 게시판에 붙어 있는 포스터, 공지 문안, 사내 보고서나 이메일, 사보나 대외 뉴스레터, 그 회사가 만들어내는 제품 매뉴얼, 브로슈어 등에 나타나는 글의 수준을 보면 그 회사의 수준을 알 수 있다.

어느 회사의 신문광고 문구를 보고 '이 회사는 공연히 돈까지 쓰면서 자기 밑천 드러낸다'는 생각을 해본 적이 없는가? 광고 콘셉트를 의도적으로 촌스럽게 잡지도 않았는데, 참을 수 없이 촌스러운 광고 문안을 보면서 말이다.

어느 영업직원이 보낸 제품 홍보 이메일을 받고 아예 그 회사는 거들떠보지도 않게 된 경험은 없는가? 앞뒤 문맥이 맞지 않는 것은 물론이고 오자투성이인 메일 내용 때문에 말이다. 이뿐만이 아니다. 대학교 교정에 한번 가보라. 캠퍼스 곳곳에 있는 게시판을 보면 그 대학의 수준이 대개 보인다.

아름다운 것이 강하다

"그깟 글쯤이야 어찌 쓰든 대수냐, 통하기만 하면 되지."
"글을 다듬는 데 들일 시간이 있으면 돈 되는 일에 써라."
"실체가 중요하지 겉치레는 필요 없다."

이렇게 얘기하는 분들이 많다.

이런 분들에게 정조대왕의 일화를 전해주고 싶다. 수원 화성을 축조할 당시다. 성의 외관을 어떻게 할 것인지 토론이 벌어졌다. 신하들이 이구동성으로 말했다. "성은 튼튼하게만 지으면 되는 것 아닌가요?" 이에 정조대왕은 "아름다운 것이 강하다"고 했다. 그리하여 우리 성곽 문화의 백미로 꼽히는 수원 화성이 만들어졌다.

형식은 내용의 종속물이 아니다. 회사 홈페이지를 생각해보라. 외양이 조잡하면 내용을 들여다볼 생각도 안 한다. 설사 들어갔다 해도 써놓은 글이 시원찮으면 믿음이 가지 않는다. 내부 구성원도 마찬가지다. 다니는 회사가 실제로 아무리 좋다고 해도 사내에서 접하는 글들이 형편없으면 의식이 그 수준에 맞춰진다. 그 수준만큼 말하고 행동한다.

바야흐로 문질빈빈文質彬彬해야 성공하는 시대다.

까다롭게 굴고 까칠하게 따지기

단어 하나의 힘

직장 다닐 적에는 '혁신革新'이란 말이 싫었다. 가죽(革)을 벗겨 새롭게(新) 하다니, 얼마나 무서운 말인가. 이대로가 좋았나. 내버려뒀으면 좋겠다고 생각했다. 그런데 혁신을 강요한다. 목표도 있다. 의무적이고 강제적이다. "혁신하지 않으면 죽는다"고 한다. 아무리 그래 본들 귀에 들어오지 않는다. 혁신으로 만들어질 밝은 미래는 멀고, 혁신해야 하는 현재는 가깝고 고통스럽다. 거부감이 들 수밖에 없다.

혁신이란 무엇인가

혁신은 새롭게 하는 것이다. 새롭게 하려면 어떻게 해야 하는가. 이전 방식으로 하지 않는 것이다. 누구나 이전 방식에 익숙하다. 바꾸기 싫다. 그러므로 "혁신하자"고 말하는 것은 하수다. 혁신하려면 '혁신'이란 말부터 쓰지 말아야 한다.

그저 말하고 쓰게 하면 된다. 혁신의 비결은 '말과 글'에 있다. 생각은 말하거나 쓰지 않으면 알 수 없다. 말과 글을 통해서만 생각을 알 수 있다. 그러므로 말하고 쓰게 해야 한다. 누구나 자기 생각을 기탄없이 말하고 쓰게 해야 한다.

혁신은 발견이다. 발명하는 것이 아니다. 여러 가지 나와 있는 말과 글 중에 얻어걸리는 것이 혁신이다. 하늘 아래 새로운 것은 없다. 이미 다 있다. 있는 것 중에 찾으면 된다. 찾으려면 있는 것을 내놓아야 한다. 백가쟁명百家爭鳴이 필요하다.

혁신은 토론이다. 누구도 해답을 갖고 있지 않다. 100%는 없다. 100명 중 10명이 10%씩 모아 만들어지는 게 혁신이다. 서로 다를수록 좋다. 관계없는 것이 연결되면 새로운 것이 나온다. 관련이 없으면 없을수록 창의적인 게 나온다. 융합, 통섭, 컨버전스convergence, 하이브리드hybrid가 강조되는 이유다.

혁신은 질문이다. 이의를 다는 것이다. 아랫사람이 보고하면 "응, 그래" 하고 마는 것이 아니라, "그게 왜 그렇지?"라고 묻는 것이다. 그래야 다른 생각이 난다. 마찬가지로 윗사람이 "이렇게 해" 했을 때, 묵묵히 따를 것이 아니라 "왜 그래야 하죠?" 하고 물어보는 것이다. 단순한 질문이 혁신의 시작이고, 혁신이 성공하려면 집요하게 추궁해야 한다. 쫀쫀하단 소리 들을까봐, 윗사람에게 말대꾸한다고 꾸중 들을까봐, 상대가 싫어하거나 불편해할 것 같아서 입을 다물면 혁신은 없다.

안타깝게도 우리 기업은 말과 글이 무성하지 않다. 빈 수레가 요란하단다. 침묵이 금이란다. 말보다 실천이란다. 이래선 곤란하다. 나는 선진 기업과 우리 기업의 차이는 표현에 있다고 생각한다. 선진 기업에서는 그냥 말하고 쓴다. 정해진 정답은 없다고 생각한다. 자기 생각을 있는 그대로 쓴다. 허접한 생각이라도 섞이면 위대해진다. 혁신이 일어난다.

우리는 상사 의중을 살핀다. 정답이 아니면 말하지 않는다. 혹시라도 남들에게 수준 낮다는 소리를 들을까봐, 자기 스스로 내 수준이 이것밖에 안 되는 것에 놀랄까봐 말하기를 주저한다. 그런 직원을 과묵하다고 대우해준다. 말하는 직원은 '나댄다'고 나무란다. 말만 앞선다, 주둥이만 살았다고 폄훼당한다.

혁신을 위한 아이디어는 자유로운 분위기에서 나온다. 수평적 관계에서 상호 교류와 협력이 활발히 이뤄져야 한다. 생각의 연결이 아이디어를 만든다. 신사업이나 성능 향상, 비용절감에 관한 의견과 의견, 정보와 정보가 만나면서 아이디어가 발전한다. 언제나 표현할 기회가 주어지고, 아무 제약 없이 비판할 수 있고, 동료 간, 상하 간, 부서 간 협업이 활발하게 이루어지는 환경에서 혁신은 가속화된다. 다시 말해 회사 내 소통이 혁신을 이룬다.

혁신은 이성만으로 성과를 내기 어렵다. 감정을 결합해야 한다. 자신감, 열정, 믿음과 같은 마음과 느낌이 필요하다. 이 모두 혁신을 위해 필수적이다. 혁신에 불을 댕기고 장기적으로 지속시키는 동력이다. 칭찬, 격려, 배려, 공감이 자신감을 불어넣고 열정을 부추긴다. 이러한 정서적 소통은 자발적 참여와 몰입, 일체감 조성을 통해 혁신 성공률을 높이는 가장 효과적인 방법이다. 이런 소통 역시 말과 글을 통해 이루어진다.

혁신과 구조조정의 차이

대기업이나 공기업 최고경영자가 취임했을 때나 새해 계획 등을 밝힐 때 이런 말을 하곤 한다.

"혁신을 통해 구조조정에 박차를 가하겠다."

"구조조정을 일상화하여 혁신 역량을 강화하겠다."

두 문장에 공통으로 들어 있는 단어는 '혁신'과 '구조조정'이다. 그런데 순서는 정반대다.

첫 번째 문장은 통상 쓰는 표현이기 때문에 이해가 쉽다. 혁신해서 돈 잘 버는 구조로 만들어가겠다는 뜻일 게다. 하지만 두 번째 문장은 무슨 뜻일까? 추측해보면 이렇다. 논에 메기를 풀어놓으면 미꾸라지들이 살기 위해 몸부림치면서 더 튼실하게 되는 것처럼, 구조조정을 일상화하면 해고당하지 않기 위해, 혹은 소속 조직이 정리되는 것을 막기 위해 스스로 혁신을 꾀하게 된다는 것이다.

혁신과 구조조정의 차이는 무엇일까? 목표라는 측면에서 보면 혁신과 구조조정은 다르지 않다. 경쟁력이나 체질을 강화하자는 것이니까. 방법론도 크게 다르지 않다. 부실이나 비효율 제거, 비용 감축, 사업 포트폴리오 조정 등이 혁신이나 구조조정에 함께 사용하는 방법들이다. 그러나 어감의 차이는 분명 있다. 혁신이란 말에서는 왠지 긍정적·적극적인 냄새가 난다면, 구조조정이란 말에는 부정적인 느낌이 많다.

같은 사진도 어떤 액자에 넣느냐에 따라 느낌이 달라지듯이, 말과 글도 어떤 단어를 쓰느냐에 따라 받아들이는 느낌이 확연히 다르다. 회사가 가고자 하는 길에 걸림돌이 될 수도, 디딤돌 역할을 할 수도 있다. 바로 '메시지 프레이밍message framing'이다. 이는 회사가 아니라 직원 편에 서서 생각해도 마찬가지다. 최근 공무원 연금 관련하여 공무원 노조에서 투쟁기금을 모았다. 처음에 '공무원 연금법 개악 저지 모금' 이라고 하니 반응이 썰렁했다. 이 명칭을 '공무원 노조 발전기금 모금'이라고 바꿨더니 호응이 뜨거워졌다. 그것이 단어 하나의 힘이다.

혁신하지 않으면 어떻게 될까?

결과는 자명하다. 나는 대기업과 벤처기업에서 뼈아프게 경험했다. 죽거나, 살기 위해 수술대에 오르거나 둘 중 하나다. 우리는 혁신과 구조조정 사이에 있는 담장 위를 걷고 있다. 위기 발생 이전에 일상적으로 수행하는 활동은 혁신이고, 위기가 현재화되어 수면 위로 떠올랐을 때 하는 조치는 구조조정이다. 따라서 어디에선가 발생할지 모를 잠재적 부실에 미리 대응하는 게 혁신이라면, 이미 발생한 부실을 도려내는 게 구조조정이라고 할 수 있다.

혁신은 자발적으로 이루어지는 데 반해, 구조조정은 상황에

떠밀려서 타율적으로 진행된다. 그러므로 구조조정은 혁신보다 더 많은 희생을 요구하게 된다. 혁신이 운동이나 식이요법에 해당한다면 구조조정은 수술대 위에 올라 메스를 대는 고통을 감내해야 한다.

글 쓰는 일도 마찬가지다. 마감 시간에 임박해서 쓰는 글은 고통이고 두려움이다. 내가 쓰고 싶어서 쓰는 글이 아니다. 그래서 나는 기고문을 평소에 많이 써놓는다. 그렇게 쓰는 글은 마감 압박이 없다. 힘들지 않다. 재밌기까지 하다. 글을 쓴다는 의식도 없다. 그저 일상일 뿐이다. 숨 쉬는 것과 같다. 혁신도 그렇다. 평소 말하고 쓰자. 말과 글을 장려하자. 말 많은 조직이 되자. 말과 글이 곧 혁신이다.

글 잘 쓰는 사람이 인재다

직장인에게 필요한 아홉 가지 글쓰기 역량

상사가 '누가 인재인가?'란 주제로 외부 강연을 하게 됐다. 강연 요지를 써야 하는데 막막하다. 할 말이 없어서가 아니라 너무 광범위해서다. 누구나 하는 얘기여서 그렇다. 자칫하면 일반론으로 흘러 진부하기 십상이다. 그럴 때는 묻는 게 상책이다. 상사에게 찾아갔다.

"인재는 다른 것 없어. 문제를 해결하는 사람이야. 그러기 위해서 생각하는 사람이지. 과거에는 실행력이 뛰어난 사람이 대우받았지. 지금은 머리가 바쁜 사람이 필요해. 남이 생각하지 못한 것을 생각해내는 역량이 중요하단 말이지. 그걸 가지고 해결의 돌파구를 찾아내거나, 새로운 가치를 만들어낼 줄 아는 사람이 바로 기업에서 필요로 하는 인재야."

강연 원고를 쓰면서 재미있는 사실 하나를 발견했다. 바로 인재의 조건과 글쓰기 조건이 닮았다는 점이다. 둘 다 자유로운 상상력이 필요하다. 글은 스스로에게 계속 물어보는 사람이 잘 쓴다. 이게 끝은 아닐 텐데, 무엇이 더 있을 텐데, 다음은 무엇이지? 꼬리에 꼬리를 물며 묻다 보면 생각은 스스로 길을 낸다. 엄숙보다는 경쾌함이 좋다. 무거우면 날지 못한다. 보다 가벼워져야 한다.

백지 앞에서 벌벌 떨 필요는 없다. 밤을 하얗게 지새울 필요도 없다. 생각이 닿는 대로 자유롭게 상상하라. 생각의 사슬을 잡아끌어라. 선입견과 고정관념의 둑을 허물고, 금기와 성역의 벽을 넘어라. TV에 나오는 것, 길에서 보이는 것 모두가 생각의 주제다. 방향도 목적지도 없다. 어린아이처럼 단순하게 연상하면 된다.

일본에 "바람이 불면 나무통 장수가 돈을 번다"는 속담이 있다. 그 인과관계는 이렇다. '바람이 분다. → 모래가 날린다. → 모래가 사람의 눈에 들어간다. → 장님이 많아진다. → 장님이 고양이 가죽으로 만든 악기로 연주하며 연명한다. → 고양이 가죽이 더 필요하게 된다. → 고양이가 감소한다. → 쥐가 늘어난다. → 쥐가 통을 갉아 먹는다. → 통 주문이 늘어난다. → 통 장수가 돈을 번다.'

상사들은 상상력의 귀재다. 연상을 통해 부를 쌓은 사람들이다. 거리를 다니든지, 누구와 대화하든지 대충 보는 법이 없다. 이것이 돈벌이와 무슨 관련이 있을까를 생각한다. 생각이 여러 단계로 뻗는다. 욕심이 많은 상사일수록 더 많은 단계를 생각한다. 더 깊이 들어가 인과관계를 따진다.

회사가 사람을 줄이는 구조조정을 하면 손익이 어찌 될까? 인건비가 줄어드니 좋아진다? 이것은 하수다. '회사 손익이 나빠진다'가 답이다. 사람을 줄이면 제품의 품질이 떨어지고, 품질이 떨어지면 시장에서 물건이 안 팔린다. 그러므로 손익이 나빠진다.

"자네들은 내 생각의 완성본만 보지. 겉만 보는 셈이야. 그것이 나오기까지 과정은 보지 못하지. 내가 얼마나 이리저리 머리를 돌리는지 말이야. 미쳐야 남들이 미치지 못한 곳에 다다를 수 있는 법이네. 일상적인 것들이 아무런 의미 없이 받아들여지면 그때는 빨리 다른 사람에게 일을 넘겨줘야 해."

글쓰기 인재가 되기 위해 필요한 아홉 가지 역량

직장에서 글쓰기 인재가 되기 위해 필요한 역량은 무엇일까? 흔히 어휘력, 문장력, 구성력을 떠올린다. 논리적 사고력, 창의적 상상력을 말하기도 한다. 맞다. 이런 능력이 필요하다. 하지만 이는 기본이다. 글을 써보니 이런 것 외에 의외로 중요한 역량이 있다.

첫째가 기억력이다. 글을 쓰려면 기억하고 있는 게 많아야 한다. 찾아보고 쓰는 방식은 한계가 있다. 글쓰기는 기억하고 있는 조각들을 조합해보는 과정이 아니던가. 그러니 기억하고 있는 게 빈약하면 글이 빈곤해질 수밖에 없다. 나는 몇 해 전, 이대로 가면 알코올성 치매가 올 수 있다는 판정을 받았다. 그 뒤로 네 가지를 한다. 먼저, 수시로 상기해본다. 잠들기 전에 오늘 있었던 일을 돌이켜 보고, 학창 시절 기억을 더듬어본다. 글을 읽는 도중에도 머리를 들고 방금 읽은 내용을 떠올려 본다. 둘째, 떠오른 내용을 써본다. 가방에 A4 용지를 갖고 다닌다. 카페 같은 데 가면 끼적끼적 써본다. 휴대전화 메모장에도 쓰고, 블로그 같은 데도 쓴다. 문자로 써서 눈으로 보면 훨씬 기억이 잘난다. 셋째, 분류한다. 기억해야 할 내용을 카테고리 별로 범주화해서 가짓수로 기억한다. 끝으로, 말해본다. 말할 수 없으면 다시 기억을 더듬어보고 찾아본다. 이래야 쓸 수 있다. 쓰기 위한 몸부림이다.

다음으로 발화력이다. 다시 말해 말하는 능력이다. 기억을 말할 수 있어야 한다. 나는 언젠가부터 글쓰기가 편해졌다. 왜 그런가 했더니 그때부터 강의하고 방송일도 시작했다. 본격적으로 말하기 시작한 것이다. 나는 써야 할 글이 있으면 그 내용을 혼잣말 해보거나 아내에게 말해본다. 나에게 말하기는 글쓰기 예행연습이요 준비운동이다. 책을 쓸 때도 마찬가지다. 쓰고 싶은 내용을 1년 정도 충분히 말해본다. 그러면 말이 숙성되고 진화한다. 말하는 과정에서 반응 좋은 말은 살아남고, 그렇지 않은 말은 도태된다. 결국 반응 좋은 말만 남는다. 그것을 책에 쓴다.

포용력도 필요하다. 편협하면 글을 쓰기 어렵다. 쓰더라도 오만하거나 옹졸한 글이 되기 십상이다. 독단과 흑백논리에 빠지기도 쉽다. 다른 의견과 반대 시각에 관대하고 개방적이어야 한다. 그런 사람은 경쟁자를 존중하고 비판적 의견에 귀 기울인다. 소신은 지키되 필요에 따라 유연하게 접근한다. 상대가 잘못을 인정하면 용서하고 화해한다. 자기 진영이라 하더라도 그 생각이 옳지 않다고 여겨지면 손해를 감수하며 설득한다. 패배를 인정하고 결과에 승복하는 것은 물론 실패 앞에 겸손하다. 어느 것 하나 쉬운 게 없다. 다름에 대한 관용과 잘못에 대한 아량을 필요로 한다. 경계에 서는 불편함을 참아내야 하고, 오해와 편견을 견뎌내야 한다. 한마디로 도량이 있어야 한다. 자신의 글이 마음에 안 들고, 글을 쓰기 힘들다면, 나는 과연 너그러운 사람인지 생각해볼 필요가 있다.

모방력 또한 필수적이다. 남의 것, 이미 있는 것을 본뜨거나 흉내 내는 능력이다. 그대로 베끼는 표절과는 구분된다. 모방력은 독서와 사색, 습작으로 키워진다. 나는 신문칼럼으로 모방력을 연마했다. 모방능력에도 단계가 있다. 1단계는 변형하는 수준이다. 예를 들어 원래 글의 틀은 그대로 두고 내용만 내 것으로 바꿔 A를 A′로 만든다. 직장에서 보고서를 이렇게 쓴다. 2단계는 서로 다른 것을 결합하는 단계다. A와 B를 합해 A+B를 만든다. 자료를 열심히 찾으면 가능하다. 3단계는 서로 다른 것을 융합하는 차원이다. A와 B를 녹여 AB를 만든다. 언젠가 읽거나 보거나 들었던 내용이 많지 않으면 가능하지 않다. 4단계는 있는 것을 발전시켜 심화하는 레벨이다. 논문 쓰듯 A를 A+로 만든다. 5단계는 이미 있는 A와 내가 가진 B를 부딪쳐 C를 만든다. A는 자연이나 물건일 수도 사람이나 사건일 수도 있다. 이 밖에도 A를 반박하거나 재해석하는 내용으로 B라는 글을 쓸 수 있고, A와 B를 비교하는 방식으로 C라는 글을, A글의 형식에 B글의 내용을 담아 C라는 글을 쓸 수도 있다. 이 모두가 모방능력이 있어야 가능한 일이다.

요약력도 꼭 갖춰야 할 역량이다. 쓰기는 요약의 역순이기 때문이다. 잘 쓰려면 우선 요약능력부터 키워야 한다. 요약능력은 크게 세 가지로 발휘된다. 첫째, 중요한 것을 발췌하거나 불필요한 것을 솎아낼 수 있다. 둘째, 전체 내용을 짧게 압축하거나 몇 가지로 정리할 수 있다. 셋째, 글쓴이의 주제의식이나 핵심 메시지를 뽑아낼 수 있다. 나는 양이 질을 만들어낸다고 믿는다. 양을 확보하면 질 좋은 결과물을 만들어낼 수 있다. 양을 확보하는 것은 어렵지 않은 세상이다. 문제는 요약력이다. 확보한 양을 질로 전화(轉化) 시킬 수 있는 능력이 필요하다. 글이나 말만 요약의 대상은 아니다. 현상이나 사건, 사태 모두 그 대상이다. 어떤 사건이 일어나거나 사태가 벌어졌을 때 그것의 본질을 파악해 한두 마디로 설명하거나 규정하고 정의할 수 있는 능력이 요약력이다.

질문력도 불가결하다. 글쓰기는 물음에 답하는 행위이다. 좋은 글은 질문이 좋다. 질문하려면 3심이 필요하다. 관심, 호기심, 의심이다. 관심이 있어야 궁금해지고, 궁금해지면 의문을 품게 돼 질문한다. 애정과 열정도 있어야 한다. 사랑하면 궁금하다. 연애할 때를 떠올려 보라. 상대에 대해 알고 싶다. 끊임없이 질문한다. 잘하고 싶은 열정이 있어도 질문한다. 어떻게 하면 좀 더 잘할 수 있는지, 문제는 없는지. 용기도 필요하다. 모르는 걸 모른다고 말하는 용기, 관계가 어색해지는 걸 감수하며 반문하는 용기. 관심, 호기심, 애정, 열정, 용기의 산물이 질문이다. 그래서 질문은 쉽지 않다. 그럼에도 질문이 살아있어야 좋은 글을 쓸 수 있다.

문해력도 긴요하다. 글을 이해하는 독해력과는 다르다. 글을 감상하는 능력이다. 문해력이 있는 사람은 네 가지가 가능하다. 첫째, 글을 평가할 수 있다. 이 글은 잘 쓴 글이다, 어떤 점이 좋다, 혹은 수준이 낮다 등등. 글을 보는 안목이 있다. 둘째, 무엇이 틀렸는지, 어떻게 쓰면 안 되는지도 잘 알고 있다. 오탈자, 문맥에 안 맞는 단어, 비문, 장황하고 모호한 표현 등. 나는 요즘도 길거리 간판이나 안내문, 지하철이나 버스의 광고 문안을 고친다. 출판사에서 1년 여 동안 편집자로 일해 본 경험 때문이다. 셋째, 글을 읽을 때 일방적으로 주입하지 않는다. 글을 쓴 필자와 교감하고 대화한다. 이걸 왜 이렇게 썼지? 내 생각은 이렇지 않은데? 맞아, 나도 이렇게 생각해 등등. 넷째, 읽은 내용을 내 글에 써먹는다. 읽고 끝내는 것이 아니라, 읽은 내용을 충분히 소화하고 자기화해서 자신이 쓰는 글에 활용한다.

예능력도 요구한다. 남을 즐겁게 해주는 능력이다. 재밌게 쓰는 실력이기도 하다. 이런 능력이 있는 사람은 다음 열거하는 것 가운데 한두 가지 특징을 보인다. 남과 어울리는 것을 좋아한다. 놀이를 즐긴다. 순발력이 있다. 엉뚱하다. 호시탐탐 남을 웃기려 든다. 관심 대상이 되는 걸 마다하지 않는다. 적어도 남

앞에 서는 걸 두려워하지 않는다. 꺼리는 듯싶다가도 막상 시키면 재밌게 한다. 무엇보다 유머감각이 필요하다. 가장 흔한 경우는 과시형이다. 이른바 '자뻑'이라고도 한다. 내가 그렇다. '베스트셀러 작가'라고 허세를 부린다. 그러면 사람들이 웃는다. 비웃음인지는 모르겠지만 아무튼 웃는다. 반대로 '자폭'도 한다. 주로 '똥' 얘기를 한다. 과민대장증후군으로 낭패 본 얘길 하며 자학한다. 사람들이 웃는다. 동정인지 공감인지 모르겠지만 공감이라고 믿고 싶다. 〈개그콘서트〉 같은 프로그램을 봐도 사람들은 공감할 때 웃는다. '맞아, 나도 저런 적 있었어!' 이 밖에도 누군가를 흉내 내거나 비아냥대면 웃는다. 흉내 내는 건 자신이 없고, 비꼬거나 놀리는 건 어느 정도 가능한데 위험하다. 아무튼 예능력은 필요하다. 글은 재밌어야 하니까.

지구력도 절실한 능력이다. 어쩌면 나는 이것 하나로 글을 써왔는지 모른다. 우선 엉덩이를 붙이고 앉아 있는 지구력이 필요하다. 앉아 있다 보면 언젠가 써질 것이라는 희망을 가지고, 글이 써졌을 때의 기쁨을 미리 맛보면서 자리에 앉아 있어야 한다. 또한 글을 쓰다보면 시시때때로 벽에 부딪친다. 그만 쓰고 싶어진다. 쓸거리가 소진됐을 때도 그렇고, 글이 더 이상 늘지 않을 것 같을 때도 그렇다. 특히 누군가에게 혹평을 받거나 글의 반응이 좋지 않을 때 글쓰기는 위기를 맞는다. 이 고비를 넘지 못하면 상당 기간 글쓰기를 멈추게 된다. 글과 영영 멀어질 수도 있다. 이런 슬럼프를 이겨내는 힘이 필요하다. 나는 소진되었다고 생각할 때 채워 넣는다. 정체기라는 느낌이 오면 몇 가지 방식으로 심기일전한다. 리셋해서 다시 시작하거나, 초심으로 돌아가 리부팅하기도 하고, 작심삼일을 반복하자고 마음먹기도 한다. 작고 짧게 계획을 세워 그것을 이루고, 그 성과에서 자신을 얻어, 또 작고 짧은 계획을 세운다. 또한 국면 전환을 시도한다. 쓰는 일을 멈추고 다른 일을 하거나 쓰던 걸 안 쓰고 다른 걸 쓰기도 한다. 그래야 포기하지 않고 지속할 수 있다. 곰처럼 우직하게, 은근과 끈기로 참아내고 버티고 지속해야 잘 쓸 수 있다.

이 밖에도 글쓰기는 다양한 역량을 요구한다. 호기심, 관찰력, 상상력 등이다. 호기심이 왕성한 사람이 매사에 관심이 많다. 이것저것 관심이 많아도 유심히 보지 않으면 안 보인다. 관찰력이 있어야 한다. 또한 보기만 해선 소용없다. 상상해야 한다. 그래야 확장한다. 확장하는 데서 새로운 가치가 생긴다.

글쓰기도 마찬가지다. 호기심이 불러온 직관이나 인상, 착상에서 출발한다. 그리고 관찰하고 상상한다. 생각이 백지 위를 종횡무진 달린다. 주어진 주제를 새롭게 바라보고, 눈에 보이는 것을 통해 그 뒤의 이면을 연상하고, 연결되는 의미를 찾는다. 그러다 보면 단어가 문장이 되고 단락이 되고 전체 글이 된다. 글은 상상의 결과물이다.

머리 좋은 사람이 인재가 아니듯이, 많이 아는 사람이 글을 잘 쓰는 건 아니다. 멍청하게 상상하는 사람이 글을 잘 쓴다. 글 잘 쓰는 사람이 인재다.

아는 게 병이다

식자우환의 덫에서 벗어나기

"조찬 모임이 있어 내일 늦게 나갑니다. 회의는 예정대로 있읍니다."

휴대전화 문자 메시지가 왔다. 내용만 봐도 누구인지 알 수 있다. '있습니다'를 '있읍니다'로 쓰는 사람은 회장뿐이다. 회장에게 한글맞춤법이 개정됐다는 말을 하는 건 쉽지 않다. 회장이 처음 그렇게 말했을 때 '진언'했으면 모르겠는데 시기를 놓쳤다. 회장이 그리 말한 지 십수 년이다. 이제 와서 누가 회장 목에 방울을 달겠는가.

회장은 한자성어 쓰는 것을 좋아한다. 그런데 조금씩 빗나간다. 이현령비현령을 '이어령비어령', 양수겸장을 '양수겹장', 절체절명을 '절대절명', 화룡점정을 '화룡정점'으로 바꾼다.

기실 회장만이 아니다. 별생각 없이 잘못 쓰는 한자성어는 많다. 산수갑산 → 삼수갑산, 풍지박산 → 풍비박산, 일사분란 →

일사불란, 환골탈퇴 → 환골탈태, 흥망성세 → 흥망성쇠, 아비귀환 → 아비규환, 희노애락 → 희로애락, 주구장창 → 주야장천, 포복졸도 → 포복절도 등은 모두 뒤엣것으로 표기하는 게 맞다.

이것도 식자우환識字憂患 아닐는지. 안 쓰면 중간이라도 갈 테지만 우리말의 70%가 한자어니 안 쓸 수도 없다. 그러니 바르게 써야 한다. 자칫하면 '아는 게 병'이 된다.

'지식의 저주'도 식자우환이다

1990년 스탠퍼드대학의 심리학과 대학원생인 엘리자베스 뉴턴은 특별한 실험을 했다. 한쪽에서 '크리스마스 캐럴'같이 널리 알려진 곡을 탁자를 두드려 들려주고, 다른 쪽은 그 노래의 제목이 무엇인지 맞추는 게임이었다.

실험 결과 120곡 중 단 3곡만 맞혔다. 두드린 사람에게 몇 곡이나 맞힐 것 같은지 물었더니 50%를 예측했다. 꽤 익숙한 노래고 리듬에 맞춰 두드렸기 때문이다. 그러나 듣는 사람에게는 원곡을 알 수 없는 이상한 소리로만 들렸다. 두드린 사람과 듣는 사람 모두 같은 리듬을 두드리고 들었지만, 전혀 다른 해석을 내놓았다. 이 실험은 커뮤니케이션에서 나타날 수 있는 오류를 지적한다.

스탠퍼드대학 칩 히스Chip Heath 교수는 이런 현상을 '지식의 저주'라고 불렀다. 무엇에 대해 잘 알게 되면 그것을 모르는 사람의 상태를 이해하지 못하기 때문에 내용을 잘 알수록 쉽게 전달하기가 어려워진다는 것이다.

바꿔 말하면 회장은 직원들이 알아듣지 못한다는 사실을 모르고 자기 수준에서 계속 말하기 때문에 결국 심각한 소통의 문제를 일으킬 수밖에 없다는 것이다. 회장이 잊지 말아야 할 것은, 아는 것과 이해시키는 것은 별개이며, 내게 익숙하고 쉬운 것이 듣는 사람에겐 그렇지 않을 수도 있다는 사실이다.

상사는 신이 아니다

직원들도 마찬가지다. 상사가 잘 알고 있다고 지레짐작해, 말하지 않거나 대강 얘기하면 안 된다. 상사는 그렇게 전지전능하지 않다. 또한 "내가 상사를 잘 안다"고 자신하지 마라. 상사를 띄엄띄엄 알고 있었다는 것을 알았을 때는 이미 혼날 만큼 혼난 뒤가 될 것이다.

지금은 언제 어디서나 세상의 모든 지식에 접근이 가능하다. 모르는 게 문제가 아니고, 아는 게 너무 많아서 문제다. 지식의 저주는 몰라서가 아니고 알아서 틀리는 것이다.

문득 김영삼 대통령의 '역사의 아이노리'가 생각난다. '역사의 아이러니'란 말은 학식깨나 있는 사람들이 쓰는 말인데 과감하게 도전했다가 낭패 봤다. 그가 루마니아 독재자 니콜라에 차우셰스쿠Nicolae Ceausescu를 '차씨'라고 부른 데에 지식의 저주를 벗어나는 길이 있는지도 모르겠다.

회장이시여, 본인이 글 쓰던 시절에는 '있읍니다'였다고 말하지 마시기를. 한글맞춤법이 개정된 게 1988년이다. 사자성어 쓰기 전에는 한 번씩 확인해보시라. 아무리 멋있는 뜻을 담고 있어도 표기가 틀린 사자성어가 등장하는 순간 직원들은 비웃는 듯한 미소만 띠게 될 것이다.

말하기, 글쓰기의 매너

'매너 꽝'에서 '매너 짱'까지

직장에서 말과 글은 '분위기'라는 바다 위에 떠 있는 배와 같다. 같은 말과 글이라도 분위기가 좋으면 순풍에 돛을 단 배가 되고, 그렇지 않으면 폭풍우를 만난 난파선이 될 수 있다. 이런 분위기는 조직 구성원들의 태도, 즉 매너가 결정한다. 다시 말해 분위기는 각자의 매너에 달려 있고, 분위기를 좋게 만들지 않으면 말과 글을 아무리 다듬어도 소용없다. 그래서 매너는 중요하다.

우리 주변에는 '매너 짱'이라고 하는 사람과 '매너 꽝'이라고 불리는 사람이 있다. 이들의 차이는 무엇일까? 그 차이를 가장 기본적인 단계에서부터 고차원적인 단계에 이르기까지 5단계로 구분해보았다.

1단계: 상식 단계

그야말로 가장 기본적인 단계다. 초등학교 도덕책에서 배운 공중도덕과도 같은 것이다. 기초적인 예의범절, 혹은 기본 룰을 지키는 단계다. 이것을 제대로 안 하면 욕먹거나 왕따 되기 십상이다. 이것은 잘 지켰다고 해서 남을 기분 좋게 하거나 행복하게 해주는 것이 아니라, 안 지키면 남에게 폐를 끼치고 불쾌하게 하는 것이다. 이 단계에 문제가 있으면 보통 '몰상식, 몰염치하다'는 소리를 듣는다.

2단계: 에티켓 단계

우리가 일반적으로 생각하는 '매너'와 가장 가까운 단계다. 앞의 1단계와 차이를 들어 설명하면 이렇다. 화장실 문을 노크하는 것은 반드시 지켜야 하는 것으로써 '상식'에 속한다. 그러나 문을 두드릴 때 점잖게 세 번을 두드리느냐, 아니면 쾅쾅 소리를 내며 두드리느냐 하는 것은 '에티켓' 차원이다.

에스컬레이터에서 내릴 때 여자가 먼저 내리기를 기다리거나, 회의 시간에 늦지 않는 것 등은 작은 일 같지만 상대에게 잔잔한 미소를 머금게 한다. 또한 관계를 원만하고 부드럽게 만든다. 이 단계를 잘 못하면 '버릇이 없다', '사람을 무시한다', '예의가 없다'는 소리를 듣는다.

3단계: 배려 단계

본디 다른 사람에 대한 관심과 배려가 매너의 핵심이다. 내 생각을 고집하기에 앞서 다른 사람의 생각과 상대방의 입장을 배려하는 것이다. 달리 말하면, 매너는 상대방의 기분을 살피고 상태를 알아차리는 것으로부터 시작되는 것이다.

앞의 2단계와 차이를 설명하면 이렇다. 인도에 가면 식사하기 전에 손 씻는 물이 나온다. 그런데 인도를 처음 찾은 손님이 그 물을 마셨다. 그러자 주인이 그 물을 같이 마셨다. 물을 마신 사람이 머쓱하지 않도록 배려한 것이다. 에티켓에는 어긋났지만 배려는 굿인 경우다.

이런 경지의 매너를 갖추기 위해선 단지 겉치장만 하는 것에 그쳐선 안 된다. 내면의 생각까지 바꾸어 나 자신뿐만 아니라 타인에게도 마음이 향하도록 해야 한다. 상대가 나와 다를 수 있다는 것을 인정하는 것이 중요하다. 그런 점에서 매너의 기본 정신은 '역지사지'라고 할 수 있다. 이 단계 매너는 거의 '인품' 수준이며, 가히 이 정도가 되면 매너는 '마음의 문을 여는 열쇠'가 된다.

4단계: 포용 단계

앞의 3단계가 약간 소극적이라면, 이 단계는 좀 더 적극적인 단계라고 할 수 있다. 약자에 대한 '노블레스 오블리주', 즉 포용이 여기에 해당한다. 본래 매너는 힘의 논리가 지배하는 약육강식, 적자생존의 경쟁 사회에서 약자를 보호해야 한다는 공감대에서 생겨났다고 한다. 그러므로 이 단계를 갖추게 되면 '의리 있는 사람', '진짜 멋있는 사람'이 된다.

5단계: 책임 단계

어느 조직이나 작은 것보다 큰 것, 부분보다 전체, 현재보다 미래를 생각하는 사람이 있다. 한마디로 책임 의식이 높은 사람이다. 대개 그런 사람이 리더가 되고, 조직을 이끈다. 이런 유형의 사람은 회사 내에서 벌어지는 불합리한 상황을 보면 그냥 지나치지 않는다. 때로는 오지랖이 넓다고 핀잔을 받기도 하지만, 사실은 용기 있는 사람이다. 이런 사람은 여러 사람으로부터 신뢰를 얻는다. 그리고 존경의 대상이 된다. 기업이나 조직의 지도자가 되려는 사람은 반드시 이런 매너를 갖춰야 한다.

미국 컬럼비아대학 MBA 과정에서 유수 기업 CEO를 대상으로"당신이 성공하는 데 가장 큰 영향을 준 요인은 무엇인가?"라고 질문한 적이 있다. 그러자 놀랍게도 응답자의 93퍼센트가 능력, 기회, 운이 아닌 '매너'를 꼽았다고 한다.

매너는 글쓰기, 말하기의 바탕화면 같은 것이다. 성공하려거든 매너를 지켜라. 매너가 경쟁력이다.

자고 일어나니 작가가 되어 있었다

책을 써라

나이 쉰에 회사에 다니고 있었다. 억대 연봉에 차량도 지급되었다. 회장을 보좌하고 있었으니 나름 힘도 있고 괜찮은 자리였다. 어느 날 문득 이런 생각이 들었다.

'이 자리에 얼마나 더 있을 수 있지? 기껏해야 3년 아닐까? 한두 살이라도 젊었을 때 나가서 30년 일할 수 있는 자리를 마련하는 게 낫지 않을까?'

언젠가 본 〈솔개의 선택〉이란 영상이 떠올랐다. 새 중에 수명이 가장 길다는 솔개. 태어난 지 40년이 되면 부리는 구부러지고 발톱은 닳고 날개는 날 수 없을 만큼 무거워진다. 솔개는 고민한다. 이대로 살다가 죽을 것인가, 아니면 각고의 노력으로 새로운 삶을 개척할 것인가. 솔개는 결단한다. 바위산 정상으로 올라가 낡은 부리가 다 닳아서 없어질 때까지 바위를 마구 쫀다. 그러고 나면 그 자리에 튼튼한 새 부리가 자란다. 새로 나온 부리로 발톱을 뽑기 시작한다. 새 발톱이 나오면 이번에는 깃털을 하나씩 뽑아버린다. 그 자리에 새로운 깃털이 나온다. 이렇게 다시 태어난 솔개는 80년의 수명을 누린다. 물론 이 이야기는 사실이 아니다.

회사를 그만두겠다고 말했다. 회장이 뭐 할 거냐고 물었다. 출판사에서 책 만드는 일로 인생 후반전을 살고 싶다고 말했다. 선택할 수 있는 게 그것밖에 없었다. 회장은 잘되지 않을 거라며, 언제든지 돌아오고 싶으면 오라고 했다.

학원에 등록했다. 편집 기초과정인 교정교열 강좌였다. 열심히 배워 출판사에 출근했다. 당연히 말단이었다. 대걸레를 잡고, 사흘 걸러 한 번씩 야근도 하면서 세 사람의 책을 편집했다. 하나는 다섯 권짜리 세트였으니 모두 7권의 책을 낸 셈이다. 그렇게 1년 6개월을 보냈다.

그사이 페이스북에 입문했다. 출판 일을 하려면 정보 수집과 책 홍보를 위해 반드시 페이스북을 해야 한다는 말에 시작했다. 처음으로 내 글을 쓰는 것이 재밌었다. 처음에는 출퇴근길 지하철에서 느낀 단상을 썼다. 밑천이 떨어졌다. 할 수 없이 아내에게 혼난 얘기로 화제를 돌렸다. 무궁무진했다. 매일 술 마시고 매일 혼나니 쓸거리가 없는 날이 없었다. 반응도 괜찮았다. '좋아요'가 300~400개를 넘나들었다.

'나도 책을 써볼까' 하는 생각이 들었다. 회사에 양해를 구하고 두 달간 휴직했다. 매일 집 앞 도서관에 나가 책을 썼다. 《대통령의 글쓰기》란 책이다.

책을 내고 여러 가지가 바뀌었다

먼저 아내가 나를 대하는 태도가 바뀌었다. 처음 책을 쓰기 시작할 무렵부터 대접이 달라졌다. 매일 술만 먹고 다니던 사람이 글을 쓰고 있으니 좀 그럴싸해 보였나 보다. 거기다 책이 잘 팔리기까지 했다. 그러자 나는 집에서 무시할 수 없는 존재가 되었다. 이전에는 과일이나 치킨을 먹을 때 아들이 먹다가 남으면 먹었다. 이젠 같이 먹는다. 아내가 그러라고 하니까.

밖에 나가니 호칭도 바뀌었다. 나를 '작가'라고 불렀다. 처음에는 다른 사람을 부르는 줄 알았다. 책이 잘 팔리니 그 앞에 수식어가 하나 더 붙었다. '베스트셀러 작가.' 나는 지금도 '작가'라는 호칭이 쑥스럽다. 그래서 부러 '나는 베셀 작가'라고 객기를 부린다.

글쓰기 강사도 한다. 불과 몇 년 전 분당 한겨레문화센터의 수강생이었던 내가 지금은 1년에 300회 이상 강의하는 강사가 됐다. 수강생들이 '선생님'이라고 부른다. 이 또한 내 것이 아닌 것 같다. 하지만 기분은 좋다. 대학 다닐 때, 언젠가 교사를 하리란 생각에 교직을 이수했다. 이제 와 그 꿈을 이룬 것이다.

책을 쓰라고 권하고 싶다

나이 마흔이 넘으면 누구나 자기 안에 쓸거리를 가지고 있다. 얼마나 팔릴 것이냐는 추후 문제다. 책을 내는 것 자체로 의미가 크다. 책은 장대한 자기소개서다. 지난 삶이 정리되고 기록으로 남는다. 자기 인생에 주는 훈장 같은 것이다. 무엇보다 책을 쓰는 과정 자체가 공부고 자기 수련의 장이다. 목차를 짜다 보면 살아온 인생의 빈자리를 찾을 수 있다. 남은 삶에서 그곳을 채워야겠다는 다짐도 하게 된다. 그뿐 아니라 저서는 자격증과 같다. 전문가로 인정받는 것은 물론 호구지책도 된다.

한마디로 인생이 바뀐다.

에필로그

누군가에게 글쓰기 입문의 작은 계기가 되길 소망한다

초등학교 2학년 때 엄마가 돌아가셨다. 그리고 그해 엄마 없는 첫 번째 '어버이날'을 맞았다. 담임선생님께서 글짓기 숙제를 내주셨다. 주제는 어머니 은혜. 이야기를 지어 썼다. 그야말로 글짓기를 했다. 줄거리는 이랬다. 나에게 엄마가 있는 줄 아신 선생님께서 어머니를 학교 행사에 모시고 오라고 했는데, '엄마 없다'는 소리를 못한 내가 방황하는 내용이었다.

'어버이날' 당일, 운동장 조회가 있었다. 담임선생님이 나는 교실에 있으라고 했다. 교장 선생님께서 전교생 앞에서 일장 훈시 대신 내 글을 읽었다. 읽으면서 연신 울먹이셨다. 나는 교실에서 마이크 소리로 내 글이 낭독되는 걸 들었다. 왜 나를 교실에 남아 있으라고 했는지 모르겠지만, 나에겐 의미 있는 날이었다. 처음으로 글맛을 안 것이다.

누구에게나 무슨 일에나 '계기'라는 게 있다. 어떤 일이 일어나거나 변화하도록 만드는 결정적인 기회가 그것이다. 특히 글쓰기는 그런 것 같다. 쓰기 싫은 글쓰기에 관심을 갖는 계기가 필요하다. 마치 해외여행이 영어 공부에 불을 댕기는 계기가 되는 것처럼.

"이 따위로 보고서를 썼냐?"라며 상사에게 된통 혼난 날, 페이스북에서 재미난 글을 보고 '나도 왕년에는 글 좀 썼는데'란 생각이 들 때, 이메일 한 줄을 놓고 쓰고 지우기를 반복하면서 '내가 지금 뭐 하고 있는 거야'란 자괴감이 든 순간. 이 모두가 글쓰기 공부에 관심을 갖는 계기가 될 수 있다.

부디 이 책이 누구에겐가 그런 작은 계기를 만들어준다면 더할 나위 없는 보람이겠다.

참고한 책들

《가치관 경영》, 전성철 외, 쌤앤파커스

《거절을 거절하라》, 유준원 저, 더클코리아

《군주론》, 니콜로 마키아벨리 저, 강정인·김경희 공역, 까치

《글 고치기 전략》, 장하늘 저, 다산초당

《글쓰기가 처음입니다》, 백승권 저, 메디치미디어

《글쓰기 만보》, 안정효 저, 모멘토

《글쓰기 생각쓰기》, 윌리엄 진서 저, 이한중 역, 돌베개

《글쓰기의 전략》, 정희모·이재성 저, 들녘

《글쓰기 훈련소》, 임정섭 저, 경향미디어

《내면소통》, 김주환 저, 인플루엔셜

《내 문장이 그렇게 이상한가요?》, 김정선 저, 유유

《디테일의 힘》, 왕중추 저, 허유영 역, 올림

《말하기 수업》, 한석준 저, 인플루엔셜

《먹히는 말》, 프랭크 런츠 저, 채은진·이화신 공역, 쌤앤파커스

《메모의 기술》, 사카토 켄지 저, 고은진 역, 해바라기

《몰입의 즐거움》, 미하이 칙센트미하이 저, 이희재 역, 해냄

《문장강화》, 이태준 저, 창비

《미시정치》, 매슨 피리 저, 권혁철 역, 북앤피플

《블랙 스완》, 나심 탈레브 저, 차익종 역, 동녘사이언스

《블링크: 첫 2초의 힘》, 말콤 글래드웰 저, 이무열 역, 21세기북스

《사람의 마음을 얻는 법》, 김상근 저, 21세기북스

《설득의 심리학》, 로버트 치알디니 저, 황혜숙 역, 21세기북스

《설득의 기획서》, 톰 샌트 저, 안진환 역, 을유문화사

《숙론》, 최재천 저, 김영사

《성공하는 한국인의 7가지 습관》, 조신영 저, 한스미디어

《심리학으로 경영하라》, 토니 험프리스 저, 윤영삼 역, 다산라이프

《완벽한 프레젠테이션》, 야하타 히로시 저, 정미애 역, 21세기북스

《우리 글 바로쓰기》, 이오덕 저, 한길사

《유시민의 글쓰기 특강》, 유시민 저, 생각의길

《유혹하는 글쓰기》, 스티븐 킹, 김진준 역, 김영사

《이야기가 세상을 바꾼다》, 홍사종 저, 새빛에듀넷

《읽고 쓴다는 것, 그 거룩함과 통쾌함에 대하여》, 고미숙 저, 북드라망

《최고의 전략은 무엇인가》, 크리스 주크·제임스 앨런 공저, 이혁진 역, 청림출판

《칭찬은 고래도 춤추게 한다》, 켄 블랜차드 저, 조천제 역, 21세기북스

《칼의 노래》, 김훈 저, 문학동네

《통하려면 똑똑하게 대화하라》, 도리스 메르틴 저, 박희라 역, 비즈니스북스

《하버드 글쓰기 강의》, 바버라 베이그 저, 박병화 역, 에쎄

《하버드대 까칠교수님의 글쓰기 수업》, 로저 로젠블랫 저, 승영조 역, 돋을새김

《협상의 법칙》, 허브 코헨 저, 강문희 역, 청년정신

《화술의 달인 예수》, 제드 메디파인드·에리기 로케스모 공저, 김수련 역, 리더북스

《MBA에서도 가르쳐주지 않는 PT》, 다이앤 디레스터 저, 심재우 역, 비즈니스북스

직장인의 글쓰기

일잘러를 위한 관계와 소통의 기술

초판 1쇄 2014년 12월 10일 발행
초판 18쇄 2023년 5월 10일 발행
개정판 1쇄 2025년 6월 20일 발행
개정판 2쇄 2025년 9월 25일 발행

지은이 강원국
펴낸이 김현종
기획총괄 배소라 **출판본부장** 안형태
편집 최세정 진용주 황정원 김수진 장진경
디자인 조주희 김연주 **마케팅** 김예리 신잉걸
미디어·경영지원본부 신혜선 문상철 백범선 박윤수 남궁주철 이주리 함동원

펴낸곳 (주)메디치미디어
출판등록 2008년 8월 20일 제300-2008-76호
주소 서울특별시 중구 중림로7길 4
전화 02-735-3308 **팩스** 02-735-3309
이메일 medici@medicimedia.co.kr **홈페이지** medicimedia.co.kr
페이스북 medicimedia **인스타그램** medicimedia
유튜브 medici_media

ISBN 979-11-5706-441-0 (03320)